高等职业教育物流类专业系列教材

# 物流营销与客户关系

主　编　包惠玲　王雅蕾

副主编　郭心毅　宋伦斌

参　编　陈　港　王　潇

　　　　张兰珠　朱天舟

本教材精准对接物流行业标准、新专业教学标准及物流 1+X 证书考试要求，旨在确保学生全面掌握核心岗位所需的理论知识与实践技能，为职业发展奠定坚实的基础。本教材内容体系完善，逻辑清晰，共分为八个模块：物流市场营销环境、物流市场调研、物流市场营销 STP 战略、物流服务产品设计、物流市场客户开发、物流项目的招标投标、提升物流客户满意度和物流客户投诉管理。每个模块均精心融入了案例、实训项目以及练习题，使学习过程生动有趣。此外，本教材依托重庆市精品在线课程"物流市场开发与客户服务"，配套了丰富的线上教学资源，充分发掘和发挥混合式教学与模块化教学的优势，全方位提升学生的参与度与学习效果。

本教材适合广大物流从业者、市场营销人员、企业管理人员及相关专业学生阅读。

## 图书在版编目（CIP）数据

物流营销与客户关系 / 包惠玲，王雅蕾主编. 
北京：机械工业出版社，2025.7. -- （高等职业教育物流类专业系列教材）. -- ISBN 978-7-111-78767-9

I. F252.2

中国国家版本馆 CIP 数据核字第 2025X0N447 号

机械工业出版社（北京市百万庄大街 22 号　邮政编码 100037）
策划编辑：乔　晨　胡延斌　　责任编辑：乔　晨　胡延斌　单元花
责任校对：曹若菲　李　杉　　封面设计：王　旭
责任印制：张　博
固安县铭成印刷有限公司印刷
2025 年 8 月第 1 版第 1 次印刷
184mm×260mm・12 印张・290 千字
标准书号：ISBN 978-7-111-78767-9
定价：45.00 元

电话服务　　　　　　　　　网络服务
客服电话：010-88361066　　机　工　官　网：www.cmpbook.com
　　　　　010-88379833　　机　工　官　博：weibo.com/cmp1952
　　　　　010-68326294　　金　书　网：www.golden-book.com
**封底无防伪标均为盗版**　机工教育服务网：www.cmpedu.com

# 前言
## Foreword

物流一头连接生产、一头连接消费，在构建现代流通体系、促进形成强大国内市场、推动高质量发展、建设现代化经济体系中发挥着先导性、基础性、战略性作用。物流营销与客户关系管理的重要性日益凸显，它们不仅是企业提升竞争力、拓展市场份额的核心策略，更是构建品牌忠诚度、实现可持续发展的关键途径。

本书作为一本专为高等职业教育学生精心打造的专业教材，紧密贴合新时代物流行业的发展趋势及教育部的教学要求，旨在为学生搭建起从理论到实践、从课堂到职场的坚实桥梁。通过融合物流行业的独特性与市场营销、客户关系管理的普遍性，本教材采用生动鲜活的案例与深入浅出的理论解析，引领读者深入探索物流营销与客户关系管理的奥秘。

本教材内容体系完善，逻辑清晰，共分为 8 个模块：物流市场营销环境、物流市场调研、物流市场营销 STP 战略、物流服务产品设计、物流市场客户开发、物流项目的招标投标、提升物流客户满意度和物流客户投诉管理。每个模块均精心融入了多元化的案例、实践性强的实训项目以及形式多样的同步练习题，配套了丰富的线上教学资源，充分挖掘和发挥混合式教学和移动式教学的优点，全方位提升学生的参与度与学习效果。

本编写组旨在为广大物流从业者、市场营销人员、企业管理人员及相关专业学生提供一本系统、全面且具有前瞻性的教材。我们希望通过本教材，不仅传授物流营销与客户关系管理的基本理论、方法与实践案例，而且能激发读者对于如何在快速变化的市场环境中，利用先进的营销理念和技术手段，优化物流流程、提升客户体验、强化客户关系管理的思考与创新。

本教材特色体现在以下几个方面：

### 1. 精准对接 1+X 证书

高等职业教育物流专业 1+X 证书中的物流管理职业技能等级证书（初级、中级）考核里包括了市场信息收集、市场开发、客户服务、物流招投标、客户异议处理等相关知识，这些不仅是"物流营销与客户关系"课程重要的构成部分，也是 1+X 证书中的考核重点，本教材精准对接物流专业 1+X 证书要考核的内容，可操作性强。

### 2. 价值引领，思政融入

本教材在编写过程中，通过理论知识、案例教学、小组讨论、实训等方式，巧妙地将党的二十大精神、社会主义核心价值观、新质生产力等思政元素融入课程内容中，使学生在学习专业知识的同时，受到正确的价值引领和道德熏陶，实现立德树人的根本任务。

### 3. 教材配套在线资源

本教材依托重庆市在线精品课程，配套了丰富的线上教学资源，还通过拓展资源为学生提供了更加全面、深入的学习体验，以支持学生的自主学习，推动物流营销与客户关系领域的人才培养和教育创新。

本书由重庆城市管理职业学院包惠玲、王雅蕾担任主编，负责全书策划、大纲制定、总纂及统稿工作。各模块编写工作具体分工如下：宋伦斌、张兰珠合作编写模块一；陈港编写模块二；包惠玲、张兰珠合作编写模块三；包惠玲编写模块四；包惠玲、王雅蕾合作编写模块五；郭心毅编写模块六；王潇编写模块七；王雅蕾编写模块八。此外，企业专家朱天舟为本书提供教学案例设计及行业实践指导，强化了内容的实战性与应用价值。本书编写还得到重庆电子科技职业大学莫仁边、谢佳佳，四川信息职业技术学院刘星余，四川长江职业学院张瑞芳等教师的学术支持。

我们满怀感激之情，向所有为本教材及其配套资源编写提供宝贵支持与帮助的专家学者、行业精英以及出版社的编辑致以最诚挚的谢意。是你们的深厚学识、丰富经验和不懈努力，共同铸就了这本融合理论与实践、前瞻性与实用性并重的教材与在线资源。我们期待与广大读者一同，在物流营销与客户关系管理的广阔天地中，携手共进，共创未来。

编　者

# 二维码索引
## QR Code

| 序号 | 名称 | 二维码 | 页码 | 序号 | 名称 | 二维码 | 页码 |
|---|---|---|---|---|---|---|---|
| 1 | 用 PEST 模型来分析宏观环境 | | 14 | 9 | 乘车礼仪 | | 93 |
| 2 | 用波特五力模型来分析行业 | | 15 | 10 | 名片礼仪 | | 93 |
| 3 | 用 SWOT 模型来分析竞争者 | | 17 | 11 | 物流报价策略 | | 98 |
| 4 | 问对问题做好问卷 | | 32 | 12 | 物流还价策略 | | 99 |
| 5 | 撰写物流市场调研报告 | | 36 | 13 | 如何解读招标文件 | | 122 |
| 6 | 物流客户细分 | | 42 | 14 | 运输环节异常让客户满意的方法 | | 155 |
| 7 | 目标客户选择 | | 50 | 15 | 处理客户投诉 | | 176 |
| 8 | 中餐礼仪 | | 93 | | | | |

# 目 录
Contents

前言

二维码索引

## 模块一　物流市场营销环境
单元一　物流市场营销 / 1
单元二　物流市场营销环境概述 / 6
单元三　物流市场营销宏观环境 / 9
单元四　物流市场营销微观环境 / 15
职业技能训练 / 19
模块小结 / 21
同步练习 / 21

## 模块二　物流市场调研
单元一　物流市场调研概述 / 23
单元二　物流市场调查问卷设计 / 28
单元三　物流市场调研报告的撰写 / 35
职业技能训练 / 37
模块小结 / 38
同步练习 / 39

## 模块三　物流市场营销 STP 战略
单元一　物流市场细分 / 41
单元二　物流目标市场选择 / 50
单元三　物流市场定位 / 54
职业技能训练 / 59
模块小结 / 60
同步练习 / 61

## 模块四　物流服务产品设计
单元一　物流服务产品 / 63
单元二　物流服务产品生命周期 / 67
单元三　物流服务新产品开发 / 70
单元四　物流服务品牌 / 74
职业技能训练 / 78
模块小结 / 79
同步练习 / 79

## 模块五　物流市场客户开发
单元一　物流客户定义及分类 / 81
单元二　寻找物流客户 / 84
单元三　接近物流客户 / 88
单元四　物流客户谈判及跟进 / 95
单元五　物流客户生命周期 / 102
职业技能训练 / 109
模块小结 / 110
同步练习 / 111

## 模块六　物流项目的招标投标
单元一　招标投标工作的认知 / 113
单元二　物流项目的招标 / 119
单元三　物流项目的投标 / 135
单元四　物流项目的开标、评标、
　　　　定标 / 141
职业技能训练 / 146
模块小结 / 147
同步练习 / 148

## 模块七　提升物流客户满意度

单元一　物流客户满意度的概念 / 151

单元二　影响物流客户满意度的因素 / 153

单元三　提高物流客户满意度的策略 / 155

职业技能训练 / 158

模块小结 / 159

同步练习 / 159

## 模块八　物流客户投诉管理

单元一　物流客户投诉概述 / 161

单元二　物流客户投诉的心理与需求分析 / 167

单元三　物流客户投诉的处理 / 172

职业技能训练 / 177

模块小结 / 179

同步练习 / 179

## 参考文献

# 模块一
# 物流市场营销环境

**知识目标**
- 了解物流市场的定义
- 理解物流市场营销的含义
- 熟悉物流市场营销环境的构成
- 掌握物流市场宏观环境与微观环境分析的因素
- 掌握 PEST 分析法
- 掌握 SWOT 分析法

**技能目标**
- 能利用 PEST 分析法分析物流企业的宏观环境
- 能运用 SWOT 分析法分析企业微观环境并制定策略

**素质目标**
- 培养系统思维与战略分析能力,提高市场敏锐度
- 培养合规经营与社会责任意识
- 培养动态环境下的战略应变素养

## 应知部分

## 单元一 物流市场营销

**重难点**:物流市场营销的特点和观念变革

### 引导案例

**同路不顺路,中秋礼寄顺丰**

在温馨与欢笑交织的传统节日前夕,电影《人在囧途》中的经典一幕仿佛跨越银幕,在顺

丰的创意广告中得到了现实生活的温馨复刻。这次，主角不再是那位执着的挤奶工牛耿，而是每一位心怀归家之情、手捧满满爱意的你我。

随着节日的脚步渐近，车站、机场再次成为爱的汇聚地，人们肩扛手提，满载着对家的思念与节日的祝福。那些精心挑选的礼品，不仅仅是物质的堆砌，更是情感的桥梁，连接着远方的亲人与故土的文化根脉。

想象一下，精心准备的大闸蟹在即将启程时意外洒漏，或是精心打包的月饼在夜色中不慎遗落。这些看似微不足道的插曲，却足以让归心似箭的心情蒙上一层阴霾。但正是这些不经意的瞬间，激发了顺丰营销人员的灵感。他们以中秋佳节为背景，巧妙地将品牌服务融入其中，提出"同路不顺路，中秋礼寄顺丰"的温情倡议。这不仅仅是一句广告语，更是顺丰对每一位旅人深情的理解与关怀——在忙碌与不便之中，顺丰愿成为那份爱意的守护者，让每一份礼物都能跨越千山万水，先于主人一步抵达家中，让爱与祝福无须等待。通过这样的广告创意，顺丰不仅成功塑造了自身作为高效、可靠物流服务商的形象，更在消费者心中种下了一颗温暖的种子——无论身在何方，总有一份关怀与祝福，能够跨越距离，提前抵达家的港湾。

习近平总书记在党的二十大报告中明确提出，必须坚持在发展中保障和改善民生，鼓励共同奋斗创造美好生活，不断实现人民对美好生活的向往。我们积极响应国家号召，不仅要关注物流行业的快速发展，而且要着眼于生活中的每一个细节，致力提升消费者的生活品质。

说一说：物流营销成功的秘诀是什么？

## 一、市场营销

### 1. 市场营销的起源

"市场营销"一词源于英语的"Marketing"，市场营销学萌芽于19世纪末20世纪初，形成于20世纪中叶，成熟于20世纪80年代，是一门建立在经济科学、行为科学和现代管理理论基础上的应用科学，是20世纪发展最快的管理学科之一。它是市场经济发展到较高阶段的产物，并随着社会和经济的发展而不断深化、创新、丰富和完善。

市场营销理论产生的背景：①市场规模迅速扩大，给大规模生产带来了机会；②工业生产快速发展，卖方市场开始向买方市场转化；③分销系统发生变化，出现了百货商店、邮购商店和连锁商店等分销渠道；④传统的"自由竞争在市场上必然有效"的论断已经过时，市场迫切需要能有一门新的学科或理论来对市场的发展变化做出解释。

### 2. 市场营销的相关概念

（1）市场的定义。市场通常是指某种产品和劳务的现实购买者与潜在购买者需求的总和。大多数市场依赖卖方提供货物或服务（包括劳力）来换取买方的钱。可以说，市场是商品和服务价格建立的过程。市场促进贸易并促成社会中的资源分配。

（2）市场营销的定义。营销不等于推销，市场营销是从卖方的立场出发，以买方为对象，在不断变化的市场环境中，以顾客需求为中心，通过交易程序，提供和引导商品或劳务到达顾客手中，满足顾客需求与利益，从而获取利润的企业综合活动。

被誉为"现代营销学之父"的菲利普·科特勒（Philip Kotler）对市场营销的定义：市场营销是在创造、沟通、传播和交换产品中，为顾客、客户、合作伙伴以及整个社会带来经济价值的活动、过程和体系。可见，市场营销主要是指营销人员针对市场开展经营活动、销售行为的过程。

要正确理解市场营销，需要把握其三个要点：

1）市场营销是一种满足人们消费需求的行为。

2）市场营销是一种创造性行为。

3）市场营销是一个系统的活动过程。美国市场营销协会认为市场营销就是引导产品或劳务从生产者流向消费者的企业营销活动。

"市场营销"有三个关键词：一是"市场"，二是"营"，三是"销"。从企业视角来看，市场营销就是企业聚焦市场，综合运用4P、4C、4R等多元营销策略组合，向客户提供超越期望的产品或服务，最终实现企业经营目标的过程。

市场营销的第一目的是创造顾客，获取和维持顾客。其过程是通过对自己最大限度地经营，为别人创造价值并获得利润。从传统意义上讲，企业的目标是追求利润最大化。但实际上，企业价值的实质是以尽可能低成本地满足更多利益相关方特别是顾客的需要，其中，满足利益相关方及顾客需要是前提和第一位的。所以，企业的核心目的，应该是在满足顾客需要的前提下追求利润最大化。

### 3. 市场营销观念的演变

所谓市场营销观念，是指企业在一定时期、一定生产经营技术和一定市场营销环境下，进行所有市场营销活动，以及正确处理企业、顾客和社会三方面利益的指导思想和行为的根本准则，也是企业的经营哲学。它是经济发展的产物，是一个复杂的社会过程，在一定程度上反映了市场经济发展规律的客观要求。从市场营销的发展历史来看，营销观念的演变大致经历了以下几个阶段：

（1）以企业为中心的营销观念。以企业为中心的营销观念是指以企业利益为根本取向和最高目标来处理营销问题的观念，它包括生产观念、产品观念、推销观念三类。

1）生产观念。生产观念是生产力发展水平不高的产物，是在卖方市场条件下产生的一种营销观念，其存在条件是供给相对不足、卖方竞争有限。生产观念以生产为中心，以产定销，认为"企业能生产什么，就销售什么"。福特汽车公司的创始人亨利·福特是持有生产观念的典型代表。当时，福特公司生产的"T型车"供不应求，亨利·福特便采用了流水生产线，使产品的产量迅速提高，以满足市场对该车型的需求。"不管顾客需要什么颜色的汽车，我只有一种黑色。"就是亨利·福特生产观念的体现。在此阶段，企业的产品供不应求，是典型的"卖方市场"，不愁卖不出去，但是一旦这种市场优势丧失，就会面临毁灭性打击。

2）产品观念。当市场开始由卖方市场向买方市场转变时，消费者已不再仅仅满足于产品的基本功能，而是开始追求产品在功能、质量和特色等方面的差异性，此时便出现了产品观念。坚持产品观念的人往往认为，"酒香不怕巷子深"，消费者喜欢高质量、多功能和有特色的产品，只要提供这样的产品，消费者就会购买，所以企业应致力于提高产品质量。但是以产品观念作为经营思想的企业过于注重自己的产品质量，较少研究不断变化的市场形势，陷入"孤芳自赏"的局面，从而制约了自身的发展。

生产观念和产品观念都属于以生产为中心的经营思想。其相同点在于两者都没有将市场需求放在首位。其区别在于前者注重以量取胜，而后者注重以质取胜。

3）推销观念。推销观念产生于20世纪30年代初世界性的经济危机之后。当时，全球市场出现了生产过剩、供过于求的局面。在这种形势下，企业开始致力于推销的研究，以努力推销产品。推销观念认为，消费者不会主动选择和购买商品，只有经过强有力的推销、刺激、引导，才能使消费者产生购买行为。因此，企业注重通过一定的推销技术或推销策略，去说服和引导消费者产生购买行为。推销观念与生产观念、产品观念相比有了很大的进步，即企业开始注重宣传，把重点放在销售环节。但是推销观念实质上与生产观念、产品观念一样，仍不注重市场调研，也不注重了解消费者真正的需求，其仍然以生产为中心，仍然属于"以产定销"的范畴。

（2）以消费者为中心的营销观念。以消费者为中心即以满足消费者的需要为导向，认为"消费者需要什么，就提供什么，就卖什么"。由于其注重选择目标市场，注重发现目标市场中消费者的内在需要，并能运用整体营销手段在满足消费者需要的同时使企业盈利，因而其兼顾了消费者与企业两个方面的利益。市场营销观念是企业经营思想上的一次革命。

（3）以社会长远利益为中心的社会营销观念。社会营销观念是以社会长远利益为中心的营销观念，其认为企业的运营活动不仅要以消费者为中心，兼顾企业自身利益，而且要符合社会利益。社会营销观念不是对市场营销观念的取代，更不是否定，而是发展。它不仅包含市场营销观念的积极因素，而且关注企业的活动和产品对消费者的长期影响，关注企业活动对经济、社会、生态环境的宏观作用。

## 二、物流市场营销

### 1. 物流市场

物流市场是指某种物流服务所有现实购买者和潜在购买者需求的总和。简而言之，物流市场＝人口＋购买能力＋购买欲望，即物流市场包含三个因素：有某种需要的人、满足这种需要的购买能力和购买欲望。物流市场的这三个因素是相互制约、缺一不可的。只有这三者结合起来，才能构成现实的物流市场，才能决定物流市场的规模和容量。

物流市场核心概念包括以下几个：

（1）需要、欲望与需求。

1）需要。需要是指人类没有得到某些基本满足的感受状态。人为了生存需要食物、衣服、房屋、安全感、受人尊重等。这些需要是人本身的生理需要和存在于自身状态之中的，物流营销者可以去满足它们，但不能凭空创造。例如，将物品从一个地方寄到另一个地方，我们需要物流。

马斯洛的需要层次理论将需要分为五种，认为其像阶梯一样从低到高，按层次逐级递升，分别为：生理需要、安全需要、社交需要、尊重需要和自我实现需要。每个需要层次上的消费者对产品的要求都不一样，即不同的产品满足不同的需要层次。将营销方法建立在消费者需要的基础之上考虑，不同的物流需要也产生不同的营销手段。

> **素养提升**
>
> **新时代人民日益增长的美好生活需要**
>
> 党的十九大报告指出：中国特色社会主义进入新时代，我国社会主要矛盾已经转化为人民日益增长的美好生活需要和不平衡不充分的发展之间的矛盾。社会主要矛盾的变化是关系全局的历史性变化，要求我们在继续推动发展的基础上大力提升发展质量和效益，更好地满足人民日益增长的美好生活需要。

> 如何认识和把握人民日益增长的美好生活需要？从需要的性质来看，人类需要大致可划分为三个层次。第一层次是物质性需要，指的是保暖、饮食、种族繁衍等生存需要，这是人类最基本的需要。第二层次是社会性需要，它是在物质性需要基础上形成的，主要包括社会安全的需要、社会保障的需要、社会公正的需要等。第三层次是心理性需要，指的是由于心理需求而形成的精神文化需要，如价值观、伦理道德、民族精神、理想信念、艺术审美、获得尊重、自我实现、追求信仰等。
>
> 随着中国特色社会主义进入新时代，人们的物质性需要不断得到满足，开始更多地追求社会性需要和心理性需要，如期盼更好的教育、更可靠的社会保障、更高水平的医疗卫生服务、更舒适的居住条件、更优美的环境、更丰富的精神文化生活等。这既是我国社会生产力水平显著提高的必然结果，又对我国未来经济社会发展提出了更高要求。

2）欲望。欲望是指人们想得到某种具体的东西以满足或部分满足某种需要的愿望。例如，为了满足寄快递的需要，我们的欲望是快、安全地送达。人的需要有限，但欲望是没有止境的。营销人员无法创造需要，但可以引导欲望，开发或销售特定的物流产品来满足欲望。

3）需求。需求是指针对特定产品的欲望，这种欲望必须有两个条件：有购买能力，且愿意购买。如果有购买能力支持，欲望就可以变成需求。需求＝购买能力＋购买欲望。区分以上三者的意义在于明确营销者的作用，即物流营销人员并不创造需要，需要先于营销人员而存在，但营销人员可以影响消费者的欲望，并使产品对目标顾客而言更加富有吸引力、价格更合适且可轻易获取，以此达到影响需求的目的。例如，为了满足一个小时内将产品寄到，我们可以选择价格较贵的闪送。

（2）效用、费用、满足。

1）效用。效用是指消费者从物流产品、服务的购买和使用中所获得的主观上的满足程度，是消费者对某物流产品满足其需要的整体评价。例如，物流产品的速度快慢、安全性、方便性、美观性、节约性、性能可靠性等。

2）费用。费用是指消费者获得、使用和享受物流产品、服务效用的费用，即消费者所付出的代价，包括货币成本、时间成本、精力成本和心理成本。

3）满足。满足是指物流产品的效用与费用之比，即通常所说的性能与价格之比。性价比越高，消费者满足程度越高。消费者在做出购买决策时，既要考虑效用，又要考虑费用，即取决于消费者从产品中所获得的效用与所支付费用的比值。

### 2. 物流市场营销的定义

物流市场营销是指物流服务外部供给者为了有效满足物流需求而系统地提供服务概念、价值、价格、沟通的行为组合。它是市场营销的组成部分，是新形势下的产物，是市场需求链中最具活力的环节。物流市场营销的使命在于围绕市场需求，计划最可能的供给路径，在最有效和最经济的成本前提下，为客户提供满意的产品和服务。它包括一系列营销活动，如市场调研、营销战略、营销策略等，旨在提高市场份额、增加销售收入、提高品牌影响力等，最终实现物流企业的经营目标。

### 3. 物流市场营销的特点

（1）物流营销涉及产品及服务。物流营销的核心是提供物流服务，这些服务是无形的、不可感知的，但能够为客户带来实际的价值。物流服务的具体内容包括运输服务、仓储服务、咨询服务、增值服务等。虽然物流营销的核心是服务，但产品也是其不可或缺的一部分。这里的产品，主要指的是物流服务过程中所涉及的物理产品，如运输工具（货车、飞机等）、仓储设施（仓库、货架等），以及相关的技术设备等。

（2）营销的对象广泛。由于供应链的全球化，物流活动变得更加复杂。企业为了将资源集中在自己的核心业务上，往往将其他非核心业务外包。企业急剧上升的物流外包为物流企业提供了广阔的市场营销范围和服务对象，可以说涉及了各行各业。

（3）市场的差异程度大。物流企业面对的是一个差异程度很大、个性化很强的市场。这就要求物流企业在进行营销工作时，必须根据目标市场客户企业的特点为其量身定制，并建立一套高效、合理的物流解决方案。

（4）营销的服务能力强。随着市场需求的演变，客户的个性化需要越来越突出，客观上要求物流企业具有强大的营销服务能力。一个成功的物流企业，必须具备较大的运营规模，建立有效的地区覆盖，具有强大的指挥和控制中心，兼备高水平的综合技术、财务资源和经营策略。

## 单元二　物流市场营销环境概述

**重难点**：物流市场营销环境的定义；物流市场营销环境的分析矩阵

### 引导案例

#### 物流企业出海

国内经济增速的放缓，驱动中国企业走出去拓展海外市场第二增长曲线。物流企业出海，作为连接中国与世界的关键纽带，其崛起不仅是企业全球化战略的必然产物，也深刻映射出中国经济转型升级的历史进程。高效、智能的物流网络，成为推动中国企业"走出去"的重要基石，可以帮助企业节约成本，便于企业实现精益化成本管理，不断推动更多的企业和产品走向海外市场。

在数字经济时代，伴随全球 B2C（企业对个人）端贸易需求增长，对物流快递需求也在不断提高。一个完善的跨境物流网络可以实现规模化降本，激发企业间的协同效应，为世界人民提供更快、更好、更便捷的跨境消费服务。

说一说：物流企业出海面临哪些环境？

### 一、物流市场营销环境的定义

物流市场营销环境是指与物流服务营销活动有潜在关系的所有外部力量和内部因素的集合，是影响物流服务产生和发展的各种因素。物流市场营销环境分为物流市场营销宏观环境、物流市场营销微观环境。

物流市场营销宏观环境又称一般环境或总体环境，是指给物流企业造成市场机会和环境威胁的主要力量，包括政治环境、经济环境、社会文化环境、技术环境等。这些因素多为企业不能控制的，常常给企业带来机遇和挑战。

物流市场营销微观环境是指企业内部环境，与企业营销活动直接发生关系的、影响企业为目标顾客服务能力的因素的集合，包括物流企业、供应商、营销中介、顾客、社会公众等。这些因素与物流企业紧密相连，直接影响物流企业为客户服务的质量和能力。

## 二、物流市场营销环境的特征

### 1．客观性
客观性是指物流市场营销环境不以营销者的意志为转移。

### 2．多变性
多变性是指构成物流企业市场营销的各种外界环境因素总是处于一种动态的变化过程中。

### 3．相互关联性与相对分离性
相互关联性是指营销环境是由一系列相关因素组成的综合体共同影响的结果；相对分离性是指环境中某些因素彼此相对分离，各因素对企业营销活动的影响大小不一样。

### 4．不可控性与物流企业的能动性
不可控性是指对于复杂多变的整体市场营销环境，物流企业不能控制它，只能适应它；物流企业的能动性是指物流企业可以通过发挥自身的能动性，来冲破环境的制约或改变某些环境因素，如调整运输线路等。

## 三、物流市场营销环境分析

物流企业的市场营销环境是不断变化的，这给物流企业带来的可能是市场营销机会，也可能是生存的威胁。物流企业市场营销者的主要任务就是要从市场营销环境中找出哪些是市场营销机会，哪些是环境威胁，从而采取有效的相应对策，实现营销目标。

### 1．市场机会矩阵及对策

（1）分析市场机会。市场机会是指企业营销活动中各种有利因素的总和。物流企业要密切关注营销环境中的市场机会，结合企业自身资源和能力，利用市场机会开拓市场。营销人员对市场机会的分析一般从两个方面进行：①出现概率的高低；②市场机会带来潜在利益的大小，如图 1-1 所示。

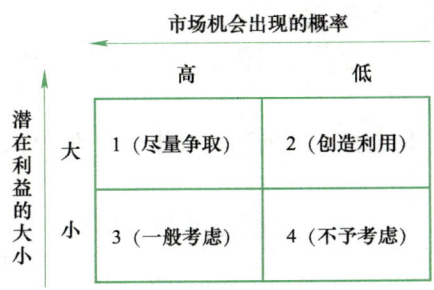

图 1-1　市场机会分析矩阵

第 1 区域，市场机会出现的概率高，潜在利益大。
第 2 区域，市场机会出现的概率低，但一旦出现会给企业带来很大的潜在利益。

第3区域，市场机会出现的概率高，但潜在利益不大。

第4区域，市场机会出现的概率低，潜在利益也小。

（2）市场机会对策。

第1区域——尽量争取。营销人员要尽量争取，抓住有利时机，迅速制订并实施营销计划，争取最大的经济效益与社会效益。

第2区域——创造利用。营销人员要创造利用，等待时机成熟就进入该市场。

第3区域——一般考虑。营销人员对于该市场给予一般考虑。

第4区域——不予考虑。营销人员可以不考虑该市场。

### 2．环境威胁矩阵及对策

（1）分析环境威胁。环境威胁是指对企业不利或可能限制其发展的不利因素的总和。物流企业应及时采取果断的市场营销行动，并按其严重性和出现的可能性进行分类，为那些严重性大、可能性大的环境威胁制订应变计划，从而避免遭受损失。营销人员对环境威胁的分析一般从两个方面进行：一个是出现概率的高低，另一个是影响程度的大小，如图1-2所示。

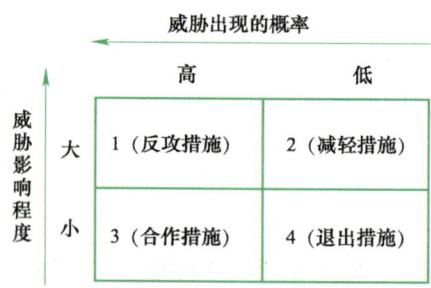

图1-2　环境威胁分析矩阵

第1区域，威胁出现的概率高，影响程度大。

第2区域，威胁出现的概率低，但一旦出现会给企业营销活动会带来较大的危害。

第3区域，威胁出现的概率高，但影响程度小。

第4区域，威胁出现的概率低，影响程度也小。

（2）环境威胁对策。

第1区域——反攻措施。物流企业应通过各种手段，阻止或限制不利环境因素对企业营销活动的影响，或促使不利环境向有利环境转化。

第2区域——减轻措施。物流企业应调整企业市场策略以适应环境或改善环境，减轻环境威胁对营销活动的影响程度。

第3区域——合作措施。物流企业应加强与其他企业的合作，运用多方资源，分散风险，共同保护自身利益。

第4区域——退出措施。物流企业应退出该市场，尽快转移到效益较高的经营领域或直接调整业务范围。

### 3．威胁—机会综合分析矩阵及对策

（1）威胁—机会综合分析矩阵。在物流企业面对的客观环境中，纯粹的威胁环境和市场机会是很少有的。通常情况下，营销环境都是机会与威胁并存、利益与风险结合在一起的

综合环境。企业的最高管理层可以综合利用"环境威胁分析矩阵"和"市场机会分析矩阵"（威胁—机会综合分析矩阵）来加以分析、评价企业所经营的业务，如图1-3所示。

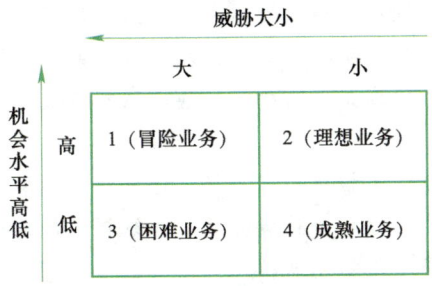

图1-3 威胁—机会综合分析矩阵

第1区域——冒险业务，即高机会和大威胁的业务；
第2区域——理想业务，即高机会和小威胁的业务；
第3区域——困难业务，即低机会和大威胁的业务。
第4区域——成熟业务，即低机会和小威胁的业务；
（2）威胁—机会综合分析矩阵对策。

第1区域——冒险业务。物流企业的决策者必须认真调查研究，在全面分析的同时，充分利用专家的优势，力争获得利益，把风险降到最低。

第2区域——理想业务。物流企业必须抓住机遇、大胆经营、创造营销最佳成绩，切勿失去良机。

第3区域——困难业务。物流企业要极力扭转这种局面，或者果断采取决策，从这种环境中退出，另谋发展。

第4区域——成熟业务。物流企业应从两个方面着手：按常规经营，规范管理，维持正常运转，取得平均利润；积蓄力量，为进入理想业务或冒险业务做准备。

## 单元三 物流市场营销宏观环境

**重难点：** 物流市场营销宏观环境的构成要素；PEST分析法

### 引导案例

#### 顺丰的低碳快件包装箱

2020年，中国提出"3060"目标（二氧化碳排放2030年前达到峰值，2060年前实现碳中和）后，顺丰筹建项目组，系统推进低碳工作，并于2021年6月发布碳目标白皮书（下称"白皮书"），将减碳目标融入企业发展与转型的战略规划之中，希望能在新的潮流中抢占先机。

2021年，国务院先后出台《关于完整准确全面贯彻新发展理念做好碳达峰碳中和工作的意见》《2030年前碳达峰行动方案》的文件，低碳成为企业重要的风向标。

广州的吴女士是一位热衷于购物的达人。然而，随着"买买买"的节奏加快，家中不断累积的快递纸箱成了她的一大困扰。直接丢弃这些纸箱显得不够环保,而保留它们又占用了宝贵的居住空间。

近日,吴女士收到了一份别出心裁的快递包裹。这个包裹的纸箱内侧巧妙地设计了指示线条,只需要按照提示将纸箱拆开并平铺,再沿着指示线裁剪,就能迅速制作出一个实用的置物架。吴女士对此赞不绝口:"这真是太有趣了!快递纸箱不仅能变废为宝,还能让我亲手参与环保行动。"

这个特别的快递纸箱来自顺丰推出的"'箱'伴计划"。该计划是顺丰为了推广环保理念而采取的一项创新举措,旨在鼓励用户将废弃的快递纸箱进行再利用。据悉,顺丰已在全国各大城市投放了数十万个这种限定版创意纸箱。

"'箱'伴计划"的初衷在于传达变"废"为宝的环保理念。在当今社会,快递已成为人们日常生活不可或缺的一部分。然而,大量快递纸箱在使用一次后即被丢弃,这不仅造成了资源浪费,也不符合环保原则。为了解决这个问题,"'箱'伴计划"鼓励用户在收到快递后,将废弃的纸箱进行改造,通过简单的裁剪和拼接,就能将这些纸箱变成生活中的实用物品,如置物架、笔筒,以及电子设备支架等。

通过这种方式,顺丰不仅为用户提供了参与环保行动的机会,还激发了用户的创造力和动手能力。这一举措不仅有助于减少资源浪费,还促进了环保理念的传播和普及。

*说一说:* 顺丰速运面临的物流市场营销宏观环境发生了什么变化?它是如何应对的?

## 一、物流市场营销宏观环境的构成要素

### 1. 政治法律环境

政治法律环境是指一个国家或地区的政治制度、体制、方针政策、法律法规等。这些因素常常制约、影响企业的经营行为。因此,物流企业的市场营销人员必须注意国家的每一项政策、立法、国际规则及其变化对市场营销活动的影响。

(1)国家经济体制和经济政策。国家经济体制是由所有制形式、管理体制和经济方式组成的,是一个国家组织整个经济运行的模式,是该国基本经济制度的具体表现形式,也是一个国家宏观政策制定和调整的依据。我国在社会主义市场经济体制基础上,深化经济体制改革,推进中国式现代化。

经济政策是根据政治经济形势及其变化的需要制定的,直接或间接地影响着物流企业的营销活动。对物流企业来说,国家经济政策主要表现为产业政策、价格政策、能源政策、环保政策,以及财政与货币政策等。

(2)法律和法规。世界各国都颁布了相应的经济法律法规来制约、维护、调整物流企业的营销活动。例如,我国目前主要有《中华人民共和国民法典》《中华人民共和国专利法》《中华人民共和国商标法》《中华人民共和国广告法》《中华人民共和国反不正当竞争法》《中华人民共和国环境保护法》等,还有与物流企业直接相关的法律法规,如《中华人民共和国海商法》《铁路超限超重货物运送规则》等。加入WTO以来,我国物流企业还必须遵循相关的国际规则和行为惯例,如ISO9000标准(国际标准化组织发布的系列质量管理的国际标准)以及ISM CODE(国际安全管理规则)等。对物流企业来说,既要奉公守法,也要学会用法律保护自己的合法权益。

> **素养提升**
>
> **中远海运与福德士河携手共创绿色航运新篇章**
>
> "绿水青山就是金山银山"是统筹高质量发展与高水平保护的根本路径。
>
> 2024年7月25日，中国远洋海运集团有限公司（以下简称中远海运）与全球领先的绿色技术、能源及金属公司福德士河（Fortescue Ltd）在上海签署合作备忘录，双方将依托各自的技术及资源优势，共同打造绿色燃料供应链，推进航运业能源结构变革，携手推动航运业绿色发展，为构建绿色低碳、可持续发展的全球航运生态贡献力量。

（3）政局和政治事件。政局和政治事件包括政治稳定性、社会治安、政府衔接、政府机构作风等。这些因素彼此交织、相互影响，共同构建起物流行业赖以生存和发展的政治生态，对物流行业的运营、发展及战略规划产生着全方位、深层次且持久的影响。例如，作为"欧洲粮仓"，乌克兰也是世界第三大粮食出口国，是世界上主要的玉米、小麦、大麦生产国和出口国。俄乌冲突爆发后，乌克兰农业生产受到战争影响，乌克兰政府禁止出口小麦、燕麦等农产品，增加了全球粮食供应风险，进一步影响了国际物流运输。

### 2. 经济环境

经济环境通常是指企业营销活动所面临的外部社会经济条件、经济联系及运行情况。它主要包括经济发展水平、经济周期、利率、货币供给、通货膨胀、失业率、消费者收入水平、消费者支出模式和消费结构、消费者储蓄和信贷、城市化程度等。

（1）经济发展水平。经济发展水平通常是指一国的国内生产总值及其发展变化的情况，包括社会总供给、总需求的情况及变化趋势，产业机构、物价水平、就业以及国际经济等方面的环境内容。国民经济持续增长与繁荣肯定会给物流企业的生存和发展提供有利机会；反之，则困难重重。另外，世界经济和贸易的发展变化对物流企业，特别是从事国际经济活动的物流企业也会产生重大影响。一般来说，世界经济的高速增长会导致国际贸易的相应增长，从而使得物流频繁、物流市场繁荣；反之，就会使物流业显得萧条和不景气。

（2）消费者收入水平。消费者的购买力源于消费者收入，包括工资、奖金、津贴、福利补助等。消费者收入水平的高低制约着消费者支出的多少和支出模式的不同，进而影响着市场规模的大小。

（3）消费者支出模式。消费者支出模式是指消费者各种消费支出的比例关系，也就是消费结构。影响消费支出的因素有消费者的个人收入、家庭生命周期、消费者家庭所处位置等。消费者支出模式一定程度上可以体现家庭的购买力。研究消费者支出模式变化的经济学理论就是著名的恩格尔定律。国际上用恩格尔定律确定一个国家或一个地区的富裕程度，同时也用于表明潜在购买力的大小。恩格尔系数（Engel's Coefficient）是指食品支出总额占个人消费支出总额的比重。一个家庭收入越少，家庭收入中（或总支出中）用来购买食物的支出所占的比例就越大，随着家庭收入的增加，家庭收入中（或总支出中）用来购买食物的支出比例则会下降。

一个家庭或国家的恩格尔系数越大，就说明这个家庭或国家的经济越贫困；反之，恩格尔系数越小，生活越富裕。

### 3. 社会文化环境

社会文化环境主要包括一个国家或地区的语言和非语言、教育水平、宗教信仰、风俗习惯、审美观点、价值观、道德准则等。社会文化环境对物流企业有着深刻的影响。

（1）语言和非语言。语言是信息的载体，营销人员要想了解顾客的需求，说服顾客购买，必须克服语言障碍。市场调研、产品设计、产品分销、产品促销、产品说明书等都受到语言的影响。非语言是指通过身体动作、面部表情、声音特征、空间距离、时间观念等非语言符号来传递信息、表达情感和意图的过程。非语言沟通是人类沟通中不可或缺的一部分，它往往与语言沟通相辅相成，共同构成完整的交流体系。

（2）教育水平。随着教育水平的提高，消费者对物流服务的需求也趋向个性化和精细化。高文化水平的消费者更可能通过互联网和移动应用进行物流查询、追踪和投诉，要求物流企业提供更加透明、便捷的服务。同时，物流企业也需要不断提升员工的文化素质，以更好地满足客户需求，提升服务品质。

（3）宗教信仰。宗教信仰对人们的生活态度、需求偏好、购物方式有着巨大的影响。不同宗教对同一事物有着不同的态度，导致人们不同的需求和消费模式。

### 小案例

顺丰、菜鸟、极兔、京东等企业都在纷纷入局中东物流市场，希望能够掘得一桶金。但当地物流基础建设不完善、宗教语言差异、用工成本高等因素，成为掘金者路上的障碍。

（4）风俗习惯。风俗习惯包括一国的饮食结构、交往方式、图案和颜色的偏好、对某些动植物的好恶，以及约定俗成的一些习惯和礼节。

### 小案例

"618"和"双十一"作为电商平台的年度大促活动，吸引了大量消费者参与，使订单量在短时间内激增。例如，根据数据显示，2024年"618"期间，全网销售总额7 428亿元。这种巨大的订单量对物流系统构成了巨大的挑战，需要物流企业在短时间内迅速响应并处理。

（5）价值观。价值观是指人们对事物的评价标准和崇尚风气。价值观决定了人们的是非观、善恶观和主次观，包括对待时间、变革、金钱、风险、权利的态度，决定着人们的行为。

### 小案例

即时配送通过先进的物流技术和智能调度系统，使消费者可以在极短的时间内获得所需商品或服务，大大提高了生活效率，满足了快节奏生活中的即时需求。伴随即时电商各品类、各场景、各时段渗透率的持续提升，2023年即时配送行业规模约为3 410亿元，预计到2028年行业规模将超8 100亿元。

#### 4．人口环境

市场是由有购买欲望和购买能力的人组成的，企业或组织在营销过程中首先应当注意的外部影响因素就是人口环境。一个特定市场的人口规模及其增长率、年龄分布和种族组合、人口密度、教育水平、家庭类型、地区特征和迁移活动等都会影响市场的规模与结构、特征与变动趋势。

（1）人口总量。一个国家或地区总人数的多少是决定市场规模、需求潜力的重要因素。通过统计分析一个国家的总人口及国民收入，调查一个地区总人口及居民的货币收入，都可以概括地了解该市场容量的大小及购买力水平的高低。

在收入水平和购买力大体相同的条件下，人口数量的多少直接决定了市场规模和市场发展的空间，人口数量与市场规模成正比。世界人口的增长速度对商业有很大的影响，人口增长意味着人类需求的增长。但只有在购买力保证的前提下，人口增长才意味着市场的扩大。

（2）人口分布。人口在地理上的分布与市场需求有着密切关系。居住在不同地区的人群，受地理环境、气候条件、自然资源、风俗习惯的影响，消费需求的种类及数量、购买习惯及行为都会有较大区别。

人口分布可以从人口的城乡分布与地域分布两个方面进行考察。一方面城市人口分布集中，市场机会较大；另一方面随着乡村振兴国家战略的实施，城乡差距将日趋缩小，乡村市场蕴含着巨大的发展潜力，农村物流将大有可为。

从地域人口分布来看，我国东部沿海地区经济发达，人口密度大，消费水平高；中西部地区经济相对落后，人口密度小，消费水平低。随着我国西部大开发战略的实施，必然推动西部地区的经济发展，刺激西部市场需求大幅度提高，从而大大拓展企业发展的空间。

（3）人口结构。人口结构包括人口的年龄结构、教育结构、家庭结构、收入结构、职业结构、性别结构、阶层结构和民族结构等多种因素。其中，人口的年龄结构最重要，直接关系到各类商品的市场需求量，以及企业目标市场的选择。同时，人口结构还影响着物流企业的人力资源。随着人口老龄化的逐步加剧，劳动年龄人口逐步减少，在物流行业推行机器取代人工变得十分必要。

（4）家庭单位及人数。家庭是社会的细胞，也是商品采购的基本单位。一个市场拥有多少家庭及家庭的平均成员有多少，对市场营销活动有很大的影响。

### 5. 科技环境

科学技术发展一方面促进了企业物流装备的现代化，如集装箱设备、物流设施、仓库设备、铁道货车、货船、汽车、货运航空器、装卸设备、输送设备、分拣与理货设备、物流工具的现代化等；另一方面，科技使信息技术与网络设备得到广泛应用，如基础应用层面有 Internet（互联网）、GIS（地理信息系统）、GPS（全球卫星定位系统）、Bar Code（条码）、RF（射频技术）等，作业层面有 JIT（准时制工作法）、POS（销售时点信息）、ECR（有效客户响应）、ACEP（自动连续补货）、QR（快速响应）、MIS（管理信息系统）、ERP（企业资源计划）、DRP（分销资源计划）、CRM（客户关系管理）、SCM（供应链管理）等。

随着科学技术和信息技术的发展，各种现代化的交通工具和高科技产品层出不穷。近年来，随着云计算、人工智能、大数据、物联网等技术的广泛应用，智慧物流广泛兴起，无人仓、无人车、无人机开始应用到物流的各个领域。

### 6. 自然环境

自然环境是企业赖以生存的基本环境。自然环境的优劣不仅影响企业的生产经营活动，而且影响一个国家的经济结构和发展水平，使经济环境和人口环境等均受到连带影响。

自然环境包括自然资源、气候、地质和地形、地理位置等。自然环境对物流企业的影响是巨大的，因为物流企业是以运输、储藏等为主要特征的服务企业。物流企业保管和储藏的商品涉及各个类别、各种特性，保管的技术要求和难度千差万别，受环境（如冷、雨、雾、冰雹、风、寒、阴、潮等）的影响极大。至于运输对于气候的依赖性，尤其是航空运输，那就更大了。

## 二、PEST 分析法

### 1. PEST 分析法的含义

对企业战略管理的分析，有很多方法，用得较多的就是 PEST 分析法。它是从政治（Politics）、经济（Economic）、社会（Society）、技术（Technology）四个方面，基于公司战略的眼光来分析企业外部宏观环境的一种方法。公司战略的制定离不开宏观环境，而 PEST 分析法能从各个方面比较好地把握宏观环境的现状及变化趋势，有利于企业对生存发展的机会加以利用，对环境可能带来的威胁及早发现并避开。

PEST 分析法广泛应用于战略规划、投资决策、市场研究、风险评估等多个场景。它由哈佛大学教授弗朗西斯·阿尔伯特·贝克顿于 1967 年提出，目的是帮助组织了解外部环境的变化和趋势，从而制定相应的战略。通过对这些因素的分析，组织可以更好地了解外部环境的变化和趋势，从而制定相应的战略来应对挑战和利用机会。

P：政治因素（Politics），是指政治制度与体制、政局、政府的态度、政治稳定性等。

E：经济因素（Economic），是指人口规模及增长趋势、GDP、利率水平、财政货币政策、通货膨胀、失业率水平、居民可支配收入水平、汇率、能源供给成本、市场机制、市场需求等。

S：社会因素（Society），是指一个国家或地区的语言和非语言、教育水平、宗教信仰、风俗习惯、审美观点、价值观念、道德准则等。

T：技术因素（Technology），是指高新技术、工艺技术和基础研究的突破性进展，以及科技发展、创新和竞争力等方面。

### 2. PEST 分析模型构建的步骤

（1）明确分析目的。在使用 PEST 分析法之前，首先需要明确分析目的。不同的目的可能要选择不同的分析工具和方法。例如，物流企业可能希望了解政府政策对其行业的影响，或者了解经济因素对其产品销售的影响。明确分析目的有助于提高分析的针对性和有效性。

（2）收集相关信息。收集相关信息是进行 PEST 分析的关键步骤之一。信息的来源可以包括官方报告、行业研究、统计数据、新闻报道以及专家意见等。在收集信息时，应确保信息的准确性和可靠性，并尽可能涵盖广泛的领域，以全面了解外部环境的变化。

可以通过以下途径收集信息：

1）参考官方发布的政府工作报告和法律法规，了解政治因素对企业的影响。

2）阅读行业研究报告和分析，了解相关经济因素。

3）分析统计数据，了解市场规模、消费趋势等社会因素。

4）关注科技新闻和技术趋势，了解技术发展对企业的影响。

（3）归类和分析信息。在收集到相关信息后，需要将其归类和分析。根据PEST分析法的四个方面，将信息分别归类为政治、经济、社会和技术因素。然后，对每个类别进行详细分析，了解其对企业的潜在影响。

（4）汇总和评估结果。在分析每个维度的因素后，需要汇总和评估结果。将各个因素的重要程度和影响程度进行评估。根据评估结果，确定哪些因素对企业的影响最重要，以及应采取何种措施应对。

（5）制定应对策略。根据PEST分析的结果，制定相应的策略，以应对外部环境的变化和挑战。策略应针对不同的因素制定，并根据其重要性和紧迫性进行优先级排序。在制定策略时，需要考虑企业的资源限制、组织文化，以及市场需求等因素。

企业是在一定行业中进行生产经营活动的，研究企业外部环境必须掌握行业特点。主要掌握该行业所处的发展阶段、在社会经济中的地位、产品和技术特征等。一般用波特五力模型分析五个方面的竞争压力：潜在进入者、替代品、购买者、供应者、现有竞争者。

用波特五力模型来分析行业

# 单元四 物流市场营销微观环境

**重难点：** 物流市场营销微观环境的构成要素；SWOT分析法

## 引导案例

### 中国酿酒行业供给侧改革下的酒类物流供应链挑战

中国酿酒行业供给侧改革推动酒类产业格局较大变化，行业产能和产业结构正在不断优化，引领行业高质量发展。酒类物流供应链涉及产业面极广，经过数十年发展，现已形成包含采购、生产、物流、渠道等众多要素的现代化供应链网络。然而，面对行业变革的新要求，该供应链体系也暴露出若干亟待解决的问题。例如，酒类物流环节中，存在仓储设施专业度不足、运输能力不足、物流体系碎片化等问题。具体来看，部分酒品仓库条件无法满足商品储存需求，存在质量安全隐患。另外，配送环节多层次管理，运输效率仍需提升；信息系统割裂造成数据无法有效共享，难以实现精准配送。

说一说：酒类物流供应链的微观环境有哪些？

## 一、物流市场营销微观环境的构成要素

### 1. 供应商

供应商就是向企业及其竞争者提供资源的企业或个人。供应商对企业的影响具体表现在两个方面：一是价格变动；二是货源的充足性与质量。因此，企业一方面应与主要供应商保

持长期稳定的关系；另一方面应建立广泛的购货渠道，以免因过分依赖某些供应商而造成被动局面。

物流企业的供应商主要提供开展物流业务所需的物流设备，包括运输车辆、装卸搬运工具等的生产商、经销商，还包括开展一体化物流业务必需的物流通道的提供者，如公路、铁路等相关政府部门和直接经营者。

### 2．中介机构

中介机构是指协助企业促销、销售，以及把产品送到企业卖方的机构。它们包括中间商、物流机构、营销服务性机构及金融中介机构。

> **素养提升**
>
> **税收的效率与公平**
>
> 网络货运是数字化转型的纽带，其飞速发展为物流行业带来了良好的导向，在上下游用户体验提升、行业税链完整、物流效率提升等方面发挥了较大作用。
>
> 安徽省铜官区政府为了支持网络货运平台规范运营，兼顾效率与公平的原则，按其代扣代缴的增值税、所得税所形成的财政贡献，实行奖励政策：
>
> （1）年度汇总缴纳在1 000万元（含）至3 000万元的，按其所形成区可用财力的80%予以奖励。
>
> （2）年度汇总缴纳在3 000万元（含）至5 000万元的，按其所形成区可用财力的90%予以奖励。
>
> （3）年度汇总缴纳在5 000万元（含）以上的，按其所形成区可用财力的95%予以奖励。

### 3．客户

客户是物流企业的服务对象，也是企业营销活动的最终目标市场。客户是市场的主体，任何企业的产品和服务，只有得到了客户的认可，才能赢得这个市场。不同的客户具有不同的特点，从而形成了不同的市场。根据购买行为可以分为消费者市场、组织市场；根据地理范围可以分为国内市场、国际市场。

### 4．竞争者

物流企业的竞争者众多，包括多种类型的企业和服务提供商。为了提升竞争力，物流企业应当密切关注并深入分析竞争对手在品牌、产品、服务以及技术等方面的优势，并据此制定有效的策略。

### 5．社会公众

社会公众是这样的一种群体，其对一个组织完成其目标的能力有着实际或潜在的影响。社会公众可能有助于增强也可能阻碍一个企业实现自己目标的能力，企业应处理好与社会公众的关系。企业公关部门负责公共关系的建设，通过收集涉及企业的社会公众意见和态度、发布和交流信息，树立企业信誉。

通常，企业周围大致有七类社会公众：金融界、媒介公众、政府机构、公民行动团体、地方公众、一般公众和内部公众。

### 6. 企业内部环境

不同物流企业的营销活动所取得的效果往往不一样，这是因为它们还有着不同的内部环境。企业内部环境是企业营销活动最直接的微观环境因素。物流企业的内部环境主要包括以下几个方面：管理决策层和其他职能部门及其配合程度；物流企业的人员、企业文化、生产能力、财务能力、研发情况、企业在公众中的形象、信息技术、运输设备、资金能力、储备条件等。

## 二、SWOT 分析法

### 1. SWOT 分析法的含义

SWOT 分析法也叫态势分析法，在 20 世纪 80 年代初由美国旧金山大学的管理学教授韦里克提出，经常被用于企业战略制定、竞争对手分析等场合。SWOT 分析法就是对物流企业自身的优势、劣势、机会、威胁进行分析，从中找出对自己有利的因素，以及对自己不利的因素，发现存在的问题，对物流企业要做某件事的必要性和可能性进行分析，并结合物流企业的经营目标，制定出一种正确的经营战略。SWOT 四个英文字母分别代表：优势（Strength）、劣势（Weakness）、机会（Opportunity）、威胁（Threat）。

用 SWOT 模型来分析竞争者

从整体上看，SWOT 可以分为两部分：第一部分为 SW，主要用来分析内部环境；第二部分为 OT，主要用来分析外部环境。因此，SWOT 分析法是一种能够较客观而准确地分析和研究物流企业现实情况的方法，可以通过分析帮助企业把资源和行动聚焦在自己的强项和有最多机会的地方。

S：优势（Strength），是指企业自身具备哪些优势，是组织机构的内部因素，具体包括竞争态势有利、财政来源充足、企业形象良好、技术力量强、规模经济大、产品质量高、市场份额大、成本优势大等。

W：劣势（Weakness），是指企业自身存在哪些劣势，也是组织机构的内部因素，具体包括设备老化、管理混乱、缺少关键技术、研究开发落后、资金短缺、经营不善、产品积压、竞争力差等。

O：机会（Opportunity），是指对企业有利的外部因素，具体包括新产品、新市场、新需求、外国市场壁垒解除、竞争对手失误等。

T：威胁（Threat），是指对企业不利的外部因素，具体包括新的竞争对手、替代产品增多、市场紧缩、行业政策变化、经济衰退、客户偏好改变、突发事件等。

### 2. SWOT 分析法的步骤

（1）分析企业的内部环境（优势、劣势）。进行物流企业内部环境分析，列出物流企业目前具有的优势（S）和劣势（W）。物流企业的优势是指物流企业相对于竞争者而言所具有的资源、技术、服务长项，以及其他特殊实力，如先进的技术和设备、充足的资金、低廉的成本、高品质的增值服务、良好的物流企业形象、完善的物流服务系统、与买方或供方长期稳定的关系、和谐的雇员关系等，都可以形成物流企业的优势。

物流企业的劣势是指影响物流企业经营效率和效益的不利因素和特征，它们使物流企业在竞争中处于弱势地位。物流企业的潜在劣势主要体现在以下方面：战略不明、研发落后、设备陈旧、缺少某些关键技术或能力、成本过高、营销组合不当、增值服务意识薄弱、内部管理混乱、公司形象不佳等。

（2）分析企业的外部环境（机会、威胁）。进行物流企业外部环境分析，列出对物流企业来说外部环境中存在的机会（O）和威胁（T）。

环境机会的实质是指物流市场上存在着"未满足的需求"。环境中存在的机会能否被物流企业利用，取决于物流企业自身是否具备利用机会的能力，即物流企业的竞争优势是否与机会一致。

环境威胁是指外部环境中对物流企业营销活动不利或限制物流企业营销活动发展的因素。物流企业通过环境分析，应及时察觉存在的环境威胁，准确判断环境威胁出现的可能性及造成危害的严重程度，以相应地调整物流企业的营销策略。

（3）绘制SWOT矩阵及对策。

1）绘制SWOT矩阵。SWOT分析法常常被用于制定集团发展战略和分析竞争对手的情况。在战略分析中，它是最常用的方法之一。在进行SWOT分析时，主要有以下几个方面的内容：

将S、W、O、T分别放入SWOT矩阵。这是一个以外部环境中的机会和威胁为一方，物流企业内部环境中的优势和劣势为另一方的二维矩阵（如图1-4所示）。在这个矩阵中，有四个象限或四种SWOT组合。它们分别是优势—机会（SO）组合、优势—威胁（ST）组合、劣势—机会（WO）组合和劣势—威胁（WT）组合。

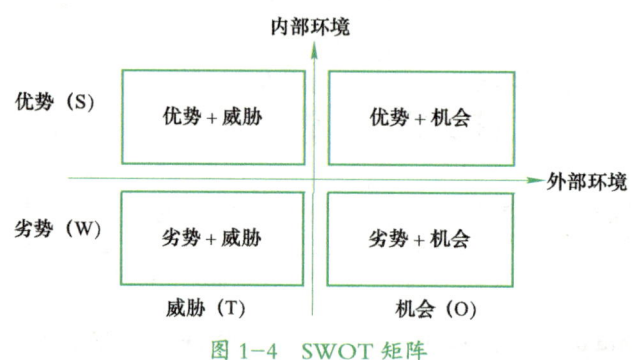

图1-4 SWOT矩阵

将调查得出的各种因素根据轻重缓急或影响程度等排序方式，构造SWOT矩阵。在此过程中，将那些对公司发展有直接的、重要的、大量的、迫切的、久远的影响因素优先排列出来，而将那些间接的、次要的、少许的、不急的、短暂的影响因素排列在后面。

2）根据SWOT矩阵制定战略。在完成环境因素分析和SWOT矩阵的构造后，便可以制定出相应的SO\WO\ST\WT战略。

①优势—机会（SO）组合。这是一种最理想的组合。在这种情形下，企业可以用自身内部优势撬起外部机会，使机会与优势充分结合，采取进攻型战略，也称企业扩张战略。企业要不失时机地抓住该机会，寻求更大的发展和跨越。机会往往是稍纵即逝的，因此企业必须敏锐地捕捉机会，把握时机，以寻求更大的发展。例如，数字物流市场前景广阔，那些掌握了先进数字技术的企业如美团、顺丰等就可以抓住市场机会，拓展市场，提高竞争力。

② 优势—威胁（ST）组合。这种组合应实施分散化战略或者游击战略。当企业内部有优势，但外部又有威胁时，要善于采用迂回策略，扬己之长，补己之短。在这种情况下，企业应巧妙地利用自身的优势来应对外部环境中的威胁，其目的是发挥优势而降低威胁，慎重而有限度地利用企业的优势，回避或减轻外部威胁所造成的影响。例如，竞争对手利用新技术大幅度降低成本，给企业很大的成本压力，同时材料供应紧张，其价格可能上涨；消费者要求大幅度提高产品质量；企业还要承担高额环保成本等。这些都会导致企业成本状况进一步恶化，使之在竞争中处于非常不利的地位，但若企业拥有充足的现金、熟练的技术工人和较强的产品开发能力，便可利用这些优势开发新工艺，简化生产工艺过程，提高原材料利用率，从而降低材料消耗和生产成本。另外，开发包含新技术的产品也是企业可选择的战略。新技术、新材料和新工艺的开发与应用是最具潜力的降低成本的措施，同时它可以提高产品质量，从而回避外部威胁的影响。

③ 劣势—机会（WO）组合。这种组合应实施抑制性策略或者防御性战略。当企业内部有劣势、环境又有一定的机会时，则要趋利避害。抑制性策略意味着妨碍、阻止、影响与控制。当环境提供的机会与企业内部资源优势不适合，或者不能重叠时，企业的优势再大也将得不到发挥。在这种情形下，企业就需要提供和追加某种资源，以促进内部资源劣势向优势转化，从而迎合或适应外部机会。

这种战略是利用外部机会来弥补内部弱点，使企业改变劣势而获取优势的战略。存在外部机会，但由于企业存在一些内部劣势而妨碍其利用机会，可采取措施先克服这些劣势。例如，若企业劣势是原材料供应不足和生产能力不够。从成本角度看，前者会导致开工不足、生产能力闲置、单位成本上升，而加班加点会导致一些附加费用。在产品市场前景看好的前提下，企业可利用供应商扩大规模、新技术设备降价、竞争对手财务危机等机会，实现纵向整合战略，重构企业价值链，以保证原材料供应，同时可考虑购置生产线来克服生产能力不足及设备老化等劣势。通过克服这些劣势，企业能进一步利用各种外部机会，降低成本，取得成本优势，最终取得竞争优势。在这种情况下，企业应遵循的策略原则是，最大限度地通过利用外部环境中的机会来弥补物流企业的劣势。

④ 劣势—威胁（WT）组合。这种组合应实施退却型战略。企业应尽量避免处于这种状态。当企业内部有劣势、外部又具有强大威胁时，企业要审时度势，及时调整自己的业务和结构。一旦处于这种状态，在制定策略时就要想方设法地降低威胁和劣势对企业的影响，以求能生存下去。

## 职业技能训练

### 一、实训目标

本次实训旨在使学生掌握 PEST 分析法、SWOT 分析法，制定对应的策略，培养学生的团队协作与市场环境分析能力。

### 二、实训背景

京东集团 2007 年开始自建物流，2017 年 4 月正式成立京东物流集团。2021 年 5 月，京东物流集团于香港联交所主板上市。京东物流集团是中国领先的技术驱动的供应链解决方案及物流服务商,以"技术驱动,引领全球高效流通和可持续发展"为使命,致力成为全球最值得信赖的供应链基础设施服务商。截至2024年3月末,京东物流集团的仓储网络几乎覆盖全国所有的县区,包括由其运营的1 600多个仓库和由云仓生态平台上第三方业主经营的2 000多个云仓。京东物流集团的仓储网络总管理面积超3 200万平方米。在海外市场,截至2023年年底,京东物流集团拥有近90个海外仓库、保税仓库和直邮仓库,覆盖全球大多数国家和地区。得益于此,诸多企业出海均仰仗京东物流集团。以荣耀为例,其在欧洲市场的一体化供应链物流服务商为京东物流集团。2024年年初,京东物流集团携手荣耀在欧洲推出海外"前置仓"服务模式,在法国、比利时、卢森堡等国最快可实现1日达。

京东物流集团正坚持"体验为本、技术驱动、效率制胜"核心发展战略,将自身长期积累的新型实体企业发展经验和长期技术投入所带来的数智化能力持续向实体经济开放,服务实体经济,持续创造价值。

### 三、实训任务

假设你是京东物流集团的员工,需要继续深耕一体化供应链业务,请分析其面临的环境。

1. 以3~5人组建一个团队。
2. 围绕一体化供应链业务,小组搜集材料分析京东物流集团面临的宏观环境。
3. 围绕一体化供应链业务,小组搜集材料分析京东物流集团面临的微观环境。
4. 小组绘制京东物流集团SWOT矩阵,并制定适合其围绕一体化供应链业务发展的SO\WO\ST\WT战略。
5. 小组汇报。

### 四、实训考核内容及评分标准

师生互评,教师评分占比70%,小组评分占比30%。

实训考核内容及评分标准

| 序号 | 小组成员 | | 学生姓名 | |
|---|---|---|---|---|
| | 小组成绩 | | 学生成绩 | |
| | 考核内容 | 考核标准 | 满分 | 得分 |
| 1 | 宏观环境 | 宏观环境框架完整,搜集材料新、内容广 | 25 | |
| 2 | 微观环境 | 微观环境框架完整,内容新、全面 | 25 | |
| 3 | SWOT矩阵及战略 | SWOT矩阵正确,外部环境与物流企业内部环境的战略能推动企业的发展 | 30 | |
| 4 | 格式规范 | 题目:三号宋体,加粗,居中<br>标题:小三宋体,加粗,顶格<br>正文:小四宋体,首行缩进两个字,行间距固定值28磅 | 10 | |
| 5 | 汇报 | PPT制作精美,团队协作,讲解生动,普通话标准,有互动 | 10 | |

## 模块小结

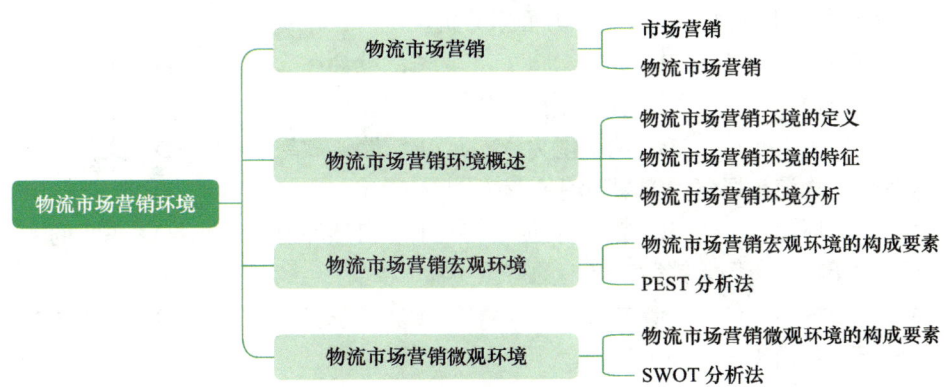

## 同步练习

**一、单选题**

1. 酒香不怕巷子深是一种（　　）观念。
   A. 生产营销　　　B. 产品营销　　　C. 推销营销　　　D. 市场营销
2. 微观环境是指（　　）影响物流企业在目标市场开展营销活动的因素。
   A. 直接　　　　　B. 间接　　　　　C. 不　　　　　　D. 以上都不对
3. "消费者需要什么，就提供什么，就卖什么"是一种（　　）。
   A. 生产营销　　　B. 产品营销　　　C. 推销营销　　　D. 市场营销
4. （　　）包括人口的年龄结构、教育结构、家庭结构、收入结构、职业结构、性别结构、阶层结构和民族结构等多种因素。
   A. 人口规模　　　B. 人口结构　　　C. 人口分布　　　D. 家庭单位及人数
5. 随着云计算、人工智能、大数据、物联网等技术的广泛应用，智慧物流广泛兴起是（　　）环境。
   A. 政治法律　　　B. 科技　　　　　C. 社会文化　　　D. 自然
6. PEST分析法是一种基于公司战略的眼光来分析（　　）的方法。
   A. 企业外部宏观环境　　　　　　　B. 企业内部微观环境
   C. 企业内外部环境　　　　　　　　D. 市场行情
7. 优势—机会（SO）组合应该采取的营销战略是（　　）。
   A. 进攻　　　　　B. 防守　　　　　C. 迂回　　　　　D. 退却
8. 高机会和高威胁的业务是（　　）。
   A. 理想业务　　　B. 困难业务　　　C. 成熟业务　　　D. 冒险业务
9. PEST中的E是指（　　）。
   A. 供应商　　　　B. 营销中介　　　C. 经济环境　　　D. 客户

## 二、多选题

1. SWOT 四个英文字母分别代表（　　）。
   A. 优势　　　　B. 劣势　　　　C. 机会　　　　D. 威胁
2. PEST 分析法是从（　　）等方面来分析。
   A. 政治　　　　B. 经济　　　　C. 社会　　　　D. 技术
3. 物流市场由（　　）要素构成的。
   A. 人口　　　　B. 购买能力　　C. 购买欲望　　D. 文化
4. 下列属于物流市场营销宏观环境的有（　　）。
   A. 人口环境　　B. 企业环境　　C. 自然环境　　D. 供应商
5. 下列属于物流市场营销微观环境的有（　　）。
   A. 中介机构　　B. 市场　　　　C. 竞争者　　　D. 政治法律环境
6. 经济环境包括（　　）。
   A. GDP　　　　B. 利率水平　　C. 财政货币政策　D. 通货膨胀
7. 以下（　　）可以用于分析物流营销环境。
   A. PEST 分析法　B. SWOT 分析法　C. 市场定位　　D. 市场细分
8. 根据企业的优势、劣势、机遇、威胁，可以采取（　　）战略。
   A. SO　　　　　B. WO　　　　　C. ST　　　　　D. WT

## 三、判断题

1. 优势、劣势是分析企业外部环境的情况。（　　）
2. 物流营销环境只包括企业内部环境，不包括外部环境。（　　）
3. 物流营销环境是静态的，不会随时间发生变化。（　　）
4. 物流营销环境只影响企业的营销活动，不影响企业的其他活动。（　　）
5. 物流企业的营销策略应根据市场环境的变化而不断调整和优化。（　　）
6. PEST 分析法是分析物流营销宏观环境的一种常用工具。（　　）
7. 物流企业的微观营销环境主要由供应商、营销中介、客户、竞争者、社会公众，以及企业内部参与营销决策的各部门组成。（　　）
8. 宏观环境对于企业来说是不可控的。（　　）
9. 企业内部环境不是企业营销活动最直接的微观环境因素。（　　）

# 模块二
# 物流市场调研

## 知识目标
- 理解物流市场调研的含义
- 掌握物流市场调研的步骤、方法、类型
- 掌握物流市场问卷设计和数据处理
- 掌握调研报告的基本结构

## 技能目标
- 能用多种方法进行物流市场调研
- 能进行物流市场调研报告的撰写

## 素质目标
- 鼓励学生突破传统问卷设计的局限，创新问卷形式和内容
- 培养在市场调研等业务场景中树立客户隐私保护意识的专业素养
- 培养在设计问卷与撰写调研报告工作中秉持严谨态度的工作素养

## 应知部分

## 单元一 物流市场调研概述

**重难点**：物流市场调研的主要内容

### 引导案例

**习近平总书记深入国际物流枢纽园区考察调研**

2024年4月22日至23日，中共中央总书记、国家主席、中央军委主席习近平在重庆市考察调研。

以重庆为运营中心、各西部省区市为关键节点的西部陆海新通道，北接丝绸之路经济带、

南接21世纪海上丝绸之路，正加速延伸为一条通达全球的国际物流大通道。其中，重庆国际物流枢纽园区扮演着"大道枢纽"的重要角色。自重庆国际物流枢纽园区向北，一列列满载货物的中欧班列经新疆霍尔果斯口岸出境，联结起区域开放发展之路。自重庆国际物流枢纽园区向南，西部陆海新通道直达广西钦州港，"中国制造"在这里走向全球，来自全球的货物又从这里进入中国市场。

2024年3月28日，在广西钦州港码头，多艘海轮在排队卸货。据统计，截至3月29日，今年西部陆海新通道铁海联运班列运输集装箱货物20.03万标箱，同比增长7.2%。西部陆海新通道，正乘着"一带一路"的东风不断延伸，让发展的红利惠及沿线各国人民。

可以说，重视调查研究，是我们党在各个历史时期做好领导工作的重要传家宝。

说一说：为什么我们党如此重视调查研究？

## 一、物流市场调研的含义

物流市场调研是市场调查与市场研究的统称，它是指个人或组织针对物流行业的特定决策需求，科学、系统地设计调查方案，搜集、记录、整理、分析及研究关于物流市场各类信息资料的过程，并最终形成详尽的调研报告以呈现调研结果的工作过程。这一过程包含物流市场的各个方面，包括但不限于市场需求分析、供给能力评估、竞争格局观察、产业链与价值链剖析、技术发展趋势追踪、政策法规影响评估，以及用户行为与偏好研究等。通过综合运用定量分析与定性研究方法，物流市场调研致力深入挖掘市场数据背后的逻辑与规律，为物流企业、投资者、政策制定者等提供全面、准确、及时的市场情报与决策支持。

## 二、物流市场调研的类型

物流市场调研按照调研对象的范围分为全面调研和非全面调研；按照调研的深度分为探索性调研、描述性调研、因果关系调研、预测性调研四种类型；按照调研的方法分为文案调研、实地调研。

### 1. 按照调研对象的范围划分

（1）全面调研。全面调研是指对调研对象中的所有单位进行的调研。当需要全面了解研究对象的总体情况，研究对象数量相对较少，研究对象的差异性较小时，适宜采用这种方法。这种方法通过全面调查获得全面、可靠和准确的资料，以全面了解研究对象的总体情况。

（2）非全面调研。非全面调研是指对调研对象中的一部分单位所进行的调研，但所调研的单位应具有较充分的代表性，如典型调研、重点调研和抽样调研等。当总体规模庞大、调查难度较大时，当研究目的明确、对总体特征有较为清晰的认识时，当需要快速获取调研结果以支持决策时，都可以采用此种调研。

### 2. 按照调研的深度划分

（1）探索性调研。探索性调研是指在企业对市场状况不甚明了或对问题不知从何处寻求突破时，所采用的一种调研方式。例如，某物流企业发现最近一段时间服务量下降，就要寻找销售量下降的原因，如调研是否出现物流服务质量下降、价格问题、包装问题、销售渠道问题、广告宣传力度不够、竞争对手、消费者的消费观点发生了变化等情况。

（2）描述性调研。描述性调研主要进行事实资料的收集、整理，对物流市场的客观情况如实地进行描述和反映，主要解答"是什么""有谁""什么时候""哪里""怎样"等一些问题。它比探索性调研更深入、更细致。例如，物流包装设计的便利性和实用性怎样影响消费者选择。描述性调研要求调查者事先已掌握许多与问题相关的知识，并能够事先拟定正规化和结构化的调研方案，事先构思具体的假设。

（3）因果关系调研。因果关系调研是指出两种事物间的相互关联，并在描述性调研的基础上进一步分析何为因、何为果的调研方法。它涉及事物的本质及影响事物发展变化的内在原因，主要回答"为什么"的问题。例如，物流产品价格水平上升5%是否会影响消费者的需求。重新设计物流产品包装能否提升消费者对该物流产品的好感等。

（4）预测性调研。物流市场预测性调研是一个系统性的过程，旨在通过收集和分析相关数据，以预测物流市场的未来趋势和发展方向。明确预测目标，广泛搜集资料，选择合适的预测方法（线性回归、时间序列分析、神经网络模型等）进行物流市场预测。

### 3．按照调研的方法划分

（1）文案调研。文案调研指的是对已经存在并已为某种目的而收集起来的信息进行的调研活动，即对二手资料进行搜集、筛选，并据此判断研究问题是否已局部或全部地得到解决。文案调研的数据主要源于二手资料，这些资料可能来自企业内部（如存货清单、财务报告、销售记录等）或企业外部（如政府、国际组织、行业协会、商会、银行、调研机构、消费组织、图书馆等）。文案调研通常是市场调研的第一步，为后续的实地调研或其他深入调研活动提供基础数据和背景信息。

（2）实地调研。实地调研是一种通过直接观察、询问、测量等方式，在特定地点收集第一手数据和信息的研究方法。物流行业的实地调研是一个系统性、综合性的工作，需要综合运用观察法、访谈法等多种方法和手段来收集数据和信息，并结合实际情况进行分析和判断。

## 三、物流市场调研的流程

物流市场调研应有计划、有步骤地进行，避免盲目开展调研。一般来说，物流市场调研流程如图2-1所示。

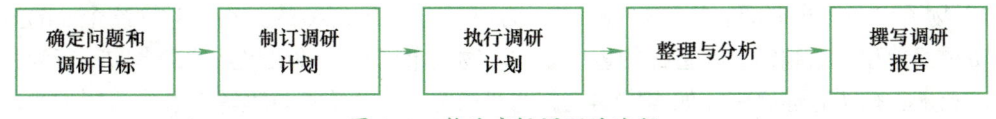

图2-1 物流市场调研的流程

### 1．确定问题和调研目标

物流市场调研的首要任务是清晰地确定所面临的具体问题以及明确调研目标。在开始调研之前，需要细致地分析物流市场中存在的各种挑战或现象，如需求波动、竞争加剧、客户满意度下降等，并将这些问题具体化，以便能够有针对性地收集和分析数据。同时，调研目标也应被明确界定，如了解消费者的需求、评估竞争对手的策略、识别市场机会或优化服务流程等，以确保调研工作能够有的放矢，最终为物流企业提供有价值的洞察和策略建议。通过明确问题，设定具体、可量化的调研目标，为后续工作奠定基础。

> **小案例**
>
> 2023年全球自动导引车（AGV）市场销售额已达32.08亿美元，并预计2030年将增至72.79亿美元，年复合增长率12.83%，而某公司AGV销量却有所下滑。公司决定全面开展市场调研，旨在通过问卷调查、深度访谈、数据分析及案例研究等方法，深入分析市场需求变化、评估竞争对手的策略、审查自身产品性能与价格策略、优化销售渠道与提升客户服务体验，同时考察技术与政策环境对市场的影响，以期精准识别销量下滑的根源，并据此制订有针对性的市场策略，包括产品定位调整、价格策略优化、销售渠道拓展与服务体验升级等，从而提升销量并实现持续增长。

### 2．制订调研计划

调研计划的内容主要包括确定调研内容和资料来源、选择调研方法、确定抽样设计、估计调研时间和费用，如图2-2所示。

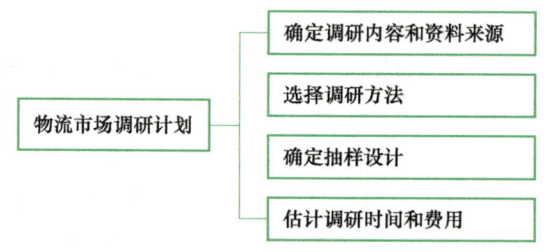

图2-2 物流市场调研计划的内容

（1）确定调研内容和资料来源。物流市场调研内容主要是对物流市场环境、物流市场需求开展调研。资料来源可以实施案头调研或者实地调研。

1）物流市场环境。物流企业环境包括宏观环境、产业环境、微观环境，它们通过直接和间接方式给物流企业的营销活动带来影响和制约。

宏观环境主要包括政治、法律、经济、社会文化、技术等。

产业环境包括物流行业的生产经营规模、产业情况、竞争情况、生产情况、产业布局、市场供求情况、产业政策、行业壁垒和进入障碍及行业发展前景等。

微观环境包括企业内部、营销渠道、顾客、竞争者和社会公众等。

2）物流市场需求调研。物流市场需求大小决定着市场规模的大小，对物流企业的投资决策、资源配置和战略制定具有直接的重要影响。物流市场需求调研包括消费者购买行为特点、购买者数量、购买心理因素（如需求动机、购买意愿、购买决策过程等）、广告影响度、价格敏感度、消费者的构成特性（如年龄、性别、职业、收入水平、教育程度等）。

> **小案例**
>
> 针对AGV最近销量下降的情况，调研内容将聚焦于物流市场需求分析，包括市场需求变化、客户偏好与购买决策因素、竞争对手策略与产品性能对比、自身销售渠道与客户服务评估，以及技术与政策环境对物流市场的影响，以明确销量下滑的具体原因并据此制订有效的市场策略。

（2）选择调研方法。根据调研目标，选择适合的调研方法，如询问法、问卷调查、焦点小组座谈、观察法、实验法、文案调研等。文案调研前面已经讲解了,因此此处主要讲解其他几种常见的调研方法。

1）询问法。询问法是指向被调查者提出问题或征求意见来搜集所需的信息和数据。询问法又可分为面谈调查、电话调查、网上调查、邮寄调查。询问法各方式的特点见表2-1。

表2-1 询问法各方式的特点

| 项目 | 面谈调查 | 电话调查 | 网上调查 | 邮寄调查 |
| --- | --- | --- | --- | --- |
| 优点 | 灵活性强,拒答率低,质量好,适用范围广 | 信息反馈快,费用低,辐射范围广 | 辐射范围广,速度快,反馈及时,匿名性好,费用低 | 空间范围广,被调查者有宽裕的时间准备,匿名性好 |
| 缺点 | 费用较高,对调查者要求较高,匿名性差,周期长 | 拒答率较高,内容缺乏深度,目标对象随机性大,缺乏准确性 | 样本局限性大,缺乏准确性和真实性 | 问卷回收率低,周期长,时效性差 |

2）问卷调查。问卷调查是一种通过设计问卷并收集目标群体对物流服务、体验、需求等方面反馈的方法。这种方法有助于企业、研究机构或政府部门了解物流行业的现状、问题以及消费者的期望,从而制定更有效的策略和改进措施。

3）焦点小组座谈。1941年,罗伯特·蒙顿和保罗·拉扎斯菲尔德在美国召开了全球第一次小组座谈会,企业非常重视此种调研方法。焦点小组座谈又称为焦点小组访谈法或小组座谈法,是以焦点小组为主、辅以个别深度访谈、三人组访谈、一小时迷你型座谈会等,收集目标群体对特定产品、概念、想法或组织看法的调研方法。一个主题一般可以组织3～4次小组座谈,每次座谈的人数一般8～12人,而且内容应具有很强的针对性,紧扣调研目的和主题。焦点小组座谈实施要点包括确定主题和座谈提纲,确定主持人,准备场地、用具,邀请参加者,控制时间,整理和分析记录结果。

**小案例**

某物流产业园主持召开智能物流发展企业座谈会,共同探讨智能物流发展前景,8家物流企业负责人参加座谈。

参会企业代表紧紧围绕当前市场现状与应对措施,依次介绍企业运营情况、经营困难、意见建议等,从仓储、产业发展、智能物流设备、成本等方面,提出了许多可行性建议。

通过此次座谈,物流产业园能够深入了解企业目前在智能物流发展中遇到的问题,共同推动智能物流行业的持续健康发展。

4）观察法。观察法是指调查人员直接或通过仪器间接观察被调查者的行为或现场事实,以获取相关信息的一种调查方法。它侧重于通过实地观察物流活动的各个环节,以获取第一手资料和数据。

5）实验法。从影响调查对象的因素中选出一两个关键的因素,改变变量后,观察被调查对象的行为和反应的调查方法。实验法的步骤：提出假设→设计实验方案→选择实验对象→实施实验→整理实验数据并分析→撰写实验报告。

（3）确定抽样设计。抽样调查是从总体中按照一定原则抽取部分单位作为样本进行调查,并用样本结果说明总体情况的调查方法。

抽样方法包括随机抽样和非随机抽样。随机抽样是对总体中每一个体都给予平等的抽取机会的一种抽样。常见的随机抽样有简单随机抽样、分层随机抽样、等距离随机抽样、分群随机抽样、多阶段随机抽样。非随机抽样是调查人员根据自己的专业知识、经验、态度或观点来确定调查对象或抽取样品的抽样方法。常见的非随机抽样有任意非随机抽样、判断非随机抽样、配额非随机抽样、滚雪球抽样。

与全面调查相比，抽样调查省时、省力、花费少；缺点就是如果调查对象有偏差，会影响调查结果的准确性。

（4）估计调研时间和费用。调研时间是完成整个调研计划需要的时间。调研费用包括交通费、调查费、交际费等。估算调研时间和费用是调研中不可或缺的一部分。它不仅有助于规划和管理项目进程，还提供了重要的决策支持，提高了项目的透明度和成功率。

### 3．执行调研计划

根据前期制订的调研计划，组建调研项目团队开展调研，收集、整理、分析得到的一手资料、二手资料，并做好"客户调研记录表"等调研记录工作。

### 4．整理与分析

调研结束后，调查资料的整理与分析是至关重要的一步，它直接关系到调研结果的准确性和有效性。

（1）调查资料整理。结束调查活动，要尽快整理收集到的调查资料，包括调查问卷回收、登记、审核、调查资料编码和录入，数据清理，数据分类与分组等。通过以上步骤，可以将收集到的原始调查资料整理成系统、有序的数据集，为后续的数据分析和研究提供有力支持。

（2）调查资料分析。调查资料分析主要是对收集到的数据进行分析，反映数据之间的联系，进而得出某些结论。数据分析主要用到一些统计方法，常用的统计方法包括频率分析、交叉频率分析、描述统计、平均数差异检验或 $t$ 检验、方差分析、相关分析、回归分析、主成分分析、因子分析、聚类分析、多维量表分析等。

### 5．撰写调研报告

调研的最后一个阶段就是对调研结果做出解释和说明，向部门提供调研报告。调研报告要简明扼要、逻辑清晰、有理有据。

## 单元二　物流市场调查问卷设计

**重难点：** 物流市场调查问卷的基本结构；问卷星设计问卷

### 引导案例

#### 物流企业运行情况问卷调查

经过全国物流主管单位、行业协会及企业的通力协作，中国物流与采购联合会成功完成了2024年一季度针对重点企业的问卷调查工作，其深度研究报告得到了央视、《人民日报》等权威媒体的广泛报道，为社会各界深入洞察物流行业的最新动态，提供了宝贵的信息资源和重要的参考依据。

为了进一步精简流程并提升调查效率，同时紧跟行业发展热点，中国物流与采购联合会（中物联）在2024年二季度对问卷内容进行了优化更新，并特别增设了"大规模设备更新"专题调研模块。此举旨在更全面地掌握物流企业在设备升级、技术创新方面的最新进展与面临的挑战。

**说一说**：请查阅配套资源中的问卷调查，思考该问卷包含的结构有哪些。

## 一、物流市场调查问卷概述

### 1．物流市场调查问卷的定义

调查问卷是问卷调研的主要表现形式。调查问卷又称调查表或询问表，是以问题的形式系统地记载调查内容的一种问卷。问卷可以是表格式、卡片式或簿记式。完美的问卷必须具备两个功能，即能将问题传达给被问者和使被问者乐于回答。要实现这两个功能，在设计问卷时应当遵循一定的原则和程序，并运用一定的技巧。

问卷调研是国际上通行的通过调查问卷收集信息资料的调研方式，也是我国近些年来推行最快、应用最广的调研方式。

### 2．物流市场调查问卷的作用

（1）调查问卷实施方便、省时间、效率高。

（2）对问卷进行了明确的工作流程设计，规范了访问行为。

（3）提供答案记录工具，规范了记录行为。

（4）问卷是一种将用户回答转化成编码的工具，因而调查问卷有利于信息统计处理及定量分析。

### 3．物流市场调查问卷的基本类型

物流市场调查问卷有不同的划分标准，其基本类型如下：

（1）按调查中填写问卷的方法不同，可将物流市场调查问卷分成自填式问卷和访问式问卷两大类。

（2）按问卷发放方式的不同，可将物流市场调查问卷分为送发式问卷、邮寄式问卷、报刊式问卷、人员访问式问卷、电话访问式问卷和网上访问式问卷。

（3）按问卷设计是否结构化，可将物流市场调查问卷分为结构型问卷和无结构型问卷。

## 二、物流市场调查问卷的基本结构

物流市场调查问卷可以有各种不同的样式，但是从内容上来说，一份完整的调查问卷常常包括开头部分、主体部分和背景部分。

### 1．开头部分

开头部分主要包括问卷标题、说明词（信）等内容。不同的调查问卷的开头部分会有一定的差别。

（1）问卷标题。问卷标题的作用是概括说明调研的主题，使被调查者对需要回答什么方面的问题有一个大致的了解。标题简明扼要,最好能引起被调查者的兴趣。例如,"××地区冷链运输市场调查"等。

(2)说明词(信)。说明词(信)语言应简洁朴实,讲求严肃,向被调查者介绍身份,说明调查目的并征询合作。说明词(信)中的内容一般包括称呼、问候、访问员介绍、调查目的、调查对象回答的意义及重要性、访问需要持续的时间、感谢语等。

> **小案例**
>
> 尊敬的先生/女士:
>
> 您好!我是××调查公司的调查员,我们公司正在进行关于线下冷链物流配送情况的市场调查,希望能得到您的协助,您的意见对我们非常重要,谢谢您的合作!我们的调查不会涉及您家庭的隐私,您所提供的个人情况,我们只用于统计分析,不会提供给任何单位或个人。您的意见无所谓对错,只要真实反映您的情况,对于我们的研究就有很大的价值。我需要耽误您十分钟时间。调查结束后,我将赠送您一份小小的礼品,以示感谢。

### 2. 主体部分

主体部分是调查问卷的核心组成部分,包括所有调查问题,其主要由问题和答案组成。

(1)被调者基本情况。年龄、性别、职业、收入、教育程度等。在调查被调查者基本情况特别是一些隐私时,如女士的年龄、体重、收入等,可以给出区间段供选择,尽可能回避让被调查者写出具体的情况。

(2)问题类型。从形式上看,可分为开放式、封闭式和混合型三大类。

开放式问题只提问题,不给具体答案,要求被调查者根据自己的实际情况自由作答。

> **小案例**
>
> "您认为冷链物流运输中最需要改进的环节是什么?"

封闭式问题则既提问题,又给出若干答案,被调查者只需要选中相应答案。

> **小案例**
>
> "您是否担心冷链物流运输中的食品新鲜度问题?"(单选)
>
> A. 是　　　　　　B. 否

混合型问题又称半封闭型问答题,是在采用封闭式问答题的同时,再附上一项开放式问题。

> **小案例**
>
> "您通过冷链物流购买过哪些食品?"(可多选)
>
> A. 冷冻肉类　　B. 速冻食品　　C. 乳制品　　D. 蔬菜水果
> E. 其他(请具体说明)

(3)答案类型。在问卷设计中,答案类型通常根据问题的类型和所需收集的信息类型来确定。对于冷链物流运输市场调研的问卷,答案类型可以主要包括以下几种:

单选答案:适用于封闭式问题,要求被调查者从一组给定的选项中选择一个作为答案。

多选答案:允许被调查者从一组给定的选项中选择多个作为答案。

量表答案：通常用于评估被调查者对某一事物的态度、满意度或重要性等，通过一系列数值或等级来表示。

开放式答案：不提供预设选项，让被调查者自由填写答案。

顺位式答案：要求被调查者将一组给定的选项按照某种标准（如重要性、满意度等）进行排序。

填空式答案：提供空白处让被调查者填写具体信息，如数字、日期、名称等。

> **小案例**

"您最常使用哪种冷链物流运输服务？"（单选）

A. 快递公司　　　B. 第三方物流　　　C. 自营物流　　　D. 其他

"您在选择冷链物流服务商时，会考虑哪些因素？"（多选）

A. 价格　　　　　B. 时效性　　　　　C. 保鲜技术

D. 服务质量　　　E. 安全性　　　　　F. 其他

"您对当前冷链物流运输的保鲜效果满意吗？"（量表）

1=非常不满意，2=不满意，3=一般，4=满意，5=非常满意

"您认为冷链物流运输中最需要改进的环节是什么？请详细说明。"（开放）

"请将以下冷链物流运输的考虑因素按照重要性从高到低排序。"（1为最重要，5为最不重要）：（顺位）

（　）货物保鲜技术（如温控设备、包装材料）。

（　）运输效率与准时性。

（　）成本控制与节约。

（　）信息化与可追溯性（如物联网、区块链技术）。

（　）绿色环保与可持续性。

"您购买生鲜食品经常选择的快递是_____。"（填空）

在设计问卷时，应根据调研目的和受众特点选择合适的答案类型，以确保收集到准确、有效的信息。同时，也应注意问题的表达清晰、选项全面且互斥，避免引导性或模糊性的问题。

### 3. 背景部分

背景部分也称为作业证明的记载，一般设置在问卷的结尾处，用来简短地对被调查者的合作在此表示衷心的感谢，也可以征询一下被调查者对问卷设计和调查问卷本身有什么看法和感受。背景部分通常包括访问员姓名、编号、被调查者的情况、调查地点、调查持续时间和被调查者的参与态度等。

> **小案例**

非常感谢您抽出宝贵的时间来完成这份关于冷链运输的问卷！您的回答对我们了解冷链运输的现状、挑战及未来发展方向具有重要意义。我们深知您的每一条反馈都是对我们工作的宝贵支持，将直接帮助我们提升服务质量、优化运输流程，并推动冷链运输行业的可持续发展。

我们承诺，您的个人信息和回答内容将被严格保密，并仅用于本次研究或改进工作的

目的。同时，我们也非常期待未来能够继续得到您的关注和支持，共同推动冷链运输行业的进步与发展。

如果您对冷链运输有任何进一步的建议、想法或需要了解更多信息，请随时与我们联系。我们期待与您携手，共创冷链运输的美好未来！

再次感谢您的参与和支持！祝您工作顺利，生活愉快！

### 三、物流市场调查问卷的设计步骤及原则

#### 1．物流市场调查问卷的设计步骤

物流市场调查问卷的设计步骤如下：
（1）决定需要的信息及其分析方法。
（2）选择恰当的资料收集方式。
（3）选择合适的问题类型。
（4）确定问题的措辞。
（5）确定问题的先后次序。
（6）提升调查问卷的吸引力和利用率。
（7）测试并修改。
在不同的调查中，各个步骤的内容有些差异。

#### 2．物流市场调查问卷的设计技巧

物流市场调查问卷的设计技巧有以下几种：

（1）合理安排问题的顺序。安排问题的顺序的总体原则包括：①按照问题的难易程度，先易后难；②先总体性问题，后特定性问题；③先封闭式问题，后开放式问题。

问对问题做好问卷

（2）妥善处理敏感性问题。在问卷中，应尽量少涉及敏感性问题，当不得不涉及敏感性问题时，要注意掌握提问技巧。例如，针对收入、年龄等问题可采取区间表达方式。

> **小案例**
>
> 请问您每个月的收入大概是多少呢？
> A．1000 元以下　　B．1001～2000 元　　C．2001～3000 元
> D．3001～5000 元　　E．5000 元以上

（3）采用六要素明确法准确定义问题。六要素即何人（Who）、何地（Where）、何时（When）、做什么（What）、为何做（Why）、如何做（How）。如果问卷设计者设计问题时考虑了以上六要素，问题的明确性就会提高很多。例如，"在最近三年里，当您打算网上购物时，您最喜欢看的是哪个购物网站的购物信息"比"您网上购物时一般会看哪里的购物信息"要明确得多。当然，六要素明确法并不是指所有问题都必须涉及六要素，有时缺少个别要素同样能准确定义问题。

（4）表达规范。

1）尽量避免使用模糊和笼统的词汇。例如，当顺丰快递员想知道其顾客来快递货物的频

率时，若问"您经常来我们公司快递货物吗"是不规范的。显然，这里的"经常"一词是很模糊的，必须具体化，如用"一周一次""一月一次""一季度一次""一年一次"等代替，即提问的问题和方式应具体。

2）尽量避免使用专业化的词语，表达应通俗易懂。

（5）避免提有倾向性和引导性的问题。开展调查要保持中立的立场，避免提有倾向性和引导性的问题。例如，鉴于保护环境是我国的基本国策，您认为是否该严惩没有达到碳排放要求的企业？

（6）答案设计技巧。开放式问题不存在答案设计。答案设计针对的是封闭式问题，即被调查者要从众多选项中选择一项或多项。其设计技巧如下：①要满足穷尽性，避免选项不全，被调查者无答案可选的现象。对于某些确实无法穷尽的情况，可以在主要选项后加上"其他"一项。②要满足互斥性，避免选项内容相互包含。

### 四、问卷星设计

问卷要设计得灵活多样，既可采用传统的线下纸质问卷形式，便于面对面交流与即时反馈，也可借助线上平台如问卷星等，便捷地开展大规模、跨地域的调研活动，并实时统计与分析结果，提升调研效率与数据准确性。

以问卷星为例，其流程如下：

#### 1. 创建问卷

登录问卷星网页，选择"创建问卷"。输入调查标题，单击"创建调查"，如图 2-3 所示。

图 2-3　在问卷星创建调查

#### 2. 在线设计问卷

单击"添加问卷说明"，输入说明，即前文说到的说明词（信），如图 2-4 所示。

图 2-4　添加问卷说明

问卷星提供了所见即所得的设计问卷界面，支持多种题型以及信息栏和分页栏，可以给选项设置分数，可以设置跳转逻辑，可以设计问卷外观，还提供了数十种专业问卷模板供选择，如图 2-5 所示。

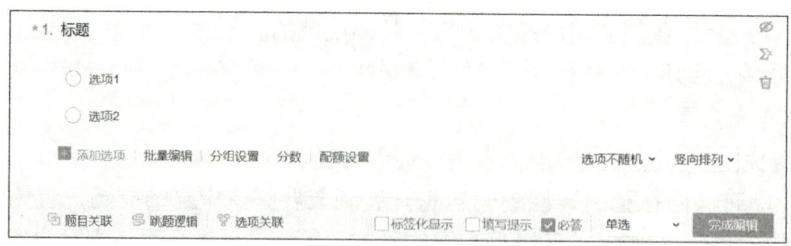

图 2-5　问卷星的设计问卷界面

### 3．发布问卷并设置属性

问卷设计好后可以直接发布并设置相关属性，如问卷分类、说明、公开级别、访问密码等。

### 4．发送问卷

通过链接、二维码、微信、邮件等方式发送问卷。

如果用微信发送，还可进行以下功能设置，如图 2-6 所示。

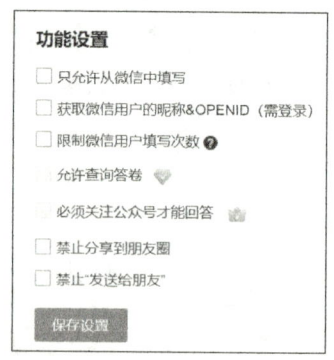

图 2-6　问卷星的功能设置

### 5．查看调查结果

找到设置的调查问卷，单击"分析＆下载"的"统计＆分析"，即可轻松下载包含调研问题统计分析的报告，同时系统还提供了查看客户作答问卷、答案来源、完成率分析及数据大屏展示等丰富功能，以帮助全方位理解调研数据，如图 2-7 所示。

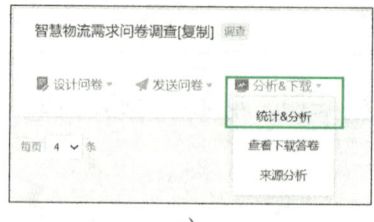

a）

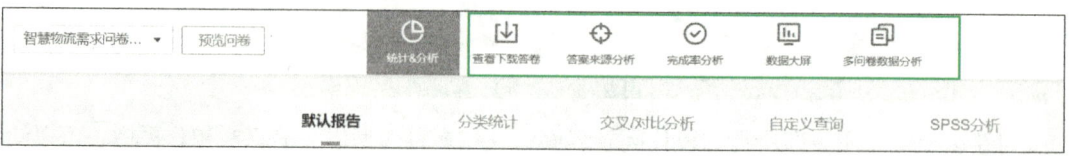

b）

图 2-7　查看调查结果

# 单元三 物流市场调研报告的撰写

**重难点**：物流市场调研报告的结构

## 引导案例

**2023 年重庆市重点物流企业调查分析报告**

**一、调研背景与目的**

为深入剖析重庆市物流企业的经营现状与挑战，为政府及企业提供决策支持，重庆市物流与供应链协会于 2023 年年底针对企业基本情况、经营绩效、市场挑战、未来展望和政策建议五大维度，组织开展了重点物流企业经营情况问卷调查。本次调研共收集有效问卷 103 份，其中 A 级物流企业占比高达 80.2%，确保了调研结果的广泛性和代表性。

**二、调研周期**

本次调研活动覆盖 2023 年全年，从 1 月至 12 月，旨在全面反映物流企业年度经营情况。

**三、调研内容概览**

调研聚焦于物流企业的核心业务指标，包括但不限于物流业务总量、业务收入、服务价格、运营成本、业务利润、从业人员数量、应收账款账期，以及固定资产投资等，以全面评估企业的经营状况。

**四、企业面临的主要问题与挑战**

调研结果显示，重庆市物流企业当前面临的主要问题集中体现在以下四个方面：

（1）市场竞争加剧：高达 82.52% 的企业表示市场竞争日益激烈，对业务增长构成显著压力。

（2）经营成本攀升：76.7% 的企业反映经营成本持续上升，包括人力、燃料、租赁等成本均有所增加。

（3）服务价格低迷：69.9% 的企业遭遇服务价格下行压力，影响了利润空间。

（4）订单需求减少：50.49% 的企业表示订单需求有所下降，市场需求疲软。

此外，税费负担重、企业亏损大、融资难等问题同样突出，加之城市道路限行、运输通行障碍及土地、设施获取困难等外部因素，进一步加剧了企业的经营困境。

**说一说**：该调研报告还有哪些可以完善的地方？

## 一、物流市场调研报告概述

### 1. 物流市场调研报告的定义

调研报告是调研工作的最终成果，是通过用文字、图表等表达方式，对特定问题、情况或对象进行深入细致的调查、分析，揭示其本质或客观规律的书面报告。调研报告能够为后续研究提供参考文献，帮助企业经营决策。物流市场调研报告是调查人员对物流行业某种事务或某个问题进行深入细致的调查后，经过认真分析研究而形成的一种报告形式。它是整个物流市场调研过程的最重要部分，也是物流市场调研的终点。

### 2．物流市场调研报告的特点

（1）针对性。调研报告通常围绕一个明确的问题或目标展开，具有明确的指向性。

（2）新颖性。调研报告要从新的角度去发现问题，用新的观点去看待问题，能够抓住市场活动的新动向、新问题来提出新观点。

（3）科学性。调研报告不单是报告市场的客观情况，还要对事实做分析研究，寻找市场发展变化的规律。除掌握科学收集、整理资料的方法外，还应该会利用科学的分析方法，以便得出科学的结论。

（4）论理性。调研报告不仅陈述事实，还要对事实进行分析、推理，得出结论或建议。

（5）时效性。调研报告需要及时反映调研结果，以便及时采取措施解决问题。

## 二、物流市场调研报告的结构

尽管每篇调研报告都会因项目和读者的不同而有不同的写法，但调研报告一般都由前言、正文、附录三个部分构成。以下为物流市场调研报告写作的一般结构。

撰写物流市场调研报告

### 1．前言

前言部分通常包括标题页、委托信、目录、摘要等内容。

（1）标题页。标题页即封面，包括调研报告的题目或标题，还包括执行调查项目的研究机构或人员，提交报告的机构或人员，以及报告的提交日期等。

标题按行数分为：单行标题和双行标题。单行标题即正标题，说明调研的主题，一般是由调研对象及内容加上"调研报告"或"调研"组成。例如，京东物流满意度调研报告。双行标题即采用正副标题的形式，副标题则具体表明调研的范围以及调研内容。例如京东物流满意度调研报告——以重庆市场为例。

标题按表达方式分为直叙式标题、提问式标题、表明观点式标题。直叙式标题是直接陈述文章或报告的主要内容或核心信息，不采用修辞或特别的手法，简洁明了。例如，京东物流在重庆市场的客户满意度调研报告。提问式标题以问题的形式出现，旨在引起读者的好奇心和兴趣，促使读者进一步阅读以寻找答案。例如，如何评价京东物流在重庆的服务满意度？表明观点式标题，即在标题中明确表达作者或报告者的观点、立场或态度。例如，京东物流在重庆：高效服务赢得高满意度，但仍有提升空间。

（2）委托信。委托信是指调查客户在调研项目正式开始之前给调研组织提出的调研要求。

（3）目录。在提交页数较多的调查报告时，为确保读者能够便捷地阅读并快速定位信息，需要精心制作目录。目录应层次分明，通常包含二级至三级标题，并明确标注各章节及子章节对应的页码，以便读者参考和查找。

（4）摘要。摘要是概括说明调研活动所取得的主要成果和结论（调研对象、调研范围、采用的调研方法，以及调研的结论与建议）。

### 2．正文

正文具体包括引言、调研方法、调研结果、结论和建议等部分。

（1）引言。引言旨在引起读者的兴趣，概述调研背景、调研目的等。引言要开门见山，提示主题；结论先行，逐步论证；交代情况，逐步分析；提出问题，引入正题。

（2）调研方法。

1）调研地区。说明在哪些区域开展调研，以及选择这些区域的原因。

2）调研对象。说明从哪种类型的调研对象中抽取样本进行调研。

3）访问完成情况。访问完成情况即叙述原定调研数量是多少，实际收回的有效调研结果是多少，有效率是多少，失效的原因是什么，是否采取一定的补救措施等内容。

4）样本的结构。样本的结构即根据哪种抽样方法抽取样本，样本的合理性、代表性，与起初拟定的调研计划是否一致。

5）资料的采集。资料的采集是指用哪种方式（观察法、询问法、实验法等）开展的调研。

6）资料处理方法及工具。资料处理方法及工具即指出采用何种工具、哪种方法来对收集的调研资料进行处理和统计分析。

（3）调研结果。通过图形、表格等形式展示数据，直观反映调研结果。为了客观陈述事实和恰当表述结论，调研结果分为基本情况和结果分析两个部分。

在调研报告的基本情况部分，主要任务是对调研所收集的数据资料及背景进行客观、全面的介绍，同时提出问题并肯定事物积极的一面。

结果分析部分是调研报告的核心，包括原因分析、利弊分析和预测分析。

（4）结论和建议。结论和建议是调研报告中至关重要的部分，是对引言和正文部分所提出的主要内容的总结。结论和建议要概括全文，形成结论，提出看法和建议。

### 3．附录

附录是调研报告正文中无法包含，或者没有提及的内容，但与正文又息息相关，必须附加说明。附录通常包括调研提纲、调查问卷和观察记录表，被调查者（机构、单位）名单，较为复杂的抽样调查技术的说明，一些关键数据的计算（最关键数据的计算，如果所占篇幅不大，应该编入正文），较为复杂的统计表和参考文献等。

如果是比较简单的调研报告，以上结构中的某些组成部分可以略去不写。

## 职业技能训练

### 一、实训目标

本次实训旨在培养学生进行市场调研的能力，包括数据收集、分析处理、调研报告撰写等技能。在完成实训项目的过程中，培养学生的团队协作与项目管理能力。

### 二、实训背景

即时配送是根据用户需求即刻响应，在约定时间内送达物品的物流配送服务，主要围绕本地即时性需求，不涉及揽收、转运、验视等中间环节，配送半径多集中于3 000米以内，具有高时效性，以点对点服务本地小网格消费场景为主，为本地零售业态的重要基础设施。伴随即时电商各品类、各场景、各时段渗透率的持续提升，2023年即时配送行业规模约为3 410亿元，预计 2028 年行业规模将超 8 100 亿元。顺丰同城急送是面向所有客户的全场景同城物流配送，专人专送，为客户提供全城范围内的点到点急速配送服务。

### 三、实训任务

假定你是顺丰公司的员工，要了解顺丰即时配送市场满意度，请完成以下任务。
1. 以 3～5 人组建一个团队。
2. 设计顺丰即时配送市场满意度问卷。
3. 根据回收的问卷，撰写顺丰即时配送市场满意度调研报告。
4. 小组汇报顺丰即时配送市场满意度调研报告。

### 四、实训考核内容及评分标准

师生互评，教师评分占比 70%，小组评分占比 30%。

实训考核内容及评分标准

| 序号 | 小组成员 | | 学生姓名 | |
|---|---|---|---|---|
| | 小组成绩 | | 学生成绩 | |
| | 考核内容 | 考核标准 | 满分 | 得分 |
| 1 | 问卷设计 | 问卷设计科学、全面、易答，问卷结构完善 | 40 | |
| 2 | 调研报告 | 框架完整、内容全面有深度、结论明确且可行、原创 | 40 | |
| 3 | 方案格式规范 | 题目：三号仿宋，加粗，居中<br>标题：一级标题小三仿宋，加粗，顶格。二级标题四号仿宋，加粗，顶格<br>正文：小四仿宋，首行缩进两个字，行间距固定值 30 磅 | 10 | |
| 4 | 汇报 | PPT 制作精美，团队协作，讲解生动，声音洪亮，普通话标准，有互动 | 10 | |

## 模块小结

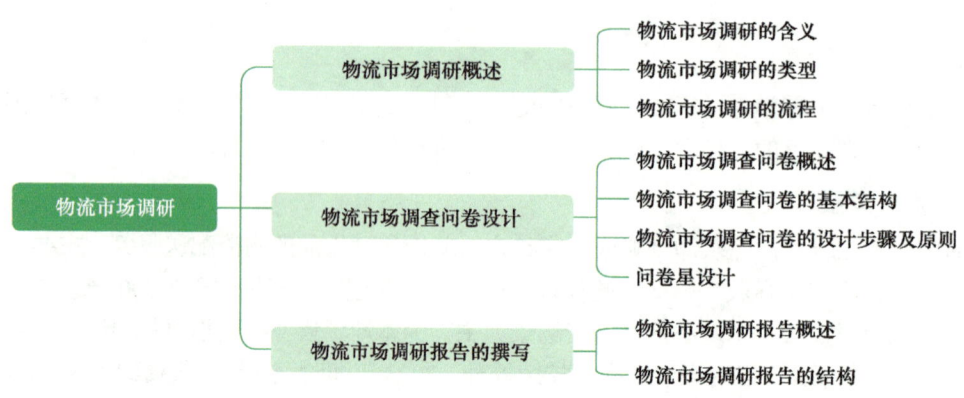

## 同步练习

### 一、单选题

1. 物流市场调研的第一步是要求调查人员（　　）。
   A. 明确调查问题　　　　　　　　B. 制订调研计划
   C. 寻找受访人员　　　　　　　　D. 进行调研总结

2. （　　）指调查人员直接或通过仪器间接观察被调查者的行为或现场事实，以获取相关信息的一种调查方法。
   A. 实验法　　　　　　　　　　　B. 观察法
   C. 焦点小组座谈　　　　　　　　D. 询问法

3. 以下（　　）数据收集方法属于二手资料收集。
   A. 实地观察　　　　　　　　　　B. 深度访谈
   C. 查阅行业报告　　　　　　　　D. 问卷调查

4. 以下（　　）不属于物流市场调研的基本步骤。
   A. 确定调研问题　　　　　　　　B. 设计调研方案
   C. 实施调研计划　　　　　　　　D. 立即制定营销策略

5. "您认为当前即时配送存在的问题有哪些"属于（　　）。
   A. 封闭式问题　　　　　　　　　B. 开放式问题
   C. 混合型问题　　　　　　　　　D. 无效问题

6. 以下（　　）类型的市场调研最适用于预测未来市场趋势。
   A. 探测性调研　　　　　　　　　B. 描述性调研
   C. 因果性调研　　　　　　　　　D. 预测性调研

7. （　　）从影响调查对象的因素中选出一两个关键的因素，改变变量后，观察被调查对象的行为和反应的调查方法。
   A. 实验法　　　　　　　　　　　B. 观察法
   C. 焦点小组座谈　　　　　　　　D. 询问法

8. 使用最广的调研方式是（　　）。
   A. 实验法　　　B. 观察法　　　C. 问卷调查　　　D. 询问法

9. 如果你想了解运输市场，以下（　　）因素通常不是主要考虑的因素。
   A. 成本　　　　B. 速度　　　　C. 安全性　　　　D. 产品颜色

### 二、多选题

1. 物流市场调研按调研深度可分为（　　）。
   A. 探索性调研　　　　　　　　　B. 描述性调研
   C. 因果关系调研　　　　　　　　D. 访谈法
   E. 实验法

2. 物流市场调研方法主要包括（　　）。
   A. 文案调研法　　B. 问卷调研法　　C. 观察法　　　D. 访谈法
   E. 实验法

3. 调研报告标题按表达方式分为（　　　）。
   A. 直叙式　　　　B. 提问式　　　　C. 表明观点式　　　　D. 正副标题
4. 物流市场调查问卷的设计技巧有（　　　）。
   A. 按照问题的难易程度，先易后难　　B. 先总体性问题，后特定性问题
   C. 先封闭式问题，后开放式问题　　　D. 规范地遣词造句
   E. 保持中立的立场
5. 物流市场调研报告包括（　　　）。
   A. 前言　　　　　B. 正文　　　　　C. 附录　　　　　D. 问卷
6. 常见的随机抽样有（　　　）。
   A. 简单随机抽样　　　　　　　　　B. 分层随机抽样
   C. 等距离随机抽样　　　　　　　　D. 分群随机抽样
7. 调研报告标题按表达方式分为（　　　）。
   A. 直叙式标题　　　　　　　　　　B. 提问式标题
   C. 表明观点式标题　　　　　　　　D. 单行标题
8. 调研报告正文包括（　　　）。
   A. 引言　　　　　B. 调研方法　　　C. 调查结果　　　D. 结论和建议

## 三、判断题

1. 物流市场调研报告的内容和形式需要根据汇报对象的不同进行调整。（　　）
2. 企业内部可控因素的调查包括企业的人力资源情况、企业的财务等。（　　）
3. 市场调研必须遵循严格的科学方法和程序。（　　）
4. 市场调研的问卷设计应简单明了，避免引导性和模糊性的问题。（　　）
5. 探索性调研主要进行事实资料的收集、整理，对物流市场的客观情况如实地进行描述和反映。（　　）
6. 物流市场调研的结果应直接用于制定营销策略，无须进一步分析和验证。（　　）
7. 抽样分为随机抽样和非随机抽样。（　　）
8. 只要方法对就不会产生误差。（　　）
9. 物流市场调研是了解物流市场需求、竞争对手、客户期望等关键信息的重要手段。（　　）

# 模块三
# 物流市场营销 STP 战略

**知识目标**
- 掌握物流市场细分概念及标准
- 掌握物流目标市场选择模式、选择战略
- 掌握物流市场定位概念、方式、战略

**技能目标**
- 能够准确识别并划分不同的物流目标市场
- 能够精准选择最具潜力的目标市场
- 能科学地进行物流目标市场定位

**素质目标**
- 培养运用多维度标准细分市场的能力，培育数据驱动的策略思维
- 培育物流目标市场选择战略视野下的科学规划素养
- 培养高度的市场敏锐度，合理选择物流市场定位方式与战略

## 应知部分

### 单元一　物流市场细分

**重难点**：物流市场细分的概念和依据；物流市场细分的作用和原则；物流市场细分的标准和方法；物流市场细分的步骤。

**引导案例**

长安民生物流：深耕汽车物流细分领域

重庆长安民生物流股份有限公司（简称长安民生物流）成立于2001年8月，是专业的智慧物流与供应链平台服务商。经过20余年的发展，长安民生物流已成长为我国汽车物流行业

领先、西部地区规模较大的智慧物流平台服务商。公司主营业务覆盖产业链、供应链全部领域，为用户提供整车物流、零部件物流、备件及散杂货物流、国际物流、流通加工、采购贸易、供应链金融、共享租赁等服务。

**说一说**：你认为长安民生物流还可以从哪些新的角度对汽车物流市场进行细分，以挖掘新的市场机会？

STP 战略是由市场细分（Segmenting）、目标市场选择（Targeting）及市场定位（Positioning）三个紧密相连的步骤构成的，它是现代市场营销战略的核心。菲利普·科特勒在《营销管理》一书中系统阐述了这一战略体系，随后其迅速在全球范围内获得了广泛认可，成为众多知名企业规划营销蓝图时不可或缺的关键工具。在 STP 战略的实施流程中，市场细分扮演着开篇引领的角色，为后续步骤奠定了坚实的基础；目标市场选择则紧随其后，为企业精准锁定服务对象；市场定位作为战略收尾，为企业塑造了独特的市场形象，确保在竞争中脱颖而出。

物流市场营销 STP 战略是针对物流行业特定市场环境，结合 STP（市场细分、目标市场选择、市场定位）理论而形成的一种营销战略框架。

## 一、物流市场细分的概念和依据

### 1．市场细分的概念

市场细分是美国市场营销学家温德尔·史密斯（Wendell R.Smith）在 1956 年提出的。他主张凡是市场上的产品或劳务的购买者超过两个人，这个市场就有被细分为许多个市场的可能。这一观点受到许多企业家的重视，并成为市场营销理论的重要组成部分。市场细分就是企业通过市场调查、分析，根据消费者需求的差异性，把整体市场划分为若干具有某种相似特征的顾客群（称为亚市场或子市场），以便选择确定自己的目标市场的工作过程。在西方发达国家，市场细分策略思想的形成大致经历了三个阶段。

（1）大量营销阶段。大量营销阶段是指西方国家在 20 世纪 20 年代以前，由于生产能力较弱，商品供不应求，生产观念支配企业的经营管理而出现的营销阶段。此阶段的营销者认为，只要顾客在市场上看到本企业的产品，且价格便宜就一定会购买。该营销方法的优点是节省产品的生产和营销成本，取得规模效益；缺点是产品形式单一，不能满足市场多样化的需求，缺乏竞争力。

（2）产品多样化营销阶段。西方国家在 20 世纪 20 年代末到 20 世纪 50 年代以前处于产品多样化营销阶段。由于市场竞争激烈，企业逐步认识到产品多样化的潜在价值，开始实行产品多样化营销，使消费者有了较大的选择余地和机会。但此种营销方法不是从目标市场的需要出发来组织生产经营的。

（3）目标市场营销阶段。企业通过市场细分选择一个或几个细分部分作为目标市场，有针对性地设计产品、确定价格，选择合适的分销渠道和促销手段来进行市场营销活动。此阶段为典型的买方市场。

### 2．物流市场细分的概念

物流市场细分是指物流企业按照某种标准，将物流市场上的客户划分成若干个客户群，细分为一个个小的市场，也称子市场或细分市场。物流企业

物流客户细分

针对这些不同的细分市场，采取相应的市场营销组合策略，使物流企业营销的产品更符合各个不同特点客户的需要，从而在各个细分的小市场上扩大市场占有率，提高产品的竞争能力。

理解物流市场细分应该注意以下三点：

（1）物流市场细分是对客户的需求进行细分，不是对产品（服务）进行细分。

（2）物流市场细分是将具有相似需求特征的客户划分在同一个市场，并不意味着在这个细分市场内其他的需求差异不存在。

（3）这些需求的差异性是客观存在的。

### 3．物流市场细分的依据

（1）物流企业市场营销活动必须以客户为中心。由于客户需求的差异程度，物流市场可被分为同质市场和异质市场。当客户对物流服务的需求一致，而且对企业同一营销策略反应也相似时称为同质物流市场；当客户对物流服务有不同要求，而且对企业的同一营销策略会做出不同反应时，称为异质物流市场。在异质物流市场上，具有类似需求的客户群就构成了一个子市场。

在物流市场中，客户对物流服务的需求，无论是在产品的质量和数量上，还是在产品的特性和要求上都存在着明显的差异。虽然客户从根本要求上都是为了完成物品从供应地向接受地的实体流动过程，但是物流活动或物流作业的具体运作活动却各不相同，这就为物流市场的细分提供了客观依据。

因此，物流企业必须致力于分析、确认客户的需求差别。例如，客户在运输方式及存储上会产生差异，首先由于地域的差别，不同地区的客户可能倾向不同的运输方式，而且有可能为了降低运输成本而要求物流企业采用某种运输方式等。另外，在存储要求上，不同的物品产生了不同的存储要求，再加上其他多种因素，其差异性是显而易见的。这就说明了物流市场细分是必要的。

（2）物流企业的资源有限。物流企业的资源总是有限的，不可能满足市场上所有的需求。因此，物流企业的经营者在制定营销决策时，必须首先把那些最有吸引力，并有能力为之提供最有效服务的市场作为企业的目标市场，来提高企业营销活动的效率。例如，极兔速递针对电商卖家、个人用户和大型企业等制定相应的营销策略。

## 二、物流市场细分的作用和原则

### 1．物流市场细分的作用

（1）有利于物流企业发掘市场机会。通过市场细分，物流企业可以认识到每个细分市场上物流需求的差异、物流需求被满足的程度以及物流市场竞争情况。物流市场在我国的发展方兴未艾，需要整合和完善的问题还有很多，那些未得到满足或满足程度较低、竞争者未进入或竞争对手很少的市场部分便是客观存在的市场机会。物流企业应抓住这样的市场机会，结合企业的资源情况，从中形成并确立适宜自身发展和壮大的目标市场，并以此为出发点设计相应的营销组合策略，就可以获得竞争优势，在市场中占有较大的份额，为下一步的发展打下良好的基础。

（2）有利于物流企业合理使用资源。任何企业的资源都是有限的，物流企业需要集中人力、物力、财力，有效利用资源，为选择的目标市场提供物流产品和服务。

（3）有利于制定物流营销策略。细分市场后，物流企业能够更精准地把握目标市场的动态，从而迅速且灵活地应对物流市场需求的多变性，及时制定并调整相应的营销策略，以确保精准满足客户的多样化需求，进一步提升客户的满意度，从而提升企业市场竞争力。

（4）有利于物流企业提高经营效益。物流企业通过市场细分选择一个或多个物流细分市场作为目标市场，就有可能深入细致地分析研究物流市场的特点，有针对性地提供物流产品和服务，更好地满足目标市场的物流需求。

由于物流企业面对的是某一个或少数几个细分市场，可以及时地捕捉需求信息，根据物流需求的变化随时调整市场营销战略和策略。这样既可以节省营销费用，又可以提高市场占有率，取得较好的经营效益。

### 2. 物流市场细分的原则

物流企业可以依照各种标准进行物流市场细分，但并不是所有划分出来的细分市场都是有效的或有用的。要使细分后的市场对企业有用，必须遵循以下原则。

（1）可衡量性。可衡量性是指企业用以细分市场的标准是可衡量的，即细分出来的市场不仅范围明确，而且对其容量大小也能大致做出判断，主要包括以下三个方面：①客户对服务有不同的偏好，对企业的营销策略具有明显不同的反应；②企业必须能够获得客户的准确情报；③企业对各细分市场能进行定量分析且便于对市场进行可行性研究，如购买力、规模等。在实际物流活动中，有些市场捉摸不定，难以衡量，就不能对其进行细分。

（2）可进入性。细分后的市场应该是物流企业能够进入并能占有一定的份额，否则市场细分便丧失了现实意义。例如，市场细分的结果，发现市场中已有很多竞争者，自己无力与之抗衡；无机可乘或虽有未被满足的需要，但因缺乏诸多先决条件，甚至货源无着落，难以揽货，则这种市场细分就没有现实意义。

（3）可盈利性。物流企业进入目标市场后能够获得预期的利润。物流企业作为商业企业，其根本目的是盈利，能否盈利成为一个物流企业是否能生存的关键点。因此，有效的物流细分市场应该有一定的销量和一定的利润水平，以使物流企业进入该细分市场后能有一定的盈利。

（4）稳定性。细分市场必须在一定时期内保持相对稳定，以便使物流企业制定长期的营销策略，从而有效地开拓并占领目标市场，获得预期的经济效益。如果细分后的市场变动过快，目标市场稍纵即逝，则企业营销风险也随之增加。

（5）可区分性。可区分性是指细分后的子市场在观念上能够被区分，并且对不同的营销组合因素和方案的反应不同。例如，物流冷链市场可分为冷运标快、冷运到店、冷运大件到港、冷运大件标快、冷运整车等。这种分类清晰明了，使客户能够很容易区分各市场，并且各市场针对不同的营销方案会做出相应的不同反应。

（6）发展性。物流企业选择的细分市场具有一定的发展潜力，通过企业的努力开发，可以发展成为一个更大的市场，能够给物流企业带来更大、更长远的利益。

### 三、物流市场细分的标准

企业用于市场细分的标准是导致顾客需要出现异质性、多元化的因素。对于物流企业而言，其市场细分的基础也是客观存在的差异性，而且物流市场同其他各类市场一样，差异性很多，究竟按哪些标准进行细分，没有一个绝对正确的方法或固定不变的模式。结合市场细分的相关理论，根据物流市场的特点，可以按图 3-1 所示的几个标准对其进行细分。

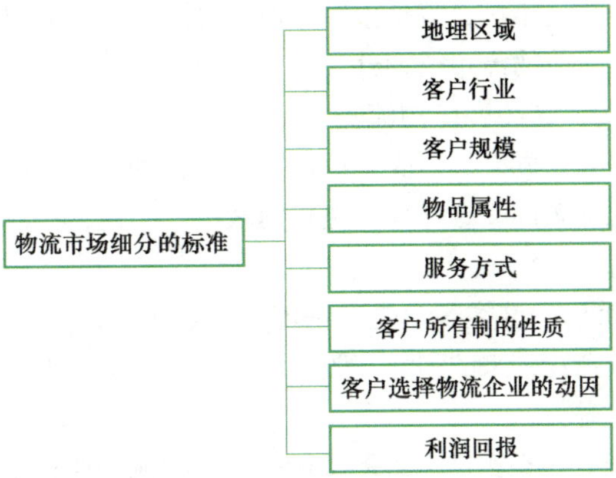

```
                        ┌─────────────────────┐
                        │      地理区域       │
                        ├─────────────────────┤
                        │      客户行业       │
                        ├─────────────────────┤
                        │      客户规模       │
                        ├─────────────────────┤
┌──────────────────┐    │      物品属性       │
│ 物流市场细分的标准 │────┤      服务方式       │
└──────────────────┘    ├─────────────────────┤
                        │  客户所有制的性质   │
                        ├─────────────────────┤
                        │ 客户选择物流企业的动因 │
                        ├─────────────────────┤
                        │      利润回报       │
                        └─────────────────────┘
```

图 3-1　物流市场细分的标准

### 1. 地理区域

按照地理区域进行物流市场细分，就是根据客户所需物流的地理区域的不同来区分。经济发展程度与规模、地理环境、人文环境、客户需求不同，对物流企业的要求也有所不同，所以在消费过程中，对物流技术、物流成本、物流管理、物流服务项目与质量等方面的要求，都会出现明显的差别。因此，各物流企业必须根据不同地理区域的不同物流需求，提供相应的物流服务，制定与之相适应的营销策略。

按地理区域划分，如国内物流、国际物流或城市物流、农村物流。

> **小案例**
>
> 长安民生物流积极与全球大型国际物流企业及货代公司缔结稳固且良好的合作伙伴关系，并持续深化战略协同合作。通过充分整合与高效发挥合作伙伴在全球范围内广泛布局的网点优势，全力推进"国际化战略"的实施，逐步构建起覆盖中东、印巴、东南亚、欧洲以及北美等区域的多元化、立体化网络布局。

### 2. 客户行业

按照客户行业进行物流市场细分，就是根据物流市场的客户所处的不同行业来加以区分。同一行业市场内的客户，对物流需求具有相似性，其相似性主要体现在每个行业实现物流功能的具体操作活动上。客户所在行业不同，其产品构成存在很大差异，对物流需求也各不相同。

按照客户行业进行划分，可将物流市场细分为农业物流市场、工业物流市场、商业物流市场、服务业物流市场等细分市场。

> **小案例**
>
> 长安民生物流充分整合并发挥自身现有能力与显著优势，深度切入综合物流市场，聚焦"工业物流、园区物流、联运物流"三大领域。公司在大宗物资、机械制造等行业，凭借专业的服务能力与丰富的行业经验，为客户量身定制涵盖物流集采、仓配运包一体化服务、加工制造、货运枢纽运营、商贸流通、生产以及口岸业务等全方位、多层次的定制化物流解决方案。

### 3．客户规模

按照客户规模来细分物流市场，就是根据客户对物流需求规模的大小进行区分。

按照客户规模大小，可将物流市场细分为以下三类：

（1）大客户物流市场。这类客户物流需求量大，给物流企业带来的利润大，是物流企业的主要服务对象和争取对象。同时，这类客户对物流服务的项目和质量都有较高要求，管理难度相对较大，操作难度相对较高，合作风险也相对较高。因此，物流企业要尽量争取和留住这类客户。

（2）中等客户物流市场。这类客户是对物流业务需求一般的客户，是物流企业的次要服务对象。这类客户给物流企业带来的利润一般，但利润空间比较大，操作相对容易，是物流企业的次要服务对象和争取对象。

（3）小客户物流市场。这类客户物流需求量小，是物流企业较小的服务对象和争取对象。

> **小案例**
>
> 长安民生物流凭借其在汽车物流领域的深厚积淀与专业实力，精心绘制的"汽车物流专业化地图"已实现高达79%的覆盖率。在服务客户方面，公司以卓越的解决方案定制能力，累计为重庆青山、长安汽车等众多优质客户量身打造了300余项贴合其业务需求的物流解决方案，助力客户提升物流效率、降低成本。

### 4．物品属性

按照物品属性来细分物流市场，就是根据物流活动中涉及物品的属性或者特征来加以区分。物流企业在进行物流活动的过程中，由于物品属性的差异，使得物流作业的区别很大。物品属性的差异对物流功能的要求会体现在整个物流活动中，而且物流质量和经济效益也同物品属性有很大的关系。

按照物品属性的不同，可将物流市场细分为以下三类：

（1）生产资料物流市场。生产资料物流市场是指用于生产的物资资料市场。这类市场业务量大，地点集中，对物流服务数量和质量的要求都较高。

（2）生活资料物流市场。生活资料物流市场是指用于生活需要的物资资料市场。这类市场单次业务量小，但频率高，地点分散，要求准确、及时。

（3）其他资料物流市场。其他资料物流市场是指除以上两个细分市场以外的所有物资资料市场。

### 5．服务方式

按照服务方式来细分物流市场，就是根据物流活动中涉及的物流服务功能的实施和管理要求的不同来加以区分。物流企业在进行物流活动的过程中，由于物流客户要求的服务功能不同，会对物流成本、企业效益产生影响，使得物流企业不得不考虑物流服务的方式。

按照服务方式的不同，可将物流市场细分为以下两类：

（1）综合式服务物流市场。综合式服务物流市场是指客户需要两种及以上方式的物流服务市场。

（2）单一式服务物流市场。单一式服务物流市场是指客户只需要一种方式的物流服务市场。

#### 6．客户所有制的性质

客户所有制的性质对物流企业开发市场的成本、合作的难易程度、客户维护成本和利润空间等都有较直接的影响。根据客户所有制的性质，一般将客户分为以下四类：

（1）三资企业。三资企业是指外商以合资、合作或独资的形式在我国境内开办的企业。

（2）国有企业。国有企业是指生产资料归国家所有的企业。

（3）民营企业。民营企业是指生产资料归公民私人所有，以雇用劳动为基础的企业。

（4）其他企业或组织。其他企业或组织是指除以上三种形式以外的其他企业或组织。

#### 7．客户选择物流企业的动因

根据客户选择物流企业的动因进行市场细分，可将其分为成本关注型、能力导向型、资金关注型和复合关注型。

（1）成本关注型市场，最关注的是物流成本问题，希望通过与第三方物流企业合作，降低成本。

（2）能力导向型市场，希望利用第三方物流公司的能力，提高自己的客户服务水平。

（3）资金关注型市场，一般比较关注资金的使用效率，其不希望自己在物流方面投入过多的人力和物力。

（4）复合关注型市场，考量因素往往并非单一，而是多种因素的综合体现。严格来讲，大多数客户选择物流服务商的动因都是复合型的。

#### 8．利润回报

根据客户盈利能力的不同进行市场细分。顾客盈利能力是指物流企业客户在未来很长一段时间里为物流企业贡献利润的能力。这种市场细分就是把每个客户都作为一个细分市场，分析企业服务每个客户的成本和收益，得到每个客户对企业的财务价值，然后与企业设定的客户盈利能力水平进行比较。如果客户的盈利能力达到或超过企业设定的水平，那么它就是目标市场中的一员，所有满足这个条件的客户构成企业的目标市场，否则企业就不向它提供服务。

按所赚取利润程度可将物流市场细分为高利润产品（服务）市场和低利润产品（服务）市场。

### 四、物流市场细分的方法

根据市场细分时使用的细分标准的多少来区分，物流市场细分的方法通常有：单一因素法、综合因素法、系列因素法、产品—市场方格图法和主要因素排列法等。物流企业应该根据业务范围和种类选择合适的市场细分方法。

#### 1．单一因素法

单一因素法是指在细分物流市场时只按照一个因素进行。例如，按照地理区域这一因素去细分则物流市场可分为区域内物流、跨区域物流和国际化物流等。

#### 2．综合因素法

综合因素法是指选用两个或两个以上的影响物流需求的细分标准，同时从多个角度对物流市场进行细分。事实上，物流客户的需求多种多样，非常复杂，因此必须多方面了解、分析，才能更准确地细分物流市场，区分物流客户群体。例如，按照客户规模和地理区域两个细分标准进行细分，可以把整体物流市场分为以下几个细分市场，见表3-1。

表 3-1 按照客户规模和地理区域两个细分标准进行细分

| 客户规模 | 地理区域 | | |
|---|---|---|---|
| | 区域内物流 | 跨区域物流 | 国际化物流 |
| 大客户 | 细分市场 1 | 细分市场 2 | 细分市场 3 |
| 中等客户 | 细分市场 4 | 细分市场 5 | 细分市场 6 |
| 小客户 | 细分市场 7 | 细分市场 8 | 细分市场 9 |

### 3. 系列因素法

系列因素法是指物流企业选择多个细分标准对物流整体市场进行细分，但它是依据一定的顺序逐次细分市场的。在每个细分阶段，企业都会基于前一阶段的分析结果，在已选定的市场范围内进一步细化，以更精确地识别出具有特定需求和特征的客户群体，如图 3-2 所示。

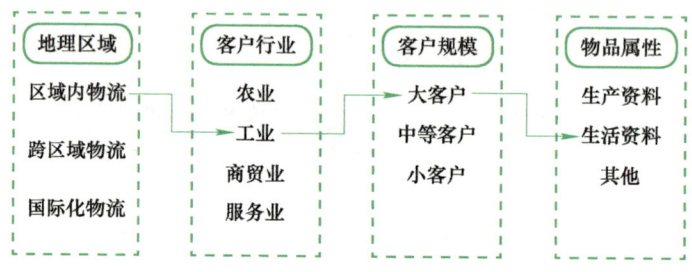

图 3-2 系列因素法示意图

### 4. 产品—市场方格图法

此法即按产品（顾客需要）和市场（顾客群）这两个因素的不同组合来细分市场。例如，物流企业针对市场需要提供五种不同的解决方案，即供应物流解决方案、生产物流解决方案、销售物流解决方案、回收物流解决方案、废弃物流解决方案，同时有两个不同的顾客群，即国内市场顾客群和国际市场顾客群，这样就形成了 10 个细分市场，见表 3-2。

表 3-2 产品—市场方格图法

| 顾客群 | 解决方案 | | | | |
|---|---|---|---|---|---|
| | 供应物流解决方案 | 生产物流解决方案 | 销售物流解决方案 | 回收物流解决方案 | 废弃物流解决方案 |
| 国际市场顾客群 | A01 | A02 | A03 | A04 | A05 |
| 国内市场顾客群 | A06 | A07 | A08 | A09 | A10 |

> **素养提升**
>
> **中国邮政速递物流：领航全球，筑梦物流强国之路**
>
> 中国邮政速递物流股份有限公司（简称中国邮政速递物流）是中国经营历史最悠久、网络覆盖范围最广的快递物流综合服务提供商，拥有中国邮政航空有限责任公司、中邮物流有限责任公司等子公司。中国邮政速递物流的核心业务涵盖了国内速递、国际速递，以及合同物流等多个领域。其中，国内和国际速递服务不仅提供了卓越、标准和经济等多种时限选择，还配备了代收货款等丰富的增值服务。合同物流业务则全面覆盖了仓储、运输等供应链的关键环节，为客户提供一站式的物流解决方案。

> 中国邮政速递物流坚持"珍惜每一刻,用心每一步"的服务理念,为社会各界客户提供方便快捷、安全可靠的门到门速递物流服务,致力于成为持续引领中国市场、综合服务能力最强、最具全球竞争力和国际化发展空间的大型现代快递物流企业。
> 中国邮政速递物流承载国家使命,践行社会责任,凭全球视野与卓越追求,以广覆盖、优服务诠释国企担当,助力物流强国建设。

### 5. 主要因素排列法

主要因素排列法是指一个细分市场的选择存在多种影响因素,可以从物流消费者特征中寻找和确定主要因素,然后和其他因素有机结合,确定物流细分市场。

## 五、物流市场细分的步骤

物流市场细分主要包括七个步骤,如图3-3所示。

### 1. 选定产品市场范围

企业要确定进入什么行业,提供什么产品和服务。企业在选定产品市场范围时始终要根据客户的需求进行选择。例如,在大件物流领域,企业可根据大件物品运输的特殊需求,将市场范围定位在需要运输家具、家电等大件物品的客户群体。

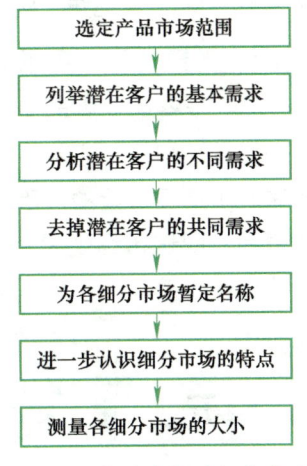

图 3-3 物流市场的细分步骤

### 2. 列举潜在客户的基本需求

选定服务产品的市场范围以后,大致估算一下潜在客户有哪些需求,这一步能掌握的情况有可能不那么全面,但却为以后的深入分析提供了基本资料。例如,运输家具、家电等大件物品的客户群体的基本需求包括安全运输、及时送达、专业送达、价格合理等。

### 3. 分析潜在客户的不同需求

了解了潜在客户的基本需求之后,还应进一步分析潜在客户的不同需求。通过这种差异比较,可以识别出不同的客户群体。这些需求是市场细分的基础。例如,运输家具、家电等大件物品的客户群体的需求,可能因个人偏好、物品特性、运输距离、预算等因素而有所不同。例如,一些客户可能希望根据自己的时间安排来预约送货时间,或者要求送货上门并帮助安装等;一些客户可能关注运输过程中的环保和可持续性,他们希望运输服务提供商能够采取环保措施,减少能源消耗和废弃物排放,以实现绿色、低碳的运输方式。

### 4. 去掉潜在客户的共同需求

在进行市场细分时,需要去掉各细分市场或各客户群的共同需求。这些共同需求虽然很重要,但它们不能作为市场细分的基础。例如,物流公司的运输安全、价格便宜几乎是每一个潜在客户都希望的。公司可以把它用作产品决策时的重要依据,但在细分市场时则要排除这些因素的干扰。

### 5. 为各细分市场暂定名称

企业对各细分市场的特有需求,要做进一步分析,并结合各细分市场的顾客特点,暂时安排一个名称。例如，德邦在大件快递方面包括大件快递3.60和航空大件。

### 6．进一步认识细分市场的特点

企业要对每一个细分市场的客户及其行为做更深入的考察，以便进一步明确有无必要对各细分市场再进一步细分，或重新合并。当前顺丰和通达系主要集中在0～30千克小件快递市场。德邦大件快递3.60，针对客户的需求，提供单件3～60千克大件的快递服务，采用首续重报价、包接包送、大小件齐发、件数不限、总重不限的方式，在全程提供高服务质量的同时，上至60千克免费上楼。

### 7．测量各细分市场的大小

以上步骤基本决定了各细分市场的类型，紧接着应测量各细分市场潜在客户的数量。企业进行市场细分，是为了寻找获利机会，但获利的大小又取决于各细分市场的销售潜力。不做这一步是很危险的，因为有的细分市场的潜在客户量几乎为零。易观智库预测，2025年我国大件配送市场规模将达到4 100亿元，是快递业最大的增长品类。因此，德邦具有巨大的市场潜力。

## 单元二  物流目标市场选择

**重难点**：物流目标市场选择的概念；物流目标市场选择的模式；物流目标市场选择的策略；选择目标市场营销策略应考虑的因素

### 引导案例

#### 长安民生物流"同行天下"显成效，国际物流业务再攀高峰

近年来，长安民生物流积极响应国家"一带一路"倡议，紧密契合集团公司"1566"汽车产业海外布局三年行动规划，精准实施"同行天下"计划。基于对全球物流市场格局和自身优势的深度剖析，公司制定了清晰的目标市场拓展战略。在目标市场选择上，长安民生物流充分考虑了不同区域的经济发展水平、贸易政策、基础设施以及与自身业务的契合度。向西、向北：积极探索中亚、中欧班列全新运输服务模式，开拓铁路笼车＋公路、常态化包船＋铁路等新模式。向南：公司紧跟国家建设陆海新通道的战略步伐，形成海铁联运、跨境公路等运输模式，向东南亚积极探索，通过"以点带面"辐射东南亚、欧洲、中东非、中南美五大区域。

说一说：长安民生物流在选择向西、向北和向南的目标市场时，分别考虑了哪些关键因素？

### 一、物流目标市场选择的概念

物流目标市场选择是指物流企业在市场细分的基础上，从满足现实的或潜在的目标客户的需求出发，并依据企业的经营条件而选定的一个或为数不多的特定市场。

目标客户选择

## 二、物流目标市场选择的依据

### 1. 细分市场具备规模和潜力

选择目标市场一定要有尚未满足的现实需求和潜在需求。企业必须对目标市场的人口、购买力、购买欲望进行分析和评价,衡量该市场的规模和潜力。市场规模越大、潜力越大,企业盈利的可能性就越大。

### 2. 企业在细分市场上的竞争力

企业可以借助波特五力模型来判断其在细分市场的竞争力。竞争力越强,企业在该细分市场越具有竞争力。

### 3. 企业的目标与资源

由于企业的资源是有限的,不可能选择所有的市场进行服务,因此企业必须选择有能力去占领的市场作为自己的目标市场。

## 三、物流目标市场选择的模式

一般物流企业选择目标市场的模式有五种,其中 P 代表产品,M 代表市场,阴影部分代表选择的目标市场,见表 3-3。

表 3-3 物流目标市场选择的模式、含义、图形及特点

| 物流目标市场选择的模式 | 含义 | 图形 | 特点 |
| --- | --- | --- | --- |
| 市场专业化型 | 物流企业向同一客户群提供不同种类的物流产品及服务 | | 有利于巩固与客户的关系,降低交易成本,获得良好的声誉 |
| 产品专业化型 | 物流企业向不同客户群提供一种形式的物流产品及服务 | | 摆脱对个别市场的依赖,降低经营风险,在某一服务领域树立较好的形象 |
| 市场集中化型 | 物流企业向单一客户群提供一种物流产品及服务 | | 这是最简单的方式,适合小企业或初次进入物流市场者。投资集中虽能更好地满足客户的需求,但风险较大 |
| 选择专业化型 | 物流企业选择几个细分子市场作为自己的目标市场,针对各种不同的客户群提供不同的物流产品及服务 | | 有利于发展和利用与客户之间的关系,降低交易成本 |
| 市场全面化型 | 物流企业全面进入各个细分市场,为所有客户群提供其所需要的各种物流产品及服务 | | 适合大企业,满足客户的不同需求,风险与机遇并存 |

注:P 代表产品,M 代表市场,阴影部分代表选择的目标市场。

## 四、物流目标市场选择的策略

一般来说,目标市场的营销策略有无差异性市场营销策略、差异性市场营销策略、密集(集中)性市场营销策略。

### 1. 无差异性市场营销策略

无差异性市场营销策略是指企业把整个市场看成一个大市场,关注消费需求的同质性,采用单一的营销策略开拓市场。这个策略的最大优点是:由于大批量生产和经营,有利于企业降低成本,取得规模效应;由于不需要对市场进行细分,可相应地节省市场调研和宣传费用,有利于提高利润水平。其缺点是:难以满足消费者多样化的需求。因此,选择性不强、差异性不大的商品、供不应求的商品等可采用此策略。

### 2. 差异性市场营销策略

差异性市场营销策略是指企业把整个大市场细分为若干不同的市场群体,有针对性地为不同的细分市场提供不同的产品、服务,采用不同的分销渠道、价格、促销等营销策略,满足不同客户的多样化需求。实施差异性市场营销策略的企业要有一定的规模,实力雄厚;企业的技术水平、设计能力要强;企业的经营管理水平要高。其优点在于:全面满足消费者的不同需求;有利于扩大市场占有率;有利于增加企业的销售额,提高企业的信誉。其缺点在于:销售费用和各种营销成本较高。一般来说,选择性强,需求弹性大的商品可采用此策略。

> **小案例**
>
> 曾经,极兔速递线上系统与电商平台实时对接。其一,印尼快递周期长,跨岛快递需要几周甚至一个月才能配送至客户手中;而极兔速递则通过组合海陆空等多种运输方式,将配送时间缩短至一周左右,甚至部分实现隔日达。其二,印尼传统快递公司揽件费用高,需要额外收取上门服务费;相比之下,极兔速递选择免费上门取件,降低客户使用成本。其三,传统快递公司有效配送时间少,周六日放假,斋月节会停运10天。极兔速递的做法是7×24小时,全年365天在线,并推出"晚到必赔"服务。其四,印尼传统快递公司服务质量不佳,没有物流轨迹,看不到包裹位置,客户很难在非营业时间联系到快递公司,难以进行包裹追踪,丢件、少件时常发生;而极兔速递则开发了线上订单查询系统,建立24小时在线客服团队,确保客户可以实时查询物流信息并享受实时服务。

### 3. 密集(集中)性市场营销策略

密集(集中)性市场营销策略是指企业把整个市场细分后,选择一个或少数几个细分市场作为目标市场,实行专业化经营,即企业集中力量向一个或少数几个细分市场推出商品,占领一个或少数几个细分市场的策略。其优点在于:企业能深入了解市场需要,因而能使企业在这些市场中处于有利地位;企业只为少数市场服务,在生产和经营上可实行专业化,节省营销费用,增加盈利。其缺点在于:目标市场若发生变化,加上竞争的冲击,使风险较大。因此,密集(集中)性市场营销策略经常被资源有限的中小企业或者初创型企业采用。

## 五、选择目标市场营销策略应考虑的因素

### 1. 企业实力

企业实力,也就是企业的资源能力,包括企业的财力、物力和技术能力。如果企业实力雄

厚，则适宜采用无差异性市场营销策略或差异性市场营销策略。企业实力一般，可采用密集（集中）性市场营销策略。

### 2．产品或服务的特点

需求弹性小、产品服务同质性高、消费者需求具有同质性，可采用无差异性市场营销策略。物流企业提供的是标准化的、基础性的物流服务，如基础的运输、仓储等，这些服务在不同客户之间差异不大。如果产品服务差异大，不同客户对物流服务的需求、偏好、购买行为等方面存在明显差异，则可采用差异性市场营销策略或密集（集中）性市场营销策略。例如，增值服务（集货配送、分拣包装、存货控制等）、一体化物流解决方案等，这些服务能够满足不同客户的特定需求。

### 3．产品生命周期

物流与其他产品一样，具有生命周期：导入期、成长期、成熟期、衰退期。产品处于导入期，企业知名度不高，物流活动较少，市场需求较少，企业可采用无差异性市场营销策略。当产品进入成长期或成熟期时，竞争日趋激烈，企业可考虑采用差异性市场营销策略或密集（集中）性市场营销策略。当产品进入衰退期时，维持企业现有的地位，延长产品生命周期，企业可考虑采用密集（集中）性市场营销策略。

### 4．市场特点

如果市场的相似程度高（同质），企业应采取无差异性市场营销策略。反之，如果市场的差异性很大（异质），则企业宜采用差异性市场营销策略或密集（集中）性市场营销策略。

### 5．竞争对手的策略

若竞争者采用无差异性市场营销策略，则企业可采用无差异性市场营销策略或差异性市场营销策略与之抗衡。如果竞争对手采用差异性市场营销策略，企业应采用差异性市场营销策略或密集（集中）性市场营销策略与之抗衡。

### 6．竞争者的数目

当市场上同类产品的竞争者较少，竞争不激烈时，企业可采用无差异性市场营销策略。当竞争者多，竞争激烈时，企业可采用差异性市场营销策略或密集（集中）性市场营销策略。

目标市场营销策略的选择见表 3-4。

表 3-4　目标市场营销策略的选择

| 因素 | 策略 | 无差异性市场营销策略 | 差异性市场营销策略 | 密集（集中）性市场营销策略 |
| --- | --- | --- | --- | --- |
| 企业实力 | 雄厚 | ✓ | ✓ | |
| | 一般 | | | ✓ |
| 产品或服务的特点 | 需求弹性小、产品服务同质性高、消费者需求具有同质性 | ✓ | | |
| | 产品服务差异大，不同客户对物流服务的需求、偏好、购买行为等方面存在明显差异 | | ✓ | ✓ |

（续）

| 因素 | 策略 | 无差异性市场营销策略 | 差异性市场营销策略 | 密集（集中）性市场营销策略 |
|---|---|---|---|---|
| 产品生命周期 | 导入期 | ✓ |  |  |
|  | 成长期、成熟期 |  | ✓ |  |
|  | 衰退期 |  |  | ✓ |
| 市场特点 | 同质 | ✓ |  |  |
|  | 异质 |  | ✓ |  |
| 竞争对手的策略 | 无差异性市场营销策略 |  | ✓ |  |
|  | 差异性市场营销策略 |  |  | ✓ |
| 竞争者的数目 | 多 | ✓ |  |  |
|  | 少 |  | ✓ | ✓ |

> **素养提升**
>
> ### "邮物中国"超级品牌溯源计划
>
> 　　为了让更多消费者看到中国好物，抖音电商超级品牌日携手中国邮政联合推出了"邮物中国"超级品牌溯源计划——走中国邮路，探正品大牌，遇见懂你的好物。中国邮政物流车"大改造"，物流车体文案文字够大、够醒目、够创意，如"越老就是越吃香，一闻就是陈年老白茶了"，或"邮物中国，物超所值，大牌溯源，哪都邮你"等广告语，使邮政物流车改头换面，成为行走的"活广告"。
>
> 　　中国邮政采用的差异性市场营销策略，实施的"邮物中国"超级品牌溯源计划不仅是跨界营销，更展示了我国丰富的物产资源和深厚的文化底蕴；展示了企业在面对市场变化时灵活应变、勇于创新的精神；保障了消费者的权益，体现了企业对社会责任的承担。

## 单元三　物流市场定位

**重难点**：物流市场定位的含义；物流市场定位的战略

### 引导案例

#### 长安民生物流：锚定世界一流，打造绿色智能供应链物流科技标杆

　　在当今全球物流行业变革加速、竞争日益激烈的大环境下，长安民生物流精准锚定自身市场定位，致力于成为世界一流的绿色智能供应链物流科技公司。

　　公司秉持合作、创新、共享的理念；将绿色、智能和数字化三大技术作为核心竞争力培育的关键要素；打造"服务领先战略"基石，做强汽车物流，拓展非汽车物流，壮大物流生态圈。

长安民生物流深知,企业的成功离不开各相关方的支持与协作。因此,公司竭诚与客户、合作伙伴、员工携手共进,实现双赢乃至多方共赢,努力推动企业创新发展和社会进步,共同践行"创新物流服务、创造美好生活"的使命。

说一说:如何才能成为世界一流的绿色智能供应链物流科技公司?

## 一、物流市场定位的概念

物流市场定位是指物流企业根据选择的目标市场,通过自身物流服务及产品创立鲜明的个性,塑造出与众不同的市场形象,使之在客户心目中占据一定的位置,从而更好地抓住客户,赢得客户。例如,中国邮政定位为"美好生活连接者"。物流市场定位为物流服务差异化提供了机会,使每家物流企业提供的产品和服务满足客户的需求,形成特定的形象,从而影响其购买决定。

## 二、物流市场定位的步骤

在物流市场定位过程中,企业需要先分析客户需求,再分析竞争对手的产品、服务,然后了解竞争对手的市场定位,之后分析竞争对手的客户情况,确定目标市场,进行市场定位,如图3-4所示。

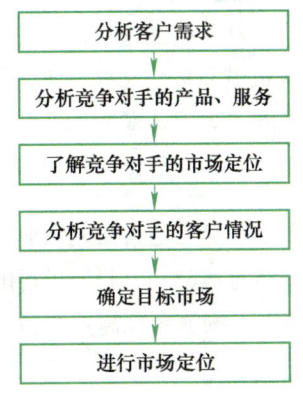

图3-4 物流市场定位的步骤

## 三、物流市场定位的方式

物流市场定位方式不同,竞争态势也不同。

### 1. 迎头定位

迎头定位是指物流企业在目标市场上选择与竞争对手接近或与其相同的市场定位方式来确定自身产品的市场位置,以争夺同样的目标消费者或用户。这实质上是一种以强对强的市场定位方法,企业及其产品可以较快地被用户了解,从而树立企业形象,但存在一定的风险性,适合实力雄厚的企业使用。

> **小案例**
>
> 顺丰速运作为中国快递行业的领军企业,在成立之初就明确了高端市场定位,主要服务于对快递服务有较高需求的商务客户和高端消费者。公司通过高端媒体广告、赞助高端活动等方式,提高品牌知名度和美誉度。同时,顺丰速运还注重与高端客户的沟通和互动,通过提供定制化服务、定期回访等方式,增强客户忠诚度和黏性。

### 2. 避强定位

避强定位是指物流企业避开与竞争对手的直接抗衡,将自己的位置定在目标市场的空白处。这种定位方法能使企业迅速在市场上站稳脚跟,并能在消费者或用户心中迅速树立一种形象,风险较小、成功率较高,因此经常被一些大企业采用。

> **小案例**
>
> 在极兔速递成立之前，JNE 是印尼最大的快递公司，其主要业务集中在商务件领域。随着本土电商政策放松，极兔速递迅速切入电商件市场，凭借配送时效、服务质量等赢得电商平台的青睐，获得了大量电商订单。

### 3. 市场领导者定位

市场领导者定位是指物流企业占据某一类别中第一或领导位置的定位策略。

> **小案例**
>
> 顺丰速递是中国及亚洲最大、全球第四大综合物流服务提供商，是中国市值最高的上市快递公司，能够为客户提供国内及国际端到端一站式供应链服务。同时，依托领先的科技研发能力，顺丰速递致力于构建数字化供应链生态，成为全球智慧供应链的领导者。

### 4. 重新定位

重新定位是指物流企业为改变目前购买者对其产品、服务的印象，使目标购买者建立新的认识而对其产品、服务进行的定位。当产品销售范围意外扩大、产品滞销，或者第一次定位不准确时，物流企业需要重新定位，应对市场的变化。

> **小案例**
>
> 1993 年，顺丰速运初创成立，彼时便怀揣"成为最值得信赖和尊重的速运公司"的质朴愿景，在速运领域深耕细作。随着时代的变迁与行业的演进，如今顺丰速运重新定位战略方向，致力成为"备受尊重全球领先的数智物流解决方案服务商"，以全新姿态引领物流行业迈向数字化、智能化新征程。

### 5. 比附定位

比附定位是在竞争品牌领先位置相当稳固，原有位序难以打破重组，或自己的品牌缺乏成为领导品牌的实力和可能的情况下，采取的一种定位策略。企业可通过以下形式实施比附定位：明确承认市场的第一品牌，自己只是第二；承认市场中已卓有成就的品牌，但本品牌在某些方面也可以深受消费者喜爱；企业可以积极寻求加入享有盛誉的高级品牌群体或行业联盟，借助这些群体的声望与影响力，为自己的品牌形象与地位增添光彩。

> **小案例**
>
> 美国安飞士出租汽车公司定位为"我们是老二，我们要进一步努力"之后，品牌知名度反而得到很大提升，赢得了更多的忠诚客户。

### 6. 利基定位

利基定位是指企业选定一个特定的细分市场，这个市场通常是被大企业忽略或未能充分满足的，然后企业集中资源在这个细分市场内提供专业化、高品质的产品或服务，以满足该市场的独特需求，从而建立持久的竞争优势。

> **小案例**
>
> 中国电动汽车在日本找到了短途运输的利基市场。东京的上市物流企业 SBS 控股公司与日本电动汽车初创企业 Folofly 达成了在 5 年内购买 2 000 辆轻型电动汽车的协议,这些汽车将由东风汽车集团有限公司的一家子公司及其他中国汽车制造商生产。SBS 控股公司社长表示,日本的电动汽车无法满足需求,中国电动汽车制造商的面包车使"最后一公里"的配送不仅更便宜,而且更清洁。

### 四、物流市场定位战略

#### 1. 产品差异化战略

物流企业可从产品质量、产品性能、产品特色等方面改进产品。这是企业赖以生存的保障,也是衡量企业好坏的重要标准。

> **小案例**
>
> 美团第四代无人机是专注于城市低空物流配送场景的全新多旋翼机型,搭载双目立体视觉相机、4D 毫米波雷达等感知组件,同时对整机集成和防水性能、桨叶材料等均进行了提升,可在"−20℃至50℃"的中雨、中雪、6 级风、夜晚等环境中稳定飞行,能够适应 97% 以上国内城市的自然环境要求。美团第四代无人机在安全性、经济性、环境适应性、运维友好度等方面均有显著提升,能为消费者提供更好的服务体验。

#### 2. 服务差异化战略

物流企业向目标市场提供具有差异化的服务。物流企业能够通过持续改进服务,提供超越竞争者的服务水平,并满足或超越目标客户对物流服务质量的期望的差异化服务。

> **小案例**
>
> 中国邮政速递物流为客户提供的增值服务包括保价、集中整付、代收货款、返单服务、一票多件、密码投递等。中国邮政速递物流提供的密码投递服务,是在邮件投递前向预留的收件人手机发送短信密码,要求收件人在签收邮件时出示该密码,投递员在成功校验密码后,才会将邮件交付给收件人。这一服务旨在确保邮件投递的安全性和准确性。

#### 3. 人员差异化战略

企业通过聘用、培训和管理具有特定技能、经验和素质的员工,以创造与竞争对手不同的产品和服务,从而获取市场优势。通过实施这一战略,企业能够吸引和留住优秀人才,提升产品和服务的质量,满足客户的独特需求,从而在激烈的市场竞争中脱颖而出。

> **素养提升**
>
> **人民邮政为人民**
>
> 20 世纪 90 年代,西藏自治区的阿里地区宛如一颗遗世独立的明珠,与外界的沟通几乎完全依靠那条蜿蜒曲折的邮路。在这片广袤的土地上,西藏自治区阿里地区邮政分公

司的长途邮运驾驶员桑布，以非凡的毅力和勇气，驾驶着邮车穿梭于狮泉河镇与拉萨之间，单程近2 000千米的征途，往往需要历经4～5天的艰苦跋涉，沿途是无尽的荒凉与自然的严酷考验。进入新时代，随着国家基础设施建设的飞速发展，柏油公路修通了，单趟行程也要50多个小时。阿里地区年平均气温为0 ℃，日平均气温变化极大，风力经常高达8级以上。这样的环境对每一位行者都是极大的挑战，但桑布从未放弃。2020年年初，阿里地区的物资运输成了抗击疫情的生命线。面对这场没有硝烟的战争，桑布没有退缩，反而挺身而出，第一时间响应号召，凭借着自己超过400万千米无事故驾驶的辉煌纪录，成功入选抗击疫情突击队。在接下来的三个月里，他化身为"抗疫使者"，无数次往返于阿里与拉萨之间，驾驶里程累计近10万千米，运送的防疫物资重达75吨，为阿里地区的疫情防控筑起了一道坚实的物资保障线。

2024年，全国邮政系统11名员工获全国五一劳动奖章。在这份光荣的名单中，桑布的名字赫然在列，他以其非凡的驾驶技艺、无私的奉献精神以及在抗击疫情中的杰出表现，成为新时代劳动者的典范，同时也是所有中国邮政人心中的骄傲与榜样。

### 4. 价格差异化战略

价格是影响物流行业发展的关键因素。物流企业通过为不同的消费者群体或市场细分提供不同定价的产品或服务，以最大化企业利润和市场份额。

### 5. 形象差异化战略

形象差异化战略是指物流企业通过塑造独特的企业形象，以获取市场差别优势的一种战略。这种战略强调通过名称、颜色、标识、标语、环境、活动等工具来塑造差异化的形象，从而在消费者心中形成独特的认知和印象。

### 6. 促销方式差异化战略

物流企业采用与竞争对手不同的促销方式，如广告、公共关系和人员推销等，以实现差异化竞争优势。

**素养提升**

#### 中国邮政助力丹东宽甸乡村振兴

近年来，中国邮政在推动丹东市宽甸满族自治县乡村振兴的道路上展现出强劲动力，通过提供高性价比的产品与服务，极大地促进了当地的经济发展。特别是在2023年，丹东市邮政分公司积极响应乡村振兴战略，不仅每日高效投递300～400件邮件，其速度与主流快递相媲美，更以仅为其他快递1/3的价格，辅以卓越的服务质量与售后保障，赢得了当地桃农的广泛青睐。据统计，约有80%的桃农首选邮政作为燕红桃的寄递服务商。这一年里，邮政成功助力边境村庄销售燕红桃超过百万斤，实现销售额飞跃至300万元以上，并完成了13万件燕红桃邮件的寄送任务，其高效、经济、优质的服务赢得了桃农群体及地方政府的双重赞誉。

中国邮政在丹东市宽甸满族自治县乡村振兴中的卓越表现，不仅是对国家乡村振兴战略的有力践行，更是对"为人民服务"宗旨的深刻诠释，展现了国有企业在新时代背景下的责任与担当。

## 职业技能训练

### 一、实训目标

本次实训旨在使学生理解 STP 战略在物流企业中的应用，能对物流市场进行细分，能选择目标市场，能进行市场定位，提升企业的竞争力。在完成实训项目的过程中，培养学生的团队协作与项目管理能力。

### 二、实训背景

重庆物流集团有限公司（简称重庆物流集团）成立于 2023 年，定位为重庆"国家战略的承接者、国际国内供应链的组织者、综合物流服务的提供者、物流基础设施的运营者、数字物流的引领者"，旨在打造"西部第一、全国一流的综合性头部物流集团"。作为重庆港口型、陆港型、商贸服务型国家物流枢纽的主要建设者和交通强市的主力军，重庆物流集团形成以物流服务为核心，物流贸易、客运服务深度融入，三大主业互促互进的经营格局。其中，物流服务产业包括国际物流通道、港口航运服务、综合物流服务。在综合物流服务方面，重庆物流集团大力推进以重庆为运营中心的分拨配送网络建设，按照"数一数二"原则，提供大件物流、冷链物流、医药物流、公路危险品物流、商品车物流、沥青物流等专项物流服务，能提供效率更高、成本更低的一站式供应链物流解决方案，形成了重庆本地、周边省市和全国范围三个层级的物流圈。城市物流配送依托主城四大公路物流基地和 30 个城市物流配送中心，提供一体化城市物流配送服务。重庆物流集团可满足客户多样化配送需求，先后获得中国城市配送品牌企业、重庆首批城市物流示范企业称号。

为了寻找城市物流新的增长点，重庆物流集团决定运用 STP 战略来重新评估其市场。

### 三、实训任务

1. 以 3～5 人组建一个团队。
2. 分析该集团综合物流依据哪些标准进行的市场细分。
3. 收集城市物流配送相关资料，对该集团城市物流配送进行市场细分。
4. 分析该集团城市物流配送可选择重庆哪些目标市场，并说明其原因。
5. 确定该集团在城市物流配送的市场定位。
6. 小组汇报方案。

### 四、实训考核内容及评分标准

师生互评，教师评分占比 70%，小组评分占比 30%。

### 实训考核内容及评分标准

| 序号 | 小组成员 |  | 学生姓名 | |
|---|---|---|---|---|
|  | 小组成绩 |  | 学生成绩 | |
|  | 考核内容 | 考核标准 | 满分 | 得分 |
| 1 | 综合物流依据哪些标准进行的市场细分 | 市场细分标准归类正确 | 15 | |
| 2 | STP战略方案 | 1. 城市物流配送市场细分标准合理<br>2. 城市物流配送目标市场选择符合逻辑、具备盈利空间<br>3. 城市物流配送市场定位有利于宣传企业形象，提升企业竞争力 | 65 | |
| 3 | 方案格式规范 | 题目：三号仿宋，加粗，居中<br>标题：一级标题小三仿宋，加粗，顶格。二级标题四号仿宋，加粗，顶格<br>正文：小四仿宋，首行缩进两个字，行间距固定值30磅 | 10 | |
| 4 | 汇报 | PPT制作精美，团队协作，讲解生动，声音洪亮，普通话标准，有互动 | 10 | |

## 模块小结

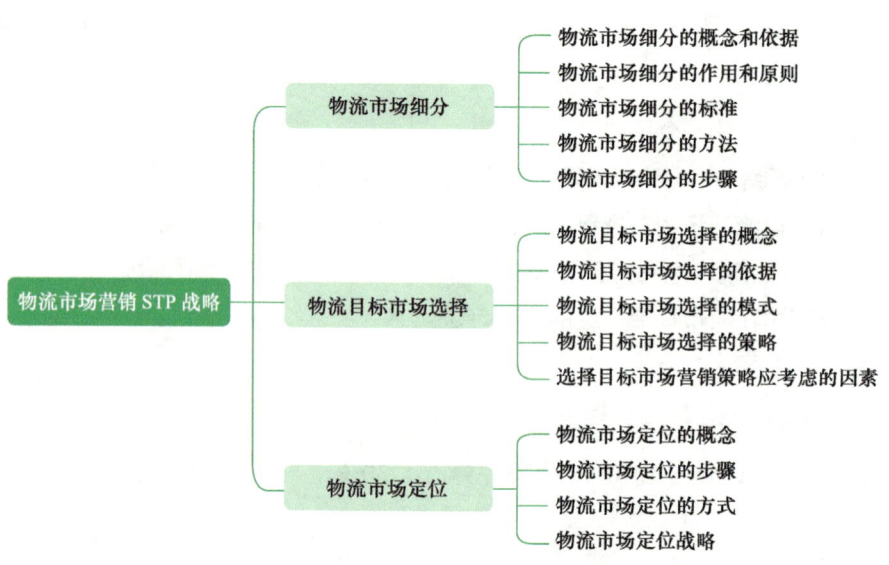

## 同步练习

### 一、单选题

1. 物流企业只推出单一产品,运用单一的市场营销组合,力求在一定程度上满足尽可能多的客户的需求,这种策略是(   )。
   A. 无差异市场营销策略   B. 密集市场营销策略
   C. 差异性市场营销策略   D. 集中性市场营销策略

2. (   )是指物流企业根据选择的目标市场,通过自身物流服务及产品创立鲜明的个性,塑造出与众不同的市场形象,使之在客户心目中占据一定的位置,从而更好地抓住客户、赢得客户。
   A. 物流市场细分   B. 物流目标市场选择
   C. 物流市场定位   D. STP 战略

3. 极兔速递在义乌打响 8 毛发全国属于(   )。
   A. 迎头定位   B. 重新定位   C. 领导者定位   D. 避强定位

4. 物流企业向同一客户群提供不同种类的物流产品及服务是(   )。
   A. 市场专业化   B. 产品专业化   C. 市场集中化   D. 全面化

5. 市场细分是美国市场营销学家(   )在 1956 年提出的。
   A. 基恩·凯洛西尔   B. 鲍敦
   C. 温德尔·史密斯   D. 菲利普·科特勒

6. 在西方发达国家,市场细分策略思想的形成大致经历了(   )个阶段。
   A. 二   B. 三   C. 四   D. 五

7. 物流市场细分的依据是(   )。
   A. 市场需求的差异性和同质性   B. 企业资源的有限性
   C. 市场定位   D. 市场分类

8. 物流市场细分有利于物流企业挖掘和开拓市场(   )。
   A. 资源   B. 利润   C. 范围   D. 机会

9. (   )是指一个细分市场的选择存在多种影响因素,可以从物流消费者特征中寻找和确定主要因素,然后和其他因素有机结合,确定物流细分市场。
   A. 单因素细分法   B. 综合因素法
   C. 系列因素法   D. 主要因素排列法

### 二、多选题

1. 市场细分的客观基础有(   )。
   A. 目标市场   B. 市场竞争   C. 生产技术水平   D. 需求的相似性
   E. 企业资源

2. 无差异性市场营销策略包括(   )。
   A. 减少生产与储运成本   B. 节省促销费用
   C. 适宜绝大多数产品   D. 强调需求共性

3. 差异性市场营销策略的优点有（　　　　）。
   A. 可以满足不同地区消费者的需求
   B. 使企业在细分市场上占有优势，从而提高企业的竞争力和公司形象
   C. 降低经营风险
   D. 对于资金、技术实力强的大公司比较适合
4. 选择目标市场的依据包括（　　　　）。
   A. 细分市场具备规模和潜力　　　　B. 企业在细分市场上的竞争力
   C. 企业的目标与资源　　　　　　　D. 他人的评价
5. 选择目标市场考虑的因素有（　　　　）。
   A. 产品特点　　B. 市场特点　　C. 企业实力　　D. 产品生命周期
   E. 竞争对手的数量、战略
6. 以下属于物流市场细分原则的有（　　　　）。
   A. 可衡量性　　B. 地域性　　C. 稳定性　　D. 发展性
7. 按客户选择第三方物流企业的动因对其进行细分，可分为（　　　　）。
   A. 成本关注型　　B. 能力导向型　　C. 资金关注型　　D. 复合关注型
8. 物流企业选择几个细分市场作为自己的目标市场，针对各种不同的客户群提供不同的物流产品及服务，该模式不属于（　　　　）。
   A. 市场专业化　　　　　　　　　　B. 市场集中化型
   C. 产品专业化型　　　　　　　　　D. 选择专业化型

### 三、判断题

1. 同一细分市场的消费者需求完全一致，没有差异性。　　　　　　　　（　　）
2. 物流市场细分的主要目的是减少企业的营销成本。　　　　　　　　　（　　）
3. 物流企业在进行市场细分时，应确保每个细分市场都具有足够的规模和潜力，以保证企业的盈利。　　　　　　　　　　　　　　　　　　　　　　　　　　　（　　）
4. 企业明确承认市场的第一品牌，自己只是第二属于比附定位。　　　　（　　）
5. 选择性不强、差异性不大、供不应求的商品可选用无差异性市场营销策略。（　　）
6. 避强定位就是物流企业占据某一类别中第一或领导位置的定位策略，从而获得竞争优势。　　　　　　　　　　　　　　　　　　　　　　　　　　　　　　（　　）
7. 如果物流企业实力雄厚，就可以考虑采用差异性市场营销策略。　　　（　　）
8. 物流企业可以通过名称、颜色、标识、标语、环境树立不同的形象。　（　　）

# 模块四
# 物流服务产品设计

**知识目标**
- 了解物流服务产品的概念、特征
- 了解物流服务产品组合的概念、策略
- 掌握物流服务产品生命周期及其策略
- 明确物流服务产品的开发与创新
- 掌握物流服务产品品牌策略

**技能目标**
- 能够设计产品组合方案
- 能够基于产品生命周期阶段制定动态管理策略
- 能够通过设计思维与敏捷开发方法实现服务创新
- 能够实施品牌策略

**素质目标**
- 培养基于产品生命周期动态调整的战略决策素养
- 培养创新思维、塑造严谨务实的态度，满足物流新品开发要求
- 培养品牌伦理意识与社会责任担当

## 应知部分

### 单元一 物流服务产品

**重难点**：物流服务产品概念、层次；物流服务产品组合的宽度、深度、长度、关联度；物流服务产品组合策略

## 📋 引导案例

### 京东无人机物流——从技术创新到服务产品化的实践突破

京东物流自 2015 年启动"飞狼"无人机研发以来，持续深耕物流科技领域，通过"硬科技＋软服务"融合战略突破传统物流效率瓶颈。2017 年 6 月，京东物流率先在江苏宿迁双河镇完成农村无人机配送首飞，破解"最后一公里"难题，提高了物流配送的效率和覆盖率，为当地居民提供了更加便捷的购物体验。

2025 年 1 月，京东物流推出划时代的 JDX-20 多旋翼智慧物流无人机，配备高精度毫米波雷达实现全向感知，具备 10 千克载重、98 千米 / 小时航速及 10 千米覆盖半径，精准满足城市低空物流的安全、即时需求。同期发布的 JDX-50 系列以 50 千克起飞重量和 15 千克载重能力实现技术跃升，15 千米飞行半径既可服务农村及偏远山区末端配送，又能拓展城市商超即时场景，通过 8 轴 8 桨平台创新构建起覆盖城乡全域的低空物流网络，标志着京东在低空经济领域的立体化布局全面升级。

说一说：京东升级无人机产品的好处。

## 一、物流服务产品内涵

### 1. 物流服务产品的概念

物流服务产品是物流企业基于客户供应链全流程需求，整合运输、仓储、装卸搬运、包装、流通加工、配送及信息管理等资源，通过标准化或定制化服务方案，为客户提供的"有形＋无形"综合解决方案。换句话说，物流服务产品即物流企业为客户提供的各种物流产品及服务，包括有形产品和无形服务。有形产品如 AGV（自动导引车）、托盘、集装箱、货架等硬件设施；无形服务如运输时效保障、仓储空间管理、配送精准度等。

### 2. 物流服务产品层次

在市场营销学中，产品通常被划分为核心产品、形式产品和附加产品三个层次，如图 4-1 所示。物流服务作为服务类产品，同样适用这一分类框架。

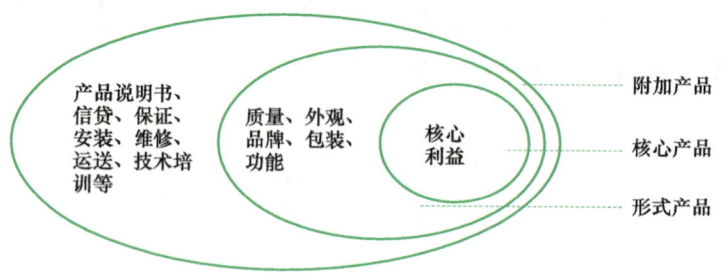

图 4-1 物流服务产品层次

（1）核心产品。核心产品是物流客户选择购买物流服务产品的根本驱动力，其本质在于精准满足客户的基础需求，是三个层次里面最核心的，也是无形的。以京东无人机为例，其核心价值（或称核心利益）聚焦于通过低空配送模式，高效、安全地缩短配送时间，从而解决传统物流在特定场景下的时效性与灵活性痛点。

物流营销人员在宣传及推广产品时，需以客户利益为核心锚点，通过精准传递产品价值来激发需求。例如，在宣传京东无人机配送服务时，应重点强调其"突破地理限制、实现即时响应"的双重利益。

（2）形式产品。形式产品是指核心产品的具体表现形式或物理载体，是客户能够直接感知、体验或使用的产品要素。形式产品通过质量、外观、品牌、包装、功能特性等维度，将核心产品的抽象价值转化为可触摸、可识别的实体或服务形态，从而满足客户对功能与体验的双重需求。

物流营销人员在宣传及推广产品时，要关注客户购买物流服务产品时追求的利益，从外观、品牌等角度进行宣传。

（3）附加产品。附加产品是物流客户在购买产品时所得到的附加利益的总和，包括产品说明书、信贷、保证、安装、维修、运送、技术培训、流通加工等增值物流服务。

物流营销人员在宣传及推广产品时，可充分借助各类附加产品的独特价值，以精准引导物流客户认知服务优势、深度启发客户挖掘潜在需求、巧妙刺激客户产生购买意愿，从而有效推动物流服务产品的市场转化。例如，京东无人机可依托京东物流的全国服务网络，提供快速维修响应及技术咨询。

综上，核心产品是基础，形式产品是载体，附加产品是吸引客户的关键。

## 二、物流服务产品组合策略

### 1. 物流服务产品组合概念

物流服务产品组合是指物流企业向市场提供的全部物流服务线和物流服务项目的组合，即物流企业的业务经营范围。物流企业可以提供如运输服务、配送服务、仓储服务等物流服务种类，也可将它们进行不同的组合，如运输服务+仓储服务+配送服务等。物流服务线是指物流企业提供的每一类物流服务。物流服务项目就是每条物流服务线下的每一个具体的物流服务。例如，京东提供的物流服务就包括快递服务、快运服务、仓配一体、国际服务等，这就是一个物流服务线。国际服务这条物流服务线又包括物流+金融方案定制、国际关务服务、保险理赔等物流服务项目。

不同物流产品组合具有宽度、深度、长度和关联度等方面的差异。

物流服务产品组合的宽度即企业拥有的不同物流服务产品线的数量。体现业务覆盖的横向广度。越宽，越有利于扩展企业的经营领域，分散风险。

物流服务产品组合的深度即单条物流服务产品线下可提供的细分服务项目数量，体现对垂直场景的渗透强度。越深，越有利于占领同类产品更多的细分市场，满足客户需求。

物流服务产品组合的长度即企业所有物流服务产品线中服务项目的总数。反映整体业务复杂度，越长，产品组合越丰富，越能吸引客户购买。

物流服务产品组合的关联度即物流服务产品组合中各产品线之间在最终用途、生产条件、销售渠道以及其他方面的相关程度。关联度越高，越有利于企业共享资源，提高竞争力。

> **小案例**
>
> 京东物流针对企业提供的物流服务有快递服务、快运服务、仓配一体、大件服务、送仓服务、冷链服务、医药服务、国际服务。因此，其物流服务产品组合的宽度是8。针对

送仓服务京东物流提供特快到仓、极速到仓、整车专送、大票直送，其物流服务产品组合的深度是4。如果每一个物流服务产品线都是4个项目，则物流服务产品线的长度是32。快递、快运与国际服务共享干线运输资源，通过动态路由规划实现车辆满载率最大化，就具有较高的关联度。

### 2. 物流服务产品组合策略

（1）扩大产品组合策略。物流企业可以通过拓宽物流服务产品组合的宽度、深度，扩大产品组合。该策略能够充分利用企业的人、财、物；避免企业资源的浪费，提高企业经营效果；分散市场风险，降低损失；满足客户需求，提高竞争力。

（2）缩减产品组合策略。物流企业可以通过减少物流服务产品组合的宽度、深度，缩减产品组合，实行集中经营。这种策略有助于企业集中技术资源改进保留的产品线，提高竞争力；有利于生产经营的专业化，提高生产效率，降低成本；有利于减少资金占用，加速资金周转。

在物流企业的服务组合策略中，核心竞争力的构建是战略决策的核心导向。无论是选择扩大服务组合以覆盖多元市场，还是缩减服务组合以聚焦细分领域，其本质均需构建企业的核心竞争力。

**小案例**

京东物流在3C行业持续升级"国补"以旧换新物流支持方案，首推手机等3C行业九大创新和一站式设备激活、序列号识别等九大定制化创新等服务。家电行业首创的"送装拆收"一体化方案，为消费者提供了便捷、高效的签收体验，还通过对唯一码/串码的精细化管理，实现了对3C产品的精准追踪和溯源，也为商家提供了有力的核销依据。同时，融合京东物流超脑AI大模型，通过对AI图像、场景检测及识别等物流技术的准确应用，保障了补贴真实有效发放。

（3）产品线号召策略。物流企业打造一个或几个物流服务产品项目，使其具有特色的号召性吸引顾客。该策略能够使企业聚焦资源打造差异化、高价值的产品线，提升品牌号召力与客户黏性。

**小案例**

京东物流以"服务即产品"打造末端配送标杆，构建产品线号召力。京东物流深谙这一本质，将"送货上门"从基础服务升级为差异化产品线的核心支点，并通过持续创新构建"末端服务生态"，形成难以复制的品牌壁垒。送货上门作为直接关联用户便利性的关键服务，不仅是用户体验的直观体现，更是衡量快递企业服务品质的重要标尺。然而，实现高质量送货上门服务面临诸多挑战，京东物流却以十余年如一日的坚持，将此作为服务承诺的基石。比如按消费者习惯而定的"按需揽派"；不敲门的"免打扰"；以及"一小时未取件""全程超时""派送不上门"的"三大必赔"……这些聚焦时效性、服务覆盖度及履约完整性的服务标准，既是京东物流对服务品质的执着追求，也重新定义了行业服务标杆，展现了企业在快递服务领域的领先实力。

## 单元二 物流服务产品生命周期

**重难点**：物流服务产品生命周期概念；物流服务产品生命周期策略

### 引导案例

#### 从价格战到生态战：圆通速递的产品生命周期突围之路

圆通速递于 2000 年 5 月 28 日在上海创立。初期，圆通速递以低价策略切入民营快递市场，通过加盟制快速布局长三角、珠三角网点，圆通速递和淘宝合作开启"线下线上"融合新模式，以"首重价格低于 EMS 50%"吸引中小客户，奠定规模化基础。2000—2016 年是圆通速递快速成长的时期。借势电商爆发红利，业务量年均增速超 40%，2015 年日均件量突破千万单，规模效应下单票成本降幅达 30%；同时通过上市融资 45 亿元，投入自动分拣与电子面单系统，效率提升 50%。2017 年后，快递行业增速放缓，价格战白热化倒逼圆通速递转型，如牵头建设物流信息互通共享国家工程实验室，推动行业标准化；开通"圆通号"中欧班列拓展"一带一路"跨境物流，构建第二增长曲线；以杭州亚运会官方物流服务商身份，通过"全链路数字化调度＋绿色包装"完成赛事物流保障，塑造高端服务标杆。

圆通速递围绕国家战略部署、坚守快递物流主业、加大产业生态投资布局，已发展成为一家集快递物流、科技、航空、金融、商贸等为一体的综合性国际供应链集成商。

**说一说**：圆通速递发展经历了哪些阶段？

### 一、物流服务产品生命周期

产品的生命周期是指产品自进入市场开始，直至最终退出市场所历经的完整市场生命循环阶段，包括导入期、成长期、成熟期、衰退期。物流服务作为一种具有特殊性的产品形态，其在市场中的发展轨迹同样遵循着这一生命周期规律。物流服务产品生命周期，即一项物流服务产品从进入市场至完全退出市场所经历的时间。在这一过程中，任何一项物流服务产品都会经历导入期、成长期、成熟期以及衰退期四个典型阶段，如图 4-2 所示。

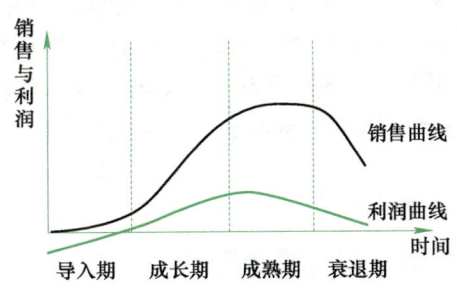

图 4-2　物流服务产品生命周期

#### 1. 导入期

导入期是新产品首次进入市场的起始阶段。这一阶段，面临市场认知度低的核心挑战：消费者对其功能与价值缺乏了解，仅有少数创新型企业或早期用户愿意尝试。由于技术或模式尚未成熟，企业需投入大量资源搭建基础服务网络并验证流程可靠性，但因难以规模化复制，导致单位成本居高不下，呈现"高投入低产出"特征，企业获利较少，甚至可能亏损。

### 2．成长期

成长期是产品从引入市场后，经历市场初步接受阶段，逐步进入快速发展与扩张的关键时期。这一阶段，消费者对物流服务产品已从最初的认知、试用转变为熟悉与接受，市场需求呈现显著增长态势，销售和利润都有较快增长，物流企业迎来重要的市场拓展与利润增长机遇期。

### 3．成熟期

成熟期是物流服务产品历经导入期的市场培育与成长期的快速扩张后的阶段。这一阶段是物流服务产品在市场上发展的关键时期，也是企业竞争最为激烈的阶段。此时，产品已经得到了市场的广泛认可，消费者对其功能、质量和服务模式有了较为清晰的认知，市场需求逐渐趋于稳定。产品的销售量增长缓慢，逐步达到最高峰，然后下降。

### 4．衰退期

衰退期是指因技术革新、消费者需求变化或市场竞争加剧，导致现有物流服务产品市场需求萎缩、销售额与利润显著下降的阶段。

> **素养提升**
>
> **极智嘉（Geek+）的智能化跃迁与使命担当**
>
> 作为全球仓储机器人领军企业，极智嘉（Geek+）以科技报国、产业强国为使命，生动诠释了物流服务产品生命周期演进中的国家战略、社会责任与企业价值的统一。极智嘉成立于2015年，公司总部位于北京。其首款机器人面临市场认知低、技术标准缺失、客户对ROI存疑等挑战。极智嘉通过唯品会仓库试点验证，分拣效率提升2倍，但受限于高成本（单台超50万元）与场景单一性，规模化能力不足。极智嘉经过市场验证后，借势电商爆发与SLAM算法突破，推出"货架到人""订单到人"标准化方案，单机成本降至20万元内，投资回收期缩至2年，2019年全球销量破8万台，渗透率超15%。面临行业同质化竞争，极智嘉以"RaaS订阅模式"降低客户初始投入，同时融合AIoT与数字孪生技术，打造全流程智能仓解决方案，替代单一功能机器人。目前，极智嘉凭借稳定可靠的产品、技术创新、丰富的全球项目经验、高效优质的售后服务等得到了全球约770多家全球终端客户的广泛认可和接受，项目覆盖零售、鞋服、医药、3PL、汽车、锂电、光伏、电子等行业。

## 二、物流服务产品生命周期阶段策略

### 1．导入期策略

物流企业要突出一个"快"字，快速建立市场认知，验证产品可行性，积累首批客户。这一阶段实施的策略主要是快速掠夺策略、缓慢掠夺策略、快速渗透策略、缓慢渗透策略。

（1）快速掠夺策略。物流企业以高价格和高促销水平推出新产品，通过高价获取高毛利，同时利用高促销快速建立市场知名度，加速市场渗透。该种策略可短期内收回投资，抢占市场先机。但若定价过高或促销不足，可能导致市场接受度低。

（2）缓慢掠夺策略。物流企业以高价格和低促销水平推出新物流服务产品，通过高价获取高利润，同时降低促销费用。该种策略以较低成本获取高额利润。若市场接受不足，可能导致客户流失。

（3）快速渗透策略。物流企业以低价格和高促销水平推出新物流服务产品，通过低价快速占领市场，利用高促销提升市场渗透率。该策略可快速获取大量客户，形成规模经济。但低价可能影响品牌形象，后期提价困难。

（4）缓慢渗透策略。物流企业以低价格和低促销水平推出新物流服务产品，通过低价吸引价格敏感型客户，同时降低营销成本。该策略以低成本稳定占领市场，增加利润。若促销不足，可能导致市场渗透缓慢。

**2．成长期策略**

物流企业要强调一个"好"字，改善物流服务产品、适当降低价格、寻找尚未满足的细分市场、开辟新的分销售渠道、突出品牌个性的广告策略等，建立差异化优势，提升品牌影响力。

（1）改善物流服务产品。物流企业要注意改善物流服务的品质，如提高质量、增加新功能、改进现有服务水准，以提高物流服务的竞争能力，满足客户更广泛的需求，吸引更多的客户。

（2）新市场细分策略。寻找新的尚未满足的子市场，根据客户特定需求，实施物流服务专业化策略，开展一对一营销，迅速进入新市场。

（3）新分销渠道策略。物流企业为适应市场变化、技术革新和客户需求，通过创新和优化分销渠道模式，以更高效、低成本、更灵活的方式将服务触达目标客户，并实现企业战略目标的一系列规划与行动。

（4）降价策略。物流企业通过适当的降价来激发那些对价格比较敏感的需求者，使他们产生购买动机和购买行为。

（5）广告策略。物流企业为实现营销目标，通过精准定位目标受众、选择传播渠道、设计创意内容及优化投放节奏的系统性规划。物流企业把客户对物流服务的认知从简单的接受转向对物流服务的深度信任上，并由此来推动人们的购买行为。

**3．成熟期策略**

物流企业要抓住一个"优"字，通过市场改良策略、产品及服务改良策略、营销组合改良策略三方面协同发力，实现市场地位巩固与增长。

（1）市场改良策略。也称为市场多元化策略，是物流企业通过开发产品的新用途、改变推销方式或寻求新市场，以扩大物流服务产品销售量、增加现有物流服务产品的使用频率和消费数量的一种战略。其核心在于不改变物流及服务产品本身性能的前提下，通过市场层面的创新实现销售增长。

（2）产品及服务改良策略。物流企业基于市场需求、用户反馈、技术进步或竞争环境的变化，通过质量改进、特点改进、服务改进、样式改进吸引新用户和增加现有用户的使用量，进而改进销售。

（3）营销组合改良策略。物流企业改变一个或多个营销组合元素（4P、4C、4R等）来努力增加营业额。

#### 4．衰退期策略

物流企业要明确一个"转"字，实施维持策略、收缩策略、集中策略、放弃策略。

（1）维持策略。物流企业沿用既有的服务模式，维持现有的分销体系、价格策略及促销手段，待到合适时机，便停止该物流服务产品的经营，退出市场。

（2）收缩策略。物流企业在面对市场环境变化或业务发展需求调整时，采取大幅削减促销活动力度、显著降低促销开支，并大幅精减人员配置等措施，以此实现短期内利润的提升。这种策略在企业管理中常被形象地称为"榨取策略"，意在通过压缩成本来尽可能多地获取当前利益。

（3）集中策略。物流企业把各种资源和能力集中于有利的市场和分销渠道上，维持一定的销售量，获得尽可能多的利润。

（4）放弃策略。针对那些衰退速度极快或长期处于严重亏损状态的物流服务项目，物流企业需果断决策，终止相关业务的运营，彻底退出该市场领域。此策略的实施方式灵活，既可以选择一次性全面终止业务，也可以采取分阶段、逐步退出的策略，力求将企业的整体损失控制在最小范围内。

## 单元三　物流服务新产品开发

**重难点**：物流服务新产品类型；物流服务新产品开发流程及策略。

### 引导案例

#### 无人机助力巫山脆李丰收季

随着新质生产力的快速发展，新兴技术的应用，顺丰正利用一系列的技术产品助力生产力提升。

2024年7月，巫山机场上演了一场物流革命——21架无人机携带着新鲜的巫山脆李，缓缓降落在机场的无人机停机位上。巫山脆李搭乘顺丰无人机飞过重山到达巫山机场。"空空联运"与传统的"陆空联运"相比，大大缩短了转运时间，从原先的1小时缩短至仅需8分钟，实现了即时转运和快速起飞。随后，这些脆李被装载到一架货机上，准备从重庆巫山机场飞往江苏南京。"空空联运"为乡村全面振兴提供了有力支持。

说一说：顺丰"空空联运"模式的优势。

### 一、物流服务新产品概述

#### 1．物流服务新产品定义

物流服务新产品是指物流企业或相关服务提供商为满足市场需求变化、提升竞争力或解决行业痛点，通过技术创新、模式创新或资源整合推出的新型服务或解决方案。这类产品通常具有差异化、增值性、科技驱动等特点，能够优化传统物流流程、提升效率、降低成本或创造新价值。

#### 2．物流服务新产品类型

（1）完全创新服务产品。完全创新服务产品是指物流企业采用全新的方法来满足客户的现有需求，给他们更多的选择。例如，相对于以往的人力配送，依靠无人机进行产品配送，突破地理限制，大幅提高配送效率。

（2）进入新市场的产品。一些已有的物流服务进入新的市场也被视为新产品。例如，国内物流企业积极拓展国际市场。

（3）产品线扩展。产品线扩展是指增加现有产品线的宽度。例如，德邦的大件物流服务，培训配送员掌握家具安装技能，提供"送装一体"增值服务。

（4）改进型产品。改进型产品即对现有物流服务产品的特征予以改进和提高。例如，大疆T70系列农业无人机，其T70P比T70从喷洒负载到飞行电池都进行了提升。

### 二、物流服务新产品开发流程

物流服务新产品开发是一项涉及多环节协同的系统工程，需遵循科学开发流程以确保项目高效推进。该过程主要包括以下六个阶段。

#### 1．调研需求

物流服务新产品开发必须进行客户需求调研，这是确保产品精准触达市场痛点的关键。通过调研，企业可深度剖析客户未被满足的需求本质，为产品创新提供明确方向；同时评估市场容量与竞争态势，有效规避风险。调研内容包括：客户行业特性与物流场景、现有服务的痛点与改进期待、对新技术（如无人机配送）的接受程度及支付意愿，以及竞争对手的服务短板与可借鉴经验等。唯有基于真实需求数据构建产品逻辑，方能在激烈竞争中形成差异化优势。

#### 2．创意构思与筛选

创意构思是物流企业在深度解析客户需求的基础上，通过系统化思维提出创新性服务解决方案的初始阶段，其核心在于将市场痛点转化为可落地的产品原型。创意筛选是物流企业基于战略目标与资源禀赋，对海量服务创意进行系统性过滤与优先级排序的关键决策过程。

#### 3．物流服务产品概念形成

物流服务产品概念形成是创意落地的关键转化环节，包括物流服务产品概念发展和物流服务产品概念测试两个阶段。

（1）物流服务产品概念发展。在概念发展阶段，需将抽象的物流服务产品创意具象化为具备完整逻辑架构的概念。

（2）物流服务产品概念测试。在测试阶段，将物流服务产品方案具象化呈现，观察客户的反应，检验方案符合客户要求、满足客户需要或欲望的程度。

#### 4．可行性分析

可行性分析是指物流企业从经济可行性、技术可实现性、市场适配度、社会效益等方面对物流服务产品方案进行全周期商业化验证的科学决策机制。包括推广该项物流服务产品所需要的人力、物力、市场状况预测、成本、利润、客户对这种创新服务的看法以及竞争对手的可能反应等。可行性分析的结果如为可行，则进入物流服务产品研制阶段；不可行则终止。

### 5. 物流服务产品研制

物流服务产品研制是通过跨部门协作，将筛选评估后的可行创意转化为客户需求导向的系统性创新过程。此阶段企业需投入资源完成软硬件采购、专业团队组建及跨部门协同机制建设等，推动物流服务产品的研制。

### 6. 市场试销

物流服务产品的市场试销是其在真实市场环境中接受检验的核心环节，此阶段旨在通过实践验证物流服务新产品的可行性与市场接受度。在试销过程中，需密切关注客户反馈，并以此为依据动态调整服务内容与项目设置，确保产品特性精准匹配客户需求。若试销结果显示产品能够有效满足目标客户群体的核心诉求，则可正式启动批量上市策略，逐步扩大市场覆盖规模；反之，若客户反馈表明产品存在明显短板或无法契合市场需求，则需及时终止该产品的市场推广进程，避免资源浪费。

> **小案例**
>
> 阿里巴巴将即时零售视为其整个电商业务的增长点。2025年4月30日，淘宝天猫旗下即时零售业务"小时达"正式升级为"淘宝闪购"。以阿里巴巴加入为转折点，原本胶着的美团、京东外卖大战，或升级为"即时零售"之战。在淘宝App首页Tab以"闪购"一级流量入口展示，首日上线50个城市，后续5月6日推广至全国。升级后的淘宝闪购将打通饿了么、淘宝天猫以及小时达业务的货盘及价格，给到消费者"电商的低价，即时零售快速送达"体验。

## 三、物流服务新产品开发策略

物流服务新产品开发主要有奇特策略、合并策略、差异策略、节便策略、形象策略等。

### 1. 奇特策略

物流企业通过深度洞察消费者对新鲜感、独特性及差异化体验的潜在需求，主动创造或重新定义产品/服务的新用途、新功能、新形态等，并以此为核心构建差异化竞争优势。该策略强调突破传统框架的创造性思维，通过制造奇特的物流服务产品激发消费者兴趣，最终实现品牌记忆点强化与市场突破。

> **小案例**
>
> 顺丰旗下的丰翼科技启动了全国首个空地协同的"丰翼宝安低空智慧物流运营中心"，将无人车、无人机连通，传统物流和低空物流业务在同一场地实现融合，并实现无人化运输，成为未来新一代末端枢纽的雏形。通过将传统物流与低空物流在同一场地融合运营，同城快件平均2小时送达，跨城快件平均3小时送达，航空件时效缩短半天。

### 2．合并策略

物流企业通过整合多种独立服务功能或技术模块，形成具有复合价值的解决方案型产品。其核心在于识别客户未被满足的关联性需求，重构服务要素间的协同关系，从而突破单一服务的能力边界，提升全链路服务效率与客户体验。

> **小案例**
>
> 泰州市姜堰区"姜城共配 交邮融合"模式：打造"1+9+80"立体网络（1个智慧共配中枢、9个镇级服务驿站、80个村级服务触点），以"公交代邮＋智车递达＋人工补网"的多式联运，打造日均25万件包裹的"1小时物流圈"。80个党群服务中心还兼具"村口驿站"的功能，创新智能分拣、无人配送，优化"快递＋商超""快递＋农资"复合业态，实现"快递下乡"与"农产品进城"的双向畅通。

### 3．差异策略

物流企业通过服务要素的模块化重组、技术驱动的体验创新及场景化需求挖掘，构建多维度差异化服务组合（如时效分层、包装定制、交付仪式感等），使物流服务从标准化交付升级为"可定制、可感知、可传播"的价值载体，精准匹配不同客户群体的差异化需求。

> **小案例**
>
> "韵达快运"是韵达旗下的快运品牌，主营产品包括韵小件、韵大件、韵小票、韵优达、韵裹达。
>
> 韵小件：定位30千克以内，免费上楼，优先转派，极速理赔。为小件电商客户提供30千克以内的小件快运产品，全程优先转运，100%免费上楼，极速送达，极速理赔。
>
> 韵大件：针对30～68千克，快速准时，数据可视，安心到门。为大件电商客户提供定制化服务，链路可视化。

### 4．节便策略

"节"聚焦于能源节约，通过优化物流流程、采用节能设备和技术、合理规划运输路线与仓储布局等方式，降低物流活动中的能源消耗，实现绿色可持续发展。"便"强调产品结构简单、使用方便、易于操作，旨在为客户提供便捷、高效的物流服务体验，减少客户在物流环节的复杂操作和时间成本。

> **小案例**
>
> **践行绿色使命，知路科技深耕循环包装**
>
> 2020年1月，国家发展改革委、生态环境部发布《关于进一步加强塑料污染治理的意见》，首次强调"积极推广可循环包装产品和物流配送器具"。同年底，又出台《关于加快推进快递包装绿色转型意见的通知》，首次提出可循环快递包装的应用规模目标，要求"2022年数量达到700万个，2025年达到1 000万个"。
>
> 在国家政策的有力引领下，众多企业积极投身绿色物流包装的浪潮之中。其中，深耕循环包装领域的知路科技，以高度的社会责任感和使命感，将研发作为核心驱动力，为推

动行业绿色发展贡献力量。

自 2019 年起，知路科技便毅然踏上可循环快递包装的研发征程。经过不懈努力，已开发五大系列包装产品：套叠款循环箱（如京东青流箱）、折叠款循环箱、针对高端场景的（如京东"京尊达"）牛津布款循环箱、能适应自动化打包线的自动打包款产品、针对政务类的循环箱（车牌箱/公文箱/档案箱）。

知路科技以实际行动响应国家号召，践行绿色发展理念，为快递包装行业的绿色转型树立了典范。在未来，相信会有更多企业加入其中，共同推动我国快递包装行业朝着绿色、可持续的方向迈进，为建设美丽中国贡献力量。

#### 5．形象策略

物流企业通过一系列营销手段和运营举措，塑造并传播物流服务产品在消费者心目中"物超所值"的形象。这种策略强调让消费者感知到物流服务在时效性、安全性、便捷性、个性化以及附加价值等方面所展现出的卓越性能和实际价值，远超其支付的价格，进而使消费者认可以相对较高的价格选择该物流服务是明智且合理的决策。

> **小案例**
>
> 顺丰邮寄快递分为同城急送、同城半日达、顺丰标快（可微信登录顺丰速运小程序查看服务类型）。
>
> 同城急送：快递员上门取件后，立刻送往收件地点，点对点直达，速度最快，价格最贵。
>
> 同城半日达：快递员上门取件后，会在当天半日内送达，速度没有同城急送快，但当天抵达，价格比同城急送便宜。
>
> 顺丰标快：快递员上门取件后，通常是当天件，次日达，价格最便宜。
>
> 顺丰的物流服务价格相对较高，但消费者认为其提供的卓越时效性、安全性和便捷性等性能和价值，远远超过了所支付的价格。因此，消费者愿意为顺丰的高品质物流服务支付更高的费用，认为这是一种物有所值的消费选择。

## 单元四　物流服务品牌

**重难点**：物流服务品牌构成及内容；物流服务品牌策略

### 引导案例

#### 顺丰跻身全球前十，位列国内物流品牌第一

2024 年，顺丰同时上榜 Brand Finance 2024 全球十大最强物流品牌和全球十大可持续发展认知价值品牌子榜单。

Brand Finance 中国区总裁陈忆登表示："虽然面临着全球经济波动和物流行业变革的挑战，

但中国物流业依然展现出了强大的韧性和发展潜力。它们通过不断优化服务流程、提升技术水平、加强国际合作等方式，持续推动自身品牌的升级和转型。中国物流业在全球物流市场中的表现，不仅为中国品牌赢得了更多的国际关注和认可，也为全球物流行业的未来发展提供了有益的借鉴和启示。"

成立于1993年的顺丰，经过多年发展，已成为中国及亚洲最大、全球第四大综合物流服务提供商，公司坚持可持续健康发展和前瞻长远的战略部署，在发展历程中准确抓住机遇，不断扩大规模，持续领跑行业。

说一说：顺丰对于宣传中国物流品牌具有哪些意义？

## 一、物流服务品牌概述

### 1. 物流服务品牌定义

美国市场营销协会（AMA）在1960年出版的《营销术语辞典》上把"品牌"定义为：用以识别一个或一群产品或劳务的名称、术语、象征、记号或设计及其组合，以和其他竞争者的产品和劳务相区别。物流服务品牌是用于识别物流服务产品的某种特定的标志，通常由某种名称、标记、图案或其他识别符号所构成。

### 2. 物流服务品牌构成

物流服务品牌由品牌名称和品牌标志两部分构成。品牌名称是指品牌中能用语言称呼的部分，如顺丰、京东、EMS等。品牌标志是用标记、符号、图形等表达的不可称谓部分。

### 3. 物流服务品牌内容

物流服务品牌具有属性、利益、价值、文化、个性、用户六大内容。
（1）属性。品牌自身最核心的特性，也是品牌最基本的含义。
（2）利益。客户通过使用品牌服务所获得的实际价值与情感满足。
（3）价值。企业向客户传递的核心价值观，体现品牌存在的根本意义。
（4）文化。企业在长期经营中形成的价值理念与行为准则。
（5）个性。品牌呈现的人格化特征，决定消费者对品牌的情感联想。
（6）用户。品牌服务的目标客群及其形成的社群特征。

## 二、物流服务品牌策略

物流服务品牌策略主要包括品牌化策略、品牌归属策略、品牌统分策略、品牌扩展策略、复合品牌策略、品牌更新策略。

### 1. 品牌化策略

品牌化策略是物流企业使用品牌与否的策略。使用品牌就是品牌化策略，不使用就是非品牌或无品牌策略。不使用品牌策略的可以是厂家的原料型产品；进入消费领域的低价值的普通产品；生产简单无差异性、选择性不大的产品；消费者习惯上不以品牌为购买依据的产品；临时性或一次性生产的产品。当企业决定使用品牌，就要考虑品牌是否注册为商标，注册为商标后，可以用许可贸易的形式出售或转让商标的使用权。

#### 2．品牌归属策略

品牌归属策略是指物流企业在决定使用品牌时，是使用自有品牌还是使用他人品牌，或者是混合使用自有品牌和他人品牌。

（1）自有品牌。企业独立创建并完全拥有品牌所有权，自主掌控品牌形象、服务标准及市场定位，如顺丰、京东物流。

（2）使用他人品牌。通过授权、加盟或合作形式使用外部品牌，企业仅作为品牌运营的执行方，如中通、圆通的加盟商。

（3）混合品牌。同时使用自有品牌和他人品牌，或在同一品牌框架内融合多方资源，形成协同互补的运营模式，如中外运敦豪是中外运和DHL合作，结合了本土和国际优势。

#### 3．品牌统分策略

如果企业决定其大部分或全部产品都使用自己的品牌，就要进一步决定其产品是分别用不同品牌，还是统一使用一个或几个品牌。品牌统分策略是指某个企业或企业的某种产品在某种市场定位之下，采用一个或多个品牌，从而有助于最大限度地形成品牌的差别化和个性化，企业进而以品牌为单位组织开展营销活动。

（1）统一品牌。物流企业所有的产品都统一使用一个品牌名称，如德邦快递。

（2）个别品牌。物流企业对各种不同的产品分别使用不同的品牌，如菜鸟速递是菜鸟集团旗下推出的自营快递品牌，菜鸟驿站是阿里巴巴菜鸟旗下的数字社区生活服务品牌。

（3）多品牌。物流企业同时经营两种及以上相互竞争的品牌，以免某一品牌出现市场危机，如美团配送有美团众包和美团专送两个品牌。

（4）分类品牌。物流企业在分类的基础上对各类物流服务产品使用不同的品牌，如顺丰速运提供标准快递服务，顺丰同城提供即时配送服务。

#### 4．品牌扩展策略

品牌扩展策略是指物流企业利用现有品牌，推出新的物流服务产品。该策略推出的产品更易被市场接纳，同时节省推广成本。但需注意，若新产品质量不达预期或过度延伸，可能削弱品牌核心价值，导致消费者认知模糊。

> **小案例**
>
> 菜鸟速递是菜鸟集团旗下推出的自营快递品牌，专注于为电商领域提供成本与服务质量均衡优化的差异化物流解决方案。目前服务覆盖全国约300个城市，推出"次晨达""次日达""按需上门"等多层级时效产品，其中重点城市实现最快"半日达"服务。凭借精准匹配电商平台需求的能力，菜鸟速递在淘宝、天猫等合作平台中，以行业领先的送货上门率树立服务标杆，显著提升消费者物流体验。

#### 5．复合品牌策略

复合品牌策略是指同一种产品赋予两个或两个以上品牌，包括主副品牌策略和品牌联合策略。

（1）主副品牌策略。同一产品使用一主一副两个品牌，以主品牌为核心支撑，辅以副品牌形成差异化定位。副品牌设计应具有比较明显的个性，考虑与消费者的情感沟通，注意通俗易懂且有特定内涵。主副品牌策略像统一品牌策略那样实现优势共享，建立统一化的企业形象；像个别品牌策略那样比较清晰地界定不同副品牌产品的差异性特征，避免因个别品牌的失败而给整个品牌带来负面影响。该策略适合于：企业同时生产两种或两种以上性质不同或质量有别的产品；主品牌有较高的声誉。

（2）品牌联合策略。企业通过平等协作的方式，将两个或两个以上品牌（自有品牌或自有品牌与外部品牌）共同应用于同一物流服务产品，形成资源互补、价值共振的生态联盟。该策略可以使两个或更多的品牌有效地协作、联盟，相互借势，进而提高品牌的市场影响力与接受程度；产生的传播效果往往"整体远远大于单体"；扩散效应比单独品牌要大得多。

> **小案例**
>
> 中外运敦豪通过品牌联合策略，将中国外运本土化运营优势与德国邮政DHL的全球物流网络深度融合，提高品牌在市场上的竞争力。

### 6．品牌更新策略

品牌更新策略是指全部或部分调整或改变品牌原有市场定位的做法。品牌更新策略能够突破市场瓶颈，焕新品牌形象；强化竞争优势，抢占细分市场；提升品牌价值，扩大社会影响力；优化资源配置，激活品牌资产；增强抗风险能力，应对危机。

> **素养提升**
>
> **德邦品牌焕新：以民生使命重塑行业服务标杆**
>
> 德邦物流深耕零担领域多年，凭借标准化服务体系与高品质运营口碑，持续巩固在零担市场的领先地位，成为行业服务标杆。后来，德邦成为覆盖快递、快运、整车、仓储与供应链、跨境等多元业务的综合性物流供应商。
>
> 随着电商渗透的深化，零担运输与快递服务的融合趋势加速显现，大件快递逐渐成为运输市场的"刚需"。而国内快递行业普遍存在的"大件歧视"现象，难以满足大件快递需求。作为国内领先的综合物流服务商，德邦始终将推动行业可持续发展作为战略使命。面对全新的市场机遇与挑战，德邦选择主动肩负起引领行业向更高阶、更优质方向发展的使命。
>
> 2018年7月2日，德邦物流在北京正式宣布更名为"德邦快递"。更名后，德邦快递提供的产品包括大件快递3.60、特快当日、特快次日、航空大件隔日达服务。德邦快递以全新的品牌定位积极布局快递业务，更将以全新的产品定义大件快递服务，引领行业发展。

## 职业技能训练

### 一、实训目标

本次实训旨在使学生掌握产品生命周期各阶段使用的策略；结合市场需求和环保要求设计创新快递包装方案。在完成实训项目的过程中，培养学生团队协作与项目管理能力。

### 二、实训背景

快递包装是指在快件寄递过程中，为满足保护内件物品安全、方便储存运输等要求而使用的封装用品、填充物和辅助物的总称。随着网络、快递业的发展，大家在购物或者邮寄货物时，也有了更多的选择。然而破损、过度包装、一次性包装却是邮寄者、物流企业头疼的问题。

### 三、实训任务

1. 以 3~5 人组建一个团队。
2. 请分析当前快递包装存在的主要问题，并基于这些问题设计一款创新型快递包装解决方案。详细说明包装设计理念（可文字描述或借助 AI 生成示意图）；重点分析该设计相较于传统包装的优势特性。
3. 推广生产的包装，从产品生命周期的角度提出每个阶段的策略。
4. 小组汇报方案。

### 四、实训考核内容及评分标准

师生互评，教师评分占比 70%，小组评分占比 30%。

**实训考核内容及评分标准**

| 序号 | 小组成员 | | 学生姓名 | |
|---|---|---|---|---|
| | 小组成绩 | | 学生成绩 | |
| | 考核内容 | 考核标准 | 满分 | 得分 |
| 1 | 快递包装存在的具体问题 | 从破损、环保、过度包装等角度分析 | 20 | |
| 2 | 设计一款创新型快递包装解决方案，分析优势 | 包装不易破损且环保 | 30 | |
| 3 | 产品生命周期阶段策略 | 每个阶段的策略要完整，具有可行性 | 30 | |
| 4 | 方案格式规范 | 题目：三号仿宋，加粗，居中<br>标题：一级标题小三仿宋，加粗，顶格。二级标题四号仿宋，加粗，顶格<br>正文：小四仿宋，首行缩进两个字，行间距固定值 30 磅 | 10 | |
| 5 | 汇报 | PPT 制作精美，团队协作，讲解生动，声音洪亮，普通话标准，有互动 | 10 | |

## 模块小结

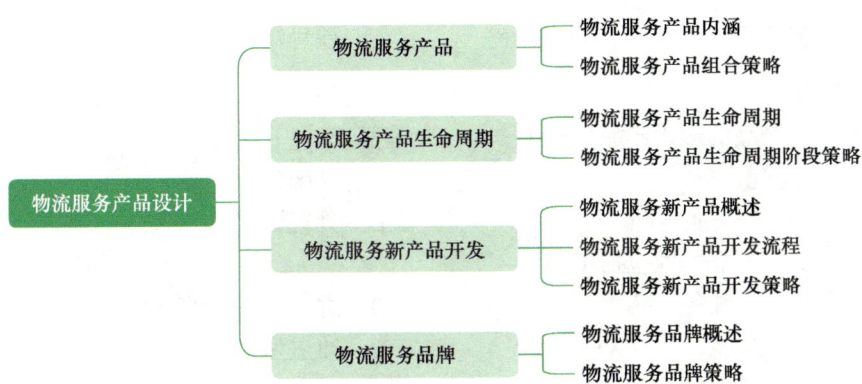

## 同步练习

### 一、单选题

1. 物流服务产品的核心产品层次是（　　）。
   A. 满足客户基础需求的无形价值　　B. 客户可直接感知的物理载体
   C. 附加的维修和技术培训服务　　　D. 物流企业的品牌形象
2. 物流服务产品组合的"深度"是（　　）。
   A. 企业拥有的物流服务产品线数量　B. 单条产品线下的细分服务项目数量
   C. 所有服务项目的总数　　　　　　D. 产品线之间的技术关联性
3. 在物流服务产品生命周期中，成长期的关键策略是（　　）。
   A. 快速掠夺市场　　　　　　　　　B. 全面退出市场
   C. 缩减产品组合　　　　　　　　　D. 改进产品并建立差异化优势
4. 应该努力做到"快"字当先是（　　）的企业营销策略选择。
   A. 导入期　　B. 成长期　　C. 成熟期　　D. 衰退期
5. 企业在成熟期采用的策略不包括（　　）。
   A. 开拓新市场　　　　　　　　　　B. 扩大产品组合宽度
   C. 降低促销费用　　　　　　　　　D. 全面放弃已有业务
6. 物流企业使用品牌与否的策略是（　　）。
   A. 复合品牌策略　　　　　　　　　B. 品牌归属策略
   C. 品牌化策略　　　　　　　　　　D. 品牌更新策略
7. 物流企业在衰退期采用收缩策略的核心目的是（　　）。
   A. 扩大市场份额　　　　　　　　　B. 短期内提升利润
   C. 开发新产品线　　　　　　　　　D. 加强品牌宣传

8. 产品生命周期中（　　）销售额和利润快速增长。
   A. 导入期　　　　B. 成熟期　　　　C. 成长期　　　　D. 衰退期
9. 物流企业通过整合多种独立服务功能或技术模块，形成具有复合价值的解决方案型产品是（　　）。
   A. 奇特策略　　　B. 合并策略　　　C. 差异策略　　　D. 节便策略

## 二、多选题

1. 物流服务产品的形式产品包括（　　）等要素。
   A. 服务质量　　　　　　　　　　B. 品牌名称
   C. 附加的信贷服务　　　　　　　D. 外观设计
2. 物流服务新产品类型包括（　　）。
   A. 完全创新服务产品　　　　　　B. 进入新市场的产品
   C. 产品线扩展　　　　　　　　　D. 改进型产品
3. 品牌统分策略包括（　　）。
   A. 统一品牌　　　B. 个别品牌　　　C. 多品牌　　　D. 分类品牌
4. 物流服务产品导入期的策略类型包括（　　）。
   A. 快速掠夺策略　B. 市场改良策略　C. 缓慢渗透策略　D. 收缩策略
5. 海尔小王子、海尔大王子不属于（　　）。
   A. 主副品牌策略　B. 品牌扩展策略　C. 品牌更新策略　D. 联合品牌策略
6. 物流服务产品成熟期的改良策略包括（　　）。
   A. 开发新用途　　B. 降低价格　　　C. 改进服务质量　D. 优化营销组合
7. 不同产品组合具有（　　）等方面的差异。
   A. 宽度　　　　　B. 深度　　　　　C. 长度　　　　　D. 关联度
8. 物流服务产品生命周期衰退期的策略包括（　　）。
   A. 维持现有服务模式　　　　　　B. 增加促销投入
   C. 分阶段退出市场　　　　　　　D. 开发新市场

## 三、判断题

1. 附加产品是客户购买物流服务时得到的附加利益，如技术培训和信贷服务。（　　）
2. 物流服务产品组合的宽度是指单条产品线下的服务项目数量。（　　）
3. 京东物流的"送货上门"服务属于形式产品层次。（　　）
4. 成长期物流企业的利润和销售量均呈现下降趋势。（　　）
5. 企业在导入期面临的主要挑战是市场认知度低。（　　）
6. 物流服务新产品开发流程中，不用"市场试销"，直接上市。（　　）
7. 物流服务品牌由品牌名称和品牌标志两部分构成。（　　）
8. 物流企业采用"差异策略"需通过模块化服务组合匹配客户需求。（　　）
9. 衰退期的"放弃策略"必须一次性全面终止业务。（　　）

## 模块五
# 物流市场客户开发

### 知识目标
- 掌握寻找、接近物流客户的方法
- 掌握拜访物流客户的准备和流程
- 掌握开发物流客户的流程
- 掌握客户谈判、跟进策略
- 掌握物流客户生命周期及对应策略

### 技能目标
- 具备多渠道寻找物流客户的能力
- 具备物流客户开发的能力
- 具备与物流客户谈判的能力
- 能根据物流客户生命周期阶段，灵活制定适配各阶段的个性化运营策略

### 素质目标
- 培养坚韧不拔、持之以恒的敬业精神，以应对开发客户过程中的重重挑战
- 拜访客户时穿着得体、善于沟通、注重细节、保护客户隐私
- 创新驱动发展、数据洞察需求、精准服务客户
- 培育敏锐感知力，洞察物流客户各阶段变化，科学制定策略。

## 应知部分

### 单元一　物流客户定义及分类

**重难点**：物流客户的分类标准

## 📋 引导案例

### 顺丰医药冷链服务：追求精益求精、尽显责任担当

顺丰作为中国及亚洲最大、全球第四大综合物流服务提供商，始终秉持着党的二十大精神、践行着社会主义核心价值观。

顺丰在医药冷链服务领域不断创新，追求精益求精、尽显责任担当。顺丰为医药客户委托的冷链药品（如胰岛素、血液制品、抗癌药品）、诊断试剂、生物样本等提供多种温区运输（0～30℃、2～25℃、2～8℃、15～25℃、-15～-25℃、-40～-90℃等）、全程精准温控的物流服务。顺丰承诺发货地10千米内商圈，最快2小时内送达；同城配送，上午订单下午送达，下午订单次日送达；省内配送最快次日12:00前送达；邻省配送最快次日18:00前送达。顺丰针对某国内领先医药行业客户，以时效件切入，服务贯穿快递、快运、仓储等一系列物流场景。

顺丰医药冷链服务的成功实践，不仅体现了企业的专业精神、创新能力，更体现了企业的责任担当和社会责任感。

**说一说**：顺丰为什么对国内领先医药行业客户提供一系列服务？

## 一、物流客户的定义

物流客户是相对于物流服务提供者而言的，是对所有接受产品或服务的组织和个人的统称。从狭义上来讲，物流客户是指需要采购物流服务的客户，他们可以对物流公司提出精确、专业的物流需求。从广义上来讲，物流客户不仅包括物流服务需求者，还包括产品消费者、物流服务供应商，以及与物流企业有关的股东、雇员、顾客、合作者、政府官员、社区居民等，他们之间在物流服务方面相互影响，并且都能受益于物流服务的提升。

## 二、物流客户的分类及分类意义

### 1. 物流客户的分类

物流客户可以根据不同的标准进行分类，以下是常见的分类标准：

（1）按照服务对象的性质分类。按照服务对象的性质可将物流客户分为个体型客户和组织型客户。

个体型客户是指由于个人或家庭的需要而购买物流产品或服务的最终消费者，它主要是由个人或家庭购买者组成。组织型客户是指一定的正式组织机构，以组织的名义，因组织的运作需要而购买某种物流产品或服务的对象。它一般由一系列组织单位或团体机构等组成，如政府、学校等机构需要的物流服务。

（2）按照业务关系分类。按照业务关系可将物流客户分为交易型客户、合同型客户和联盟型客户。

1）交易型客户是指物流企业与客户的关系是建立在一次交易或一系列独立交易的基础上。这种关系的客户数量较多且需求具有随机性，需求的数量和水平难以准确预测。在管理这类客户时，第三方物流企业应强调客户服务能力的柔性化，在客户满意和物流成本之间寻找良好的平衡。

2）合同型客户是指物流企业与客户的关系是根据一种具体的情况确立的合同关系，并在合同的指导下满足客户的要求。由于这种关系是在合同的具体指导下，因此客户需要的服务水平和数量可以比较准确地预测。在为这类客户服务时，第三方物流企业只要确保服务过程的稳定性和可靠性，就可以使客户满意。

3）联盟型客户是指物流企业与客户的关系是一种为实现共同的利益、目标和战略有计划的持久性合作关系。在管理这种客户关系时，第三方物流企业应该加强与客户的互动沟通，充分认识和发掘客户深层次的需求，为客户提供个性化的服务，帮助客户达到预定的战略目标。

（3）按照重要程度分类。按照重要程度可将物流客户分为A类客户、B类客户和C类客户，如图5-1所示。

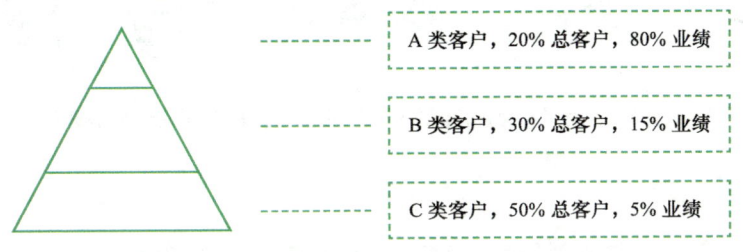

图5-1 ABC分类法

A类客户又称为重点客户或关键客户。这类物流客户一般仅占企业客户总数的20%，为企业创造的业绩占企业总业绩的80%。企业需要重点关注这类客户。

B类客户又称普通客户。这类物流客户一般占企业总数的30%，创造15%的业绩。普通客户包含的客户数量较大，企业只需要提供常规服务，不需要特殊关照。

C类客户又称小客户。小客户是客户金字塔中最底层的客户，是除了关键客户、普通客户外剩下的50%的客户。虽然小客户数量很大，但只创造5%的业绩。对于这类客户，企业只要维持基本的服务即可。

综上，A类客户占比20%，但为企业创造80%的利润，是利润客户。B类客户、C类客户占比80%，但只为企业创造20%的利润，属于销量客户。销量客户虽然创造的利润少，但是由于其数量庞大，可以为企业分摊更多的固定成本，也能起到很好的宣传作用。

（4）按照客户成熟度分类。按照客户成熟度可将物流客户分为现实客户和潜在客户。

1）现实客户又称为显性客户，是指有购买能力和购买动机的客户，是能为物流企业创造现实利益的个人或群体。这类客户一般具备四个条件：①有购买动机或需求；②有足够的消费能力；③了解物流产品或服务的购买渠道；④能为物流企业带来即时收入。

2）潜在客户又称准客户或隐性客户，是指由于各种原因暂时不能接受物流产品或服务，但是能为物流企业创造潜在收益的个人或群体。这类客户一般有以下四个特征：①目前预算有限，暂时不具备消费能力；②可能具有消费能力，但暂时还没有购买某种物流产品或服务的需求或动机；③可能具有消费能力，也可能具有消费需求，但缺乏商品信息或购买渠道；④此类客户会随着环境或需求的变化，成为个体型客户或组织型客户。

## 2．物流客户分类的意义

（1）不同物流客户给企业创造的价值不同。每个物流客户的购买力、购买欲望、服务成本等不尽相同，每个客户给企业创造的价值是不相同的。

（2）企业资源有限。任何一家企业的资源都是有限的。因此，企业必须把有限的资源价值最大化，不能"眉毛胡子一把抓"。不对物流客户进行分类，把有限资源平均分配到不同价值客户身上的做法欠妥，导致关键客户心理不平衡；企业成本增加、利润降低。

### 3. 提高客户满意度

由于每个物流客户给企业带来的价值不同，他们对企业的预期、满意标准等都是不相同的。关键客户为企业创造的价值更大，他们希望能够得到更贴心的产品和服务，以及更优惠的条件等。

## 单元二 寻找物流客户

**重难点**：MAN 法则；寻找物流客户的方法；物流客户开发流程

### 引导案例

#### 以科技创新为引擎，共筑绿色智慧物流新篇章

在全球智能化、绿色化发展的大背景下，重庆长安民生物流积极响应国家号召，坚持创新驱动、绿色发展，积极寻找客户，致力于为客户提供高效、智能的物流解决方案。

在 2023 年智博会上，重庆长安民生物流针对"智能网联新能源汽车"，携手旗下赛美数智科技公司推出潜伏升顶自动导引车（AGV）、无人驾驶牵引车、网络货运平台、网联化玻纤托盘等数十款科技展品。对于来参观的客户，重庆长安民生物流的专业人员以热情、诚信的态度，向他们介绍公司的智能化技术和解决方案，并就客户关心的问题进行了详细的解答。

重庆长安民生物流积极贯彻创新、协调、绿色、开放、共享的理念，通过智博会这个平台为行业、合作伙伴展示了最新的产品和应用，成功地展示了公司的实力和特色，扩大了公司的知名度和影响力。同时，公司也与众多潜在客户建立了联系，为未来的合作打下了良好的基础。

**说一说**：长安民生物流通过哪种方法寻找客户？

### 一、成为潜在客户的条件

潜在客户是指目前由于各种因素导致还不是企业的客户，未来有可能成为企业的客户。在寻找潜在客户的过程中，可利用 MAN 法则寻找客户。M：Money，代表金钱，即购买能力。A：Authority，代表购买决定权，即能否做主的权力。N：Need，代表需求，即对产品（服务）的需求。但在实际工作中，会碰到表 5-1 中列出的情况，企业应根据不同的情况采取不同的策略。

表 5-1 MAN 分析

| 购买能力 | 购买决定权 | 需求 |
|---|---|---|
| M（有） | A（有） | N（有） |
| m（无） | a（无） | n（无） |

其中：

M+A+N：有望客户，理想的销售对象。

M+A+n：可以接触，配上熟练的销售技术，有成功的希望。
M+a+N：可以接触，并设法找到具有 A 之人（有决定权的人）。
m+A+N：可以接触，需要调查其业务情况、信用条件等给予融资。
m+a+N：可以接触，应长期观察、培养，使之具备另一条件。
m+A+n：可以接触，应长期观察、培养，使之具备另一条件。
M+a+n：可以接触，应长期观察、培养，使之具备另一条件。
m+a+n：非客户，停止接触。

由此可见，在潜在客户欠缺了某一条件（如购买能力、需求或购买决定权）的情况下，仍然可以开发，只要应用适当的策略，便能使其成为企业的客户。

## 二、寻找物流客户的方法

### 1. 介绍法

介绍法是指通过他人的介绍来寻找有可能购买的客户的一种方法。特别是老客户的推荐和介绍，可以让企业更容易地获得新客户的信任和认可。人与人之间有着普遍的交往与联系，消费需求和购买动机常常相互影响；商业伙伴也可以帮助介绍和推荐，大家处于同一利益链中，因同伴意识而互相照顾。此类方法的优点是可行性和可靠性较高，信息比较准确、有用。此类方法的缺点是客户是否介绍取决于个人意愿，客源不稳定；企业不了解所介绍的客户的情况，事先难以做出准备和安排。

### 2. 网络寻找法

网络寻找法，即借助互联网宣传、介绍自己的产品，从而寻找客户的方法。企业可以根据自己的经营范围登录专业网站，浏览国内外的需求信息，并与这些有需求的客户联系，还可以在网上发布供应信息，吸引客户，进而积累客户资源。企业可以登录专门的商务网站，如顺企网、丰拓云等挖掘和开发客户，还可以进入聊天室，广交海内外的朋友，从中寻找客户。企业可以自建网页、微博、微信公众号，吸引和方便潜在的客户主动与自己联系。

> **小案例**
>
> 丰拓云隶属顺丰科技有限公司（简称顺丰科技），是依托顺丰科技强大的数据能力及业务洞察，推出的一款专业助力公司销售人员寻找上下游客户的拓客工具，助力企业销售精准、快速触达潜在客户，提升企业营业额。

### 3. 参加展会

通过参加各种形式的展会吸引或多或少的潜在客户来参加。一般来说，花时间来参加展会的人都是同行业的或对参展企业提供的产品或服务有需求的。参加展会需要提前做好准备，了解展会的主题、参展商名单、展位分布、活动安排等；选择一个适合的展位，并设计展位布局和展示内容；准备宣传资料，如产品手册、名片、样品等；着装得体，以展现专业形象和品牌形象；积极参与如论坛、讲座、演示等活动；记录信息，如客户姓名、公司名称、需求和意向等；展会结束后，清理展位，收拾好宣传资料和样品，保持良好的职业道德和环保意识。

参加展会存在成本高、时间安排紧张、参与人数限制、效果不确定性和竞争激烈等缺点。在展会上寻找客户要多加对比，及时留下对方的联系方式，为以后的拜访、洽谈等奠定基础。

#### 4. 广告

广告是指通过一定的媒体，如电视、报纸、广播、网络等，以付费的形式向公众传递信息的一种方式。广告可以包括文字、图像、音频和视频等多种形式，旨在引起受众的注意、兴趣、记忆和行动。利用广告寻找客户是一种有效吸引潜在客户的方式，可以提高品牌知名度和认知度，但这种方法针对性不强，客户反馈也不一定多。

> **小案例**
>
> 京东物流是我国领先的技术驱动的供应链解决方案及物流服务商，拥有覆盖全国的配送网络，努力为客户提供有速度、更有温度的物流服务公司。公司制定的怪毛衣广告，以红线为切入点，以京东物流速度和温度为宣传点。广告讲述了奶奶努力学习潮流文化，给孙女织出时髦毛衣后，为了确保在除夕当天能够将毛衣准时送达孙女手中，选择了京东物流快递。京东物流不负众望，快递小哥历时一天就将织好的毛衣在除夕当天送到了孙女手中。这则广告，成功地吸引了那些注重物流服务及时效的消费者，扩大了品牌知名度和影响力。

#### 5. 电话

电话寻找法是指以打电话给目标客户的形式来寻找客户的方法，包括传统电话和 AI 电话。

传统电话寻找客户是一种通过直接拨打电话来接触潜在客户并推销产品或服务的方法，需要充分的准备、明确的目标、专业的态度、有效的沟通技巧、持续的跟进和优化、强大的抗压力。只有这样，才能在竞争激烈的市场中脱颖而出，赢得更多客户的信任和支持。传统电话寻找客户一次性成功的概率较小，被拒绝后不要灰心，可征求客户意见，添加对方的微信，从而获得再次开发客户的机会。

随着人工智能技术的不断发展，AI 电话机器人应用越来越广泛。AI 电话机器人能批量导入号码自动拨打，基于 ASR 和 NLP 算法智能识别客户意图，模拟真人自动交流，自动记录通话过程，对客户分类识别，初步筛选出意向客户，给到销售业务进一步跟进，以提升销售成单效率。AI 电话机器人具备高效、低成本、提升客户体验、数据驱动决策，以及自动化与个性化营销等多种优势，为企业带来了更多的商机和收益。

> **素养提升**
>
> **图灵 AI 电销系统：重塑企业营销新生态**
>
> 图灵 AI 电销系统支持全程 AI、AI 转人工、接通转人工、开场白后转人工，这四种外呼模式。该系统每天的外呼触达量高达 1 000 次，极大地提高了销售效率并降低了人工成本。经过数据测算，其线索转化比稳定在 5% 左右，每天大约能提供 10～20 个意向客户。对于企业希望培训员工、锻炼销售话术的需求，图灵 AI 电销系统同样能够满足。员工无须购买电话卡，只须佩戴耳机，系统即可自动拨号，接通后由销售人员与客户进行对话。所有客户对话过程均实时录音留存，极大地便利了培训、复盘等工作。
>
> AI 拓客作为新质生产力的一个典型应用，推动了企业营销模式的创新与变革。随着人工智能技术的不断发展和应用，AI 拓客将在更多领域展现出其巨大的潜力和价值。

#### 6．登门拜访

登门拜访客户是一种重要的商业交往方式，可以建立良好的人际关系和业务关系。在拜访客户时要注意以下几点：提前预约、准备充分、注意礼仪、留下深刻印象、确定下一步计划等。

> **小案例**
>
> 工作人员小王看到某物流车队客户进站购买尾气净化液，就记下了对方的电话。公司在某次会议上，要求工作人员寻找新的客户。小王就拨通了该物流车队联系人的电话。通过电话交流，小王得知物流车队有意向去价格优惠大一点的油品供应商那里办卡加油，于是想让他们成为自己的客户。小王做了很多调研，了解到该物流车队单位仓库较小，上次购买的 5 吨尾气净化液还没有找到地方存放。小王立即把该情况汇报给了上级领导，在得到上级领导的批示后，她再次拨通该物流车队的电话，表示要登门拜访，一是介绍他们公司的油品质量和具体的优惠政策，二是表示加油站可以腾出一间闲置房存放物流车队没有地方放的尾气净化液，并保证随用随时送货。此方案得到了物流车队的支持，最终选择了该加油站办理了单位卡，首次充值 11 万元，每月消费金额达到 5 万元以上，双方达到了互利共赢的局面。

#### 7．邮件

邮件寻找客户是一种通过发送邮件来联系潜在客户的方式，包括传统邮件和 AI 邮件。

（1）传统邮件指的是通过邮政系统或电子邮件客户端（如 Outlook、Gmail 等）发送的未经自动化处理的邮件。这类邮件通常由人工编写、编辑和发送，内容、格式和发送时间等均依赖人的判断和操作。

（2）AI 邮件是指利用人工智能技术（如机器学习、自然语言处理等）自动生成、优化和发送的邮件。AI 邮件可以基于用户数据、行为模式和偏好等信息，实现邮件内容的个性化定制、发送时机的智能选择以及邮件效果的实时评估等功能。

> **小案例**
>
> 超迹 AI·全球拓客的邮箱数据整合了全球网站、营销活动、客户服务、行业报告等多方面的信息，能够智能分析电子邮件地址、电子邮件主题、发件人信息、邮件内容等信息，支持所有邮箱的统一邮件管理，如收件、发件、标记等功能。

### 三、开发物流客户的基本流程

开发物流客户的基本流程如图 5-2 所示。

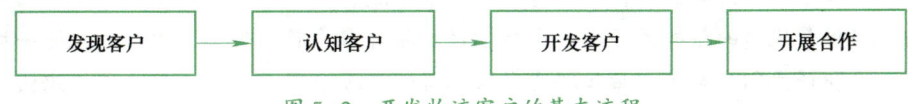

图 5-2　开发物流客户的基本流程

#### 1．发现客户

物流企业要促使企业的业务人员通过上门拜访、朋友介绍、参加展会、广告业务等方式，寻找可能合作的客户。在这个环节中，业务人员敬业的态度及沟通的方法将是成功的关键。

### 2. 认知客户

在发现目标客户后，要对客户进行进一步的了解和认识。首先要了解目标客户的企业性质，如是国有企业，还是民营企业。其次要了解客户对服务有什么要求，企业能否提供对应的产品或服务。最后要了解目标客户的潜力，并寻找建立合作关系的可能性。对客户的认知程度越高，越有利于有效开发客户。

### 3. 开发客户

在充分认知客户后，就要尽快开展企业的营销工作。据统计，很多客户开发都是因为无法接触客户而终止。企业的知名度越高，越容易接触到客户。中小型企业接触客户的难度往往较大，所以需要找准客户的需求，选择正确的接触方式。接触客户后，开发客户的成败将取决于企业所提供的服务和报价，以及业务人员的营销水平。

### 4. 开展合作

在开发客户后，企业就要寻求合作的机会。如果成功开发客户，企业就要与客户之间洽谈协议、合同、服务、报价等相关细节。企业必须重视第一次合作，为客户提供好的产品和服务，这样才能为长期合作奠定基础，提高客户的忠诚度。如果开发客户失败，企业必须寻找原因、积累经验，下一次面对同类型客户时不犯同样的错误。

## 单元三 接近物流客户

**重难点**：约见物流客户的方法；接近物流客户的技巧；拜访物流客户的准备工作、流程

### 引导案例

#### 诚信为本，敬业为先

小赵初入物流行业，每天要打很多电话去约见物流客户。在电话约谈中，他发现许多物流客户对于物流服务有着严格的要求，不仅仅是价格和时效，更重要的是可靠性和稳定性。于是，他下定决心，要从物流客户的需求出发，不断提升自己的专业素养和服务水平。

为了更好地了解物流客户的需求，小赵经常深入市场调研，与他们面对面交流。他始终保持真诚态度，坦诚地介绍公司的优势和特点，同时也客观地分析存在的不足和改进的方向。

小赵对工作充满热情和执着，认真对待每一个物流客户、每一个订单和每一个细节，努力为物流客户提供最优质的服务。一次，小赵在拜访物流客户时发现其需要加急配送一批货物。因此，小赵立即说他们公司可以帮忙解决。在征得物流客户同意后，小赵立即组织团队进行紧急处理，亲自协调各个环节，确保货物能够按时送达。最终，在小赵和团队的共同努力下，货物按时送达，客户对小赵的敬业精神和专业能力赞不绝口。

小赵的故事在公司内部传为佳话，他成为许多同事学习的榜样。他的诚信经营和敬业精神不仅赢得了物流客户的信任和尊重，更为公司带来了更多的合作机会和发展空间。在小赵的带

领下,公司的物流客户市场不断拓展,业务规模不断壮大。

说一说:小赵的诚信和敬业价值观是如何在拜访客户中体现出来的?

## 一、约见物流客户的方法

物流市场人员在寻找完物流客户后,就进入下一个阶段:接近物流客户。所谓接近物流客户,是指物流市场人员为了同目标客户进行洽谈,而对其进行初步的接触或再次访问。接近物流客户是物流市场人员正式开展面谈的前提,是整个开发过程的一个重要环节。接近物流客户(简称客户)是否成功,直接关系到整个开发工作的成败。

### 1. 电话约见

物流市场人员在电话拜访过程中,要调整好声音、语气、心情,争取给客户留下好印象。物流市场人员在打电话邀约客户前,一定要收集客户资料、了解客户潜在需求、找出关键人物、理解客户的长远目标;打电话过程中要表明身份及邀约目的,尽量不要讨论细节,即使被客户拒绝,也要从容面对。

> **素养提升**
>
> 客户至上,诚信为基
>
> 物流市场人员:"王总,您好,请问您现在有时间吗?我是××公司的小红。"
>
> 王总:"您好,请问有什么事吗?"
>
> 物流市场人员:"王总,我们有一款物流系统软件,能够极大地提升工作效率,您看什么时候有时间我过去拜访您。"
>
> 王总:"我知道你们公司。据了解,你们的物流系统软件不太好用。"
>
> 物流市场人员:"王总,您的反馈对我们至关重要,我衷心感谢您能直言不讳。确实,在日新月异的科技行业,我们深知没有一劳永逸的完美产品,但我们始终致力于追求卓越,不断迭代升级以优化用户体验。为此,我们计划近期为客户举办一系列专项培训,旨在显著提升软件操作效率,诚邀您参加。会上,我将亲自演示物流系统的最新升级,分享实际应用中的成功案例,并详细介绍我们如何灵活定制解决方案以满足客户的独特需求。我诚挚邀请您提出宝贵的意见和建议,我们定将全力以赴,共同探索最佳解决方案。王总,您看什么时候有时间?"
>
> 王总:"好的,这周三有时间。"
>
> 物流市场人员:"非常感谢王总给的机会,那周三见。"
>
> 物流市场人员秉持客户至上、诚信为基的原则,细致解答客户的疑问,既维护了公司的形象,又成功约见了客户。

### 2. 当面约见

物流市场人员直接与潜在客户进行面对面的交流,以了解他们的需求、介绍产品或服务,建立信任关系并最终达成目标。这种约见简便易行,是一种较为理想的约见方式。物流市场人员通过这一约见方式不仅对客户有所了解,而且便于双向沟通,缩短彼此的距离,易达成有关约见的时间、地点等事宜。在许多场合,当面约见是在客户不知其事,在毫无准备的情况下进行的。物流市场人员根据事先得到的信息按照对方的单位地址，不经事先预约突然上门当面求见，因此难免会干扰客户的工作，占用客户的时间。为此，一些物流市场人员会遇到对方的冷遇、怠慢，有时少数客户还故意安排秘书、助手挡驾，给物流市场人员设置各种求见障碍。物流市场人员如何排除当面约见时客户的消极态度，使双方的洽谈有一个良好的开端，是摆在每个物流市场人员面前的一道难题。因此，物流市场人员在具体使用这一方式时，需要察言观色，随机应变，灵活运用一些技巧，以保证约见工作的顺利完成。

### 3．委托约见

委托约见是指物流市场人员委托第三者约见客户的方式，也称托约。委托的第三者，可以是物流市场人员的同学、师生、同事、亲戚、朋友、上司、同行、秘书、邻居等，也可以是各种中介机构。委托约见可以借助第三者与客户的特殊关系，克服目标客户对陌生物流客服人员的戒备心理，取得目标客户的信任与合作，有利于进一步接触与洽谈。但是，托约也有一定的限制：一是物流客服人员不可能拥有众多的亲友、熟人；二是自己的好友未必与目标客户有交情；三是托约要答谢人情，而且环节较多，如果所托之人与自己的关系或与目标客户的关系较一般，有时还会误事。因此，运用此方法特别要注意真正了解第三者与客户的关系如何。

### 4．社交媒体约见

通过社交媒体约见物流客户是一种现代且高效的营销手段，它能够帮助企业更直接地触达潜在客户，并建立起初步的联系。企业要选择合适的社交媒体平台，如微博、微信、抖音、小红书等。微信作为一款功能强大的聊天软件，其便捷性和普及度使它成为约见客户的重要工具。在初步接触前，物流市场人员要在节假日进行问候，浏览、点赞客户的微信朋友圈，了解他们的兴趣爱好、工作领域或近期动态，以便找到共同话题或切入点。提出邀约时，物流市场人员要明确说明约见的目的，可以为双方带来哪些价值。即使客户此次没有接受邀约，都要及时回复并表达感谢，并继续保持联系。

上述约见方法各有利弊，物流市场人员在实际工作中要因人而异、因事而异、因时而异。

## 二、接近物流客户的技巧

### 1．利益接近法

利益接近法是指物流市场人员从客户利益角度出发，向客户介绍物流产品或服务的利益、好处，从而激发客户购买。主要方式是直接陈述。客户之所以购买物流产品或服务，是因为它能给自己带来一些实质性的利益或解决实质性的问题，如节省成本、增加利润、提高工作效率等。产品的价值可以证明它能取信于客户。

> **小案例**
>
> 某物流公司业务员："黄总，比起其他的物流包装机器，我们这种型号的机器能提高40%的生产效率，维护也简单，能节省大量成本。您知道吗？"他先唤起客户的注意力，然后再接着说："您是否要看有关的比较数据？"这么问，大部分客户不得不说好。

### 2．问题接近法

问题接近法是指物流市场人员通过向客户提问的方式去接近客户。物流市场人员可以首先提出一个问题，然后根据客户的实际反应再提出其他问题，以接近对方。也可以开头就提出一连串问题，使对方无法回避。物流市场人员提问一定要突出重点，抓住客户最关心的问题，把发问的重点放在客户感兴趣的主要利益上。物流市场人员在向对方提问题时，必须语气恳切，明确具体，不可含混不清、模棱两可。

> **小案例**
>
> 一位物流市场人员问客户："如果我们送给您一套物流软件，免费使用三个月，您会使用吗？""如果使用后觉得很有收获，您会乐意买下吗？""如果您发现此软件对公司业务没有任何帮助，请告诉我好吗？"这位物流市场人员连续提出三个问题使对方无法回避，也使一般的客户几乎找不出说"不"的理由，从而达到了接近客户的目的。

### 3. 介绍接近法

介绍接近法是指物流市场人员通过自我介绍或经由第三者介绍而接近目标客户的一种方法。自我介绍中要尊重客户，使用介绍信、名片、工作证、身份证、委托书等表明自己的身份。他人介绍中，要寻找可信的第三者介绍，如同学、老师、领导、熟人等，介绍人越具有可信度，成功接近客户的概率越大。

在使用这种方法时，需要在介绍的过程中吸引目标客户的注意力，并自然地过渡到产品或服务的展示和推销过程。

> **小案例**
>
> 物流市场人员："张总，您好，我是A公司的代表。您的朋友也就是B公司的黄总在使用了我公司的产品后，大大提高了物流效率，降低了成本。因此，他得知我在拜访客户，就向我推荐了您。今天，我想向您介绍我们的最新产品。"
>
> 客户："好的，请继续。"
>
> 物流市场人员："我们这款自动导引车具有独特的功能和优势，能够极大地提高仓库的工作效率。让我给您展示一下产品的特点和功能。"

### 4. 赞美接近法

赞美接近法是指物流市场人员通过赞美客户来达到接近目的的一种方法。人都是喜欢被他人赞美的。赞美客户要本着尊重客户的原则，讲究赞美的方式和方法，真心实意，态度诚恳，语气真挚。赞美要恰如其分，有感而发，使客户在一种自然亲切的气氛中接受赞美。赞美切忌信口开河、溜须拍马、胡吹乱捧，让人觉得虚情假意，无端夸大。

> **小案例**
>
> 小王是物流公司的业务开发人员，她的一位客户是一家新兴公司的创始人，在市场上口碑不错。在与客户会面时，小王开始赞美这位客户，佩服他的创新精神、领导能力和商业眼光，并认为他的公司拥有良好的发展前景。客户听到中肯的赞美后非常高兴，并询问了更多关于物流服务的信息。小王利用这个机会向客户介绍了公司的专业服务和优势，并解释了其如何与客户的业务目标相匹配。

### 5. 请教接近法

请教接近法是指物流市场人员利用慕名拜访客户或向客户请教问题的机会来达到接近客户目的的一种方法。这种方法尤其适合那些个性较强，有一定学识、身份和地位的客户。在运用此方法时，物流市场人员应该谦虚、诚恳、多听少说；请教在前，营销在后。

> **小案例**
>
> 小王是一位物流公司的市场开发人员，正在试图向一家大型零售公司营销物流服务。小王得知这家公司非常注重供应链效率和成本控制，并已经在物流领域取得了一些卓越的业绩。在会面时，小王首先表达了她对这家公司的成就和物流业务的敬意。然后询问了公司的物流运作方式、成功经验，以及物流方面的主要挑战。最后，小王提出了一些有关如何改善他们的物流运作和提高效率的建议，并表示愿意提供一些物流解决方案来解决他们面临的主要挑战。

### 6. 好奇接近法

好奇接近法是指物流市场人员利用客户的好奇心理来达到接近客户目的的一种方法。好奇接近法正是利用了人们的好奇心理，引起买方对物流产品或服务的关注和兴趣，促使面谈顺利进行。

### 7. 演示接近法

演示接近法是指利用现场演示的方法来达到接近客户目的的一种方法。通过演示，将物流产品的性能、特色展示出来，让客户对产品有一个直观的了解，是介绍产品、说服客户的好方法，常常能将客户心动变为行动，达到成交的目的。如果现场不方便演示，可以提前录制视频，让客户看到使用产品的效果。

> **小案例**
>
> 小王是一位物流公司的市场开发人员，她了解到某制造商正在寻找一种更高效和可靠的物流解决方案。在会面时，小王通过提前录制的VR视频向客户展示了他们公司的物流技术，如自动化、智能化和可视化技术，以证明他们的服务如何能够提高供应链的透明度和效率。

### 8. 调查接近法

调查接近法是指物流市场人员利用机会对客户进行调查研究来达到接近客户目的的一种方法。这种方法要求物流市场人员可以依据事先编好的问卷，征询客户的意见、真实需求等，再从问卷转为物流产品或服务的推广。在运用调查接近法时，调查内容要明确、要有针对性、要保持和物流产品的关联性，保证在调查之中达到营销物流产品的目的。

> **小案例**
>
> 某公司想了解目前运输市场上对运输单处理的需求，制作了调查问卷，并深入运输公司和竞争对手进行了调研。公司通过调研开发了相应的软件，并和学校一起开发了产教融合项目，运输单业务由学生来处理。该公司在拜访客户时既向客户介绍了软件，也向客户介绍了产教融合项目，从而拿到了一些和央企合作的项目。

除了前面介绍的几种方法外，还有讨论接近法、产品接近法等。物流市场人员应根据实际情况选择有效接近客户的方法，以取得接近客户的成功。

### 三、拜访物流客户

拜访是指企业为了收集信息、确认需求、加强联络、改善沟通而采取的活动。拜访客户是提升销售业绩的重要砝码。只有在拜访客户前、拜访客户中以及拜访客户后做好充足的准备，才能够实现获得新客户、维持客户关系、解决客户问题等目标。

#### 1. 拜访物流客户的准备工作

拜访物流客户的准备工作见表 5-2。

表 5-2 拜访物流客户的准备工作

| 准备工作事项 | 具体内容 |
| --- | --- |
| 提前了解客户相关信息 | 个体客户：姓名、性别、职位、年龄、兴趣爱好、地址、联络方式、家庭情况、信誉等<br>团体客户：基本情况、地址、负责人联系方式、业务情况、挑战和需求等<br>客户类型：老客户、新客户或大客户、小客户等 |
| 制订拜访计划 | 双方共同确定拜访人数、拜访时间、拜访地点、拜访主题、拜访身份匹配等 |
| 熟悉公司的产品、服务 | 全面熟悉此次拜访要介绍的产品、服务；了解企业历史、企业文化、企业经营状况等 |
| 准备拜访资料 | 公司宣传资料、个人名片、工作证、介绍信、笔记本电脑、笔记本、产品报价单、合同文本、预收定金凭证、竞争对手资料等 |
| 注重职业礼仪 | 遵守时间约定、着装得体、握手讲究、座次讲究、乘车礼仪、中餐礼仪、递交名片规范、站姿和坐姿规范、学会倾听、会议记录等 |

中餐礼仪

乘车礼仪

名片礼仪

#### 2. 拜访物流客户的流程

（1）自我介绍。拜访客户的自我介绍非常重要，它是建立互信和推进关系的第一步。作为拜访者要用礼貌和友好的语言，简明扼要地表明此次拜访的目的：如您好，我是某公司的代表，今天来是想和您聊一聊……并递交名片，感谢对方给予的见面机会。

（2）了解需求。了解客户物流服务方面的现实需求和心理需求是提供有效的物流服务的关键。物流市场人员通过询问客户需求、倾听客户意见、提供定制化服务、定期沟通和关注客户反馈，可以更好地理解客户需求，提高客户满意度。

（3）介绍产品和服务。拜访人员可采用 FABE 模式介绍产品和服务。使用这种模式介绍产品和服务，拜访人员可以让客户更好地理解产品或服务的优点，以及这些产品或服务如何满足他们的特定需求。

另外，在拜访客户过程中要及时递交公司介绍、产品说明书、产品报价等资料。通过双向式沟通，让客户初步了解自己的公司及其产品和服务，拜访人员了解客户的现状并力图发现客户的潜在需求。FABE 模式举例见表 5-3。

表 5-3　FABE 模式举例

| | |
|---|---|
| Feature（特征） | 产品或服务的特定部分，如设计、功能、材料等 |
| Advantage（优势） | 产品或服务相比其他相似产品或服务所具有的优势 |
| Benefit（利益） | 产品或服务如何满足客户的需求，给其带来的实际好处 |
| Evidence（证据） | 证明产品或服务有效性的证据，如用户推荐、报告或演示 |

### 小案例

场景：一家物流公司的展厅

销售人员（S）："您好，请问您对我们公司的物流服务感兴趣吗？"

客户（C）："是的，我正在寻找一家可靠的物流公司来运输公司的货物。"

销售人员（S）："我们公司有一款物流产品，可以帮助您解决这个问题。这款产品具有四个主要的特征：快速、可靠、安全和价格合理。"

客户（C）："听起来不错，你能详细介绍一下吗？"

销售人员（S）："当然可以。首先，我们的物流产品具有快速的特点。我们拥有广泛的运输网络和先进的物流技术，可以确保您的货物在短时间内到达目的地。其次，可靠方面：我们的物流产品具有高度的可靠性和稳定性。无论您的货物数量多少，我们都可以按时按量地完成运输任务，避免了传统物流中可能出现的问题。再次，安全方面：我们的物流产品具有高度的安全性，对货物的运输过程进行全程监控，确保每一件货物都能安全到达目的地。此外，我们还提供了全面的保险服务，进一步保障了您的货物安全。最后，价格合理方面：虽然我们的物流产品拥有这么多的优点，但我们的价格并不高。我们提供多种套餐选择，您可以根据自己的需求选择最适合的套餐。"

客户（C）："听起来很不错，那这款产品有客户使用吗？客户满意度如何？"

销售人员（S）："我们的物流产品已经得到了广大客户的好评。某大型跨国公司非常满意我公司的物流产品。他们认为我们的产品快速、可靠、安全且价格合理，帮助他们解决了许多物流问题。此外，我们还提供了一些客户的推荐信和评价，您可以进一步了解我们的服务。"

客户（C）："好的，我明白了。你们的物流产品确实很符合我的需求，我决定选择你们作为我的物流服务提供商。"

销售人员（S）："非常感谢您对我们的信任和支持，我们会竭尽全力为您提供最优质的服务。如果您有任何问题或需要进一步了解我们的服务，请随时联系我们。"

（4）总结拜访效果。总结拜访效果可以帮助公司更好地了解物流客户的需求和问题，制定更加精准的方案，增强客户对公司的信任度和忠诚度。总结拜访效果包括回顾会面内容、分析客户的反馈、总结经验和教训、跟进客户需求、记录拜访结果。

（5）撰写客户拜访纪要。撰写客户拜访纪要，记录客户的拜访过程及结果，防止遗漏细节。拜访纪要中应写明拜访时间、拜访地点、受访人及职务、具体需求，以及谈话过程中遇到的问题及相应解决方案,并制订下一次拜访计划。客户拜访纪要见表 5-4,可采用多种形式进行记录。

表 5-4 客户拜访纪要

| 项目 | 内容 |
| --- | --- |
| 时间 | |
| 地点 | |
| 公司介绍 | |
| 与会者及职务 | |
| 拜访目的 | |
| 拜访议题 | |
| 讨论内容 | |
| 问题及解决方案 | |
| 参与人分工明细 | |
| 时间推进计划 | |
| 拜访总结 | |
| 下一步工作计划 | |
| 备注 | |

## 单元四 物流客户谈判及跟进

**重难点**:谈判策略;客户跟进策略

### 引导案例

**物流中心仓储服务外包团队**

2020 年,A 集团有限责任公司领导、职工代表、生产运营部、财务部、规划招商办共 7 人组成谈判小组,在 A 集团有限责任公司二会议室组织"物流中心仓储服务外包团队"商务谈判。有 11 家仓储服务企业投递资料、参与商务谈判,A 集团有限责任公司监事办对商务谈判全过程进行了监督。

商务谈判由 A 集团党委委员、物流分管领导亲自主持。在为期两天的谈判中,共有 11 家仓储服务企业积极参与,其分别介绍了各自的企业资源、主营业务优势、人员配置情况,并针对仓储服务外包项目提出了详细的运营思路和综合报价。

谈判小组针对各企业提出的问题进行了耐心、细致的解答,并详细介绍了物流中心的铁路运行、仓储管理、设施设备、装卸作业、岗位设置等关键环节的内容和要求。双方重点就合作模式、管理要求、合同条款,以及资源配置等核心议题进行了深入的商务谈判。通过这一系列的交流和讨论,参与谈判的仓储服务企业对合作场地条件、运行环节的成本等有了更加清晰的认识和理解。

在首轮谈判结束后，11家企业根据谈判小组提供的反馈和自身情况，分别进行了仓储服务外包费用的第二次报价。这一环节进一步体现了各企业对合作的诚意和灵活性。

针对后续工作，谈判小组组长做出了明确的安排和部署。他要求以本次商务谈判为基础，结合物流中心的运营模式、服务需求，以及成本控制等因素，对各仓储服务企业进行综合评价并排序。在此基础上，选取前4名企业通过再次商务谈判进行优选，最终确定综合实力最强的两家仓储服务企业作为合作伙伴。

这一安排不仅体现了A集团在选择合作伙伴时的严谨和细致，也充分展示了其对仓储服务外包项目的高度重视和期待。通过此次商务谈判，A集团有望与优质的仓储服务企业建立长期稳定的合作关系，共同推动物流中心的发展壮大。

说一说：在谈判中，如何突出公司的综合实力？

## 一、谈判的含义

世界谈判大师赫伯·寇恩说："人生就是一张谈判桌，不管喜欢不喜欢，你已经置身其中了。"谈判是指在两方或更多方之间进行交流、协商和妥协的过程，旨在解决某个问题或达成某种协议。谈判通常涉及利益、权利、资源、立场等方面的交换和分享，需要谈判者具备灵活、敏锐、耐心和技巧等能力。

## 二、谈判的策略

谈判是实力与智慧的较量、学识与口才的较量、魅力与演技的较量。谈判体现了个人的内在修养、专业素质和综合素质。在这个过程中，谈判人员如果能恰到好处地运用一些策略和技巧，就会对整个谈判结果产生重要乃至关键性的影响。谈判过程涉及三个环节：开局阶段、磋商阶段、签约阶段。每个阶段都有其相应的策略。

### 1. 开局阶段

"良好的开端是成功的一半。"开局阶段是为整个谈判奠定基调的阶段。经验证明，这个阶段所创造的气氛会对谈判的全过程产生影响。因此，谈判人员在这个阶段的首要任务就是为谈判营造一个合适的气氛，为后续的谈判打下良好的基础。

（1）协商式开局策略。协商式开局策略是指在谈判开始时，以"协商"的方式，使对方对自己产生好感，营造或建立起对谈判的"一致"的感觉，从而使谈判双方在愉快、友好的气氛中不断将谈判引向深入。例如，在谈判开始时，以一种协商的口吻来征求谈判对手的意见，然后对其意见表示赞同或认可，并按照其意见进行工作，或者在谈判开始时以问询方式或补充方式引导谈判对手进入你的既定安排，从而在双方之间达成一种一致或共识。

### 小案例

谈判开始，客户就问AGV的价格。

企业：您对价格指标的关注非常合理，不过考虑到这款AGV的导航精度、续航时长和智能调度系统都是决定使用价值的关键要素，或许我们可以先为您梳理清楚这些技术优势与贵司业务场景的匹配度，这样后续的报价分析会更有针对性。您觉得这样可以吗？

（2）保留式开局策略。保留式开局策略是指在谈判开局时，对谈判对手提出的关键性问题不做彻底、确切的答复，而是有所保留，从而给对手造成神秘感，以吸引对手步入谈判。

> **小案例**
>
> 客户：企业能否提供更优惠的配送价格？
> 企业：我们非常重视与贵公司的合作机会，已针对生鲜冷链业务设计了一套灵活的优惠政策体系。具体优惠幅度将根据合作规模、服务期限及个性化需求动态调整，目前可承诺的是，在同等服务标准下，我们的综合成本优势将显著高于市场平均水平。不过，详细的优惠方案需在双方明确合作框架后进一步细化。

（3）坦诚式开局策略。坦诚式开局策略是指以开诚布公的方式向谈判对手陈述自己的观点或想法，从而为谈判打开局面。采用这种开局策略时，要综合考虑多种因素。例如，自己的身份、与对方的关系、当时的谈判形势等。

（4）进攻式开局策略。进攻式开局策略是指通过语言或行为来表达己方强硬的态度，从而获得谈判对手必要的尊重，并借以制造心理优势，使谈判顺利地进行下去。采用进攻式开局策略一定要谨慎，因为在谈判开局阶段就设法显示自己的实力，使谈判开局就处于剑拔弩张的气氛中，对谈判进一步发展极为不利。

进攻式策略通常适用于以下情境：当客户对我方提出的合作条件已展现出较高认可度，但仍在争取额外优惠。若无法满足其优惠诉求，谈判可能陷入僵局或面临客户流失风险。

> **小案例**
>
> 某大型食品加工企业（G公司）计划与一家托盘供应商（H公司）签订年度托盘租赁协议，用于其全国范围内的冷链物流运输。
> G公司希望将租赁单价压低15%，并要求免费延长3个月租赁期，否则将转向其他供应商。
> H公司采用以退为攻的方式进行回应：当前报价已接近成本红线。若进一步降低条件，我就做不了主了，我需向总部申请特批。据我所知，贵方冷链物流的旺季为6～9月，若因审批流程延误导致托盘供应不足，可能影响终端市场铺货。
> 我们可为贵方提供替代方案：
> 方案A：保持原价，但赠送价值5万元的托盘RFID芯片（实现全流程追溯）。
> 方案B：价格下调5%，但需预付30%资金（降低我方资金压力）。贵方更倾向于哪种方式？
> G公司权衡后，选择"方案A+租赁量增至6 500片"的组合，H公司通过技术附加值替代价格让步，维护了利润率。

### 2. 磋商阶段

磋商阶段主要涉及报价及还价。价格磋商是指谈判双方针对对方的报价和策略使用的提议和相应对策。价格磋商的核心是价格问题，但不仅仅是价格的升降。谈判双方的实力、谈判者的态度和行为、所做准备工作以及所运用的策略等对价格磋商都至关重要。

（1）报价策略。

1）报价时机策略。报价时机策略是指谈判者根据谈判的实际情况，选择最合适的时机提出报价，以增加交易成功的可能性。某客户一来就直接问你们提供的物流系统软件多少钱？那你该不该马上告诉她价格？在谈判开始的时候对方就询问价格，这时最好的策略应当是听而不答。如果对方坚持即时报价，也不能故意拖延；否则，就会使对方感到不受尊重甚至反感，此时应善于采取建设性的态度，把价格同对方可能获得的好处和利益联系起来。例如，物流软件系统有不同的功能，可把最简单功能的最低价格报给客户，吸引客户的兴趣。实践证明，提出报价的最佳时机，一般是客户对商品了解并产生了交易欲望后的询价时，此时报价往往水到渠成。

物流报价策略

2）报价起点策略。报价起点策略即卖方报高价、买方报低价，双方在磋商过程中选择折中价格。若卖方开价高则可能以较高的价格成交，卖方开价低则往往以较低的价格成交。卖方报价高对谈判的最后结果确立了一个上限，为后面对客户让价留有余地，获得更多的利润。买方报价低表明了立场，为价格谈判留有余地，获得更多利润。买卖双方切忌在报价时信口开河，漫天要价，盲目杀价。

> **小案例**
>
> 　　物流公司的小王曾遭遇棘手难题：公司第三个仓库竣工延期，导致客户产品与新生产产品无地存放。为解燃眉之急，物流公司打算临时租用场地，便委托地产中介寻找仓库，提出三个要求——仓库天花板要高、离公司近（运输时间控制在10～15分钟）、能即刻入驻，还表示愿按现行的约每平方米20元租金支付。但中介称附近难寻此价仓库。物流公司小王则说他也在找其他中介，当然我们更愿意在这附近找。但如果价格和条件太离谱的话，我们也会考虑去其他地方看看有没有合适的仓库。事实上，小王并未找其他中介，这只是他谈判的一种策略。
>
> 　　几天后，中介约小王看仓库，小王很满意，双方随即展开谈判。中介提出每平方米40元租金、签约5年的条件，小王说根据调研，周边仓库最多每平方米15元，将谈判焦点引至价格。此后，双方围绕价格激烈争论。最后，中介提出每平方米25元价格就是底线，小王顺水推舟，提出若接受此价则只签一年合同。最终，物流公司以较为优惠的价格和一年的合约期限，成功化解了仓库短缺的难题。

3）报价表达策略。报价无论采取口头或书面方式，表达都必须十分肯定、干脆，似乎不能再做任何变动和没有任何可以商量的余地。"大概""大约""估计"一类含糊的词语都不适宜在报价时使用，因为这会使对方感到报价不实。如果买方表达第三方出价更低，此时可明确说明"一分钱，一分货"，向其介绍该价格对应的具体产品和服务是什么。

4）报价差别策略。报价差别策略就是同一商品由于它的流向、交货期限、购买数量、购买时间、付款方式、交货地点、客户性质等方面的不同，采取同一商品的购销价格不同的策略。老客户为了维护关系可适当给予折扣，新客户为了开拓市场也可给予折扣，需求弹性小的商品就可报高价。

（2）还价策略。

1）投石问路策略。投石问路策略就是要尽可能地了解对方的情况，掌握当我方采取某一步骤时，对方的反应、意图或打算。投石问路策略在还价中，常常是借助"假如……那么……"或者"如果……那么……"的语句来实现。

物流还价策略

例如，物流系统软件确实不错，如果我方和你方签订长期合同，那么你方的价格优惠是多少？

2）吹毛求疵策略。在谈判还价中，谈判一方为了实现自己的利益，专门对对方的提议或产品再三挑剔，提出一堆问题和要求，迫使对方在他身上先做一笔时间和精力的投资，最终争取到讨价还价的机会，但需注意适可而止。

> **小案例**
>
> 某物流运输公司A（以下简称A）需要与一家大型制造企业B（以下简称B）签订一份为期一年的货物运输合同。双方就运输价格、运输时间、货物损失赔偿等问题进行了多轮谈判。B希望能够降低价格，谈判前对A进行了深入研究，发现A在过去的运输过程中存在多次延期交货和货物损失的情况，这些问题给B带来了额外成本和风险。另外，市场上同类运输服务的价格普遍低于A。最后，A不得不让步，同意B提出的运输方案。

3）不开先例策略。不开先例策略是指在谈判中拒绝开先例，坚持要求对方遵守先前的承诺或协议。这种不开先例的策略，对供方来说，是一个可用来搪塞和应付需方所提的不可接受要求的简便方法。

> **小案例**
>
> 某个物流服务提供商在和客户的谈判中，客户提出了一些新的要求，包括更低的运费和更长的免责期。物流服务提供商经过评估后，认为这些要求会对公司产生较大的影响，因此向客户解释了公司一直遵循的规则和政策，并强调了如果开了先例，将会对公司的运营产生不良影响。同时，物流服务提供商还提出了一些替代方案，如增加额外的服务或提供特殊的折扣，以尽可能满足客户的需求。

4）积少成多策略。积少成多策略是谈判中通过增加某个方面的利益，最后聚沙成塔来达到增加总体利益的目的。利用这一策略，就是抓住了人们对"一点儿"不在乎的心理，但不要引起对方的注意，避免在一开始就提出过高的要求，以免引起对方的反感和抵触。例如，客户提出能否增加仓储服务或配送服务？能否增加合作年限或增加合作次数等。

### 3. 签约阶段

在签约阶段，双方开始就具体细节进行商讨，并逐步达成协议。在该阶段有场外交易策略、期限策略、优惠策略、最后让步策略。

（1）场外交易策略。当谈判已经进入成交阶段，双方在大部分议题上已经达成一致，只有个别问题上存在分歧导致难以达成协议时，可以考虑采取场外交易，如举办酒宴等来商讨解决。需要指出的是，场外交易的运用，一定要注意谈判对手的不同习惯。有的国家的商人忌讳在酒席上谈生意。为此必须事先弄清，以防弄巧成拙。

（2）期限策略。双方谈判中，随着截止日期的到来，对方内心的焦虑会与日俱增，特别是当其有尽可能签约的使命时，会显得急躁不安。双方规定一个谈判的截止日期，在截止日期当天可做出适当的让步，让对方有种机不可失的感觉，从而促成交易。

（3）优惠策略。在对方对大部分交易条件不很满意，而价格又较高的情况下，谈判人员想达成交易，可以考虑对方压价的要求，让利给对方，如采用减价、附赠品等方法。

（4）最后让步策略。谈判中经常说：喊价要狠、让步要慢。在签署最终合约之前，谈判双方都需要进行最后一轮报价，在不得不做出让步时，最重要的就是先向对方详细说明让步的理由，让对方了解此次让步做出了很大的牺牲。另外，最后让步时要把握好让步幅度，让步次数不超过3次，并做到让步和要求同时提出。

### 小案例

对方出价10万元，然后让步到95 000元，再到92 000元，再到90 000元。可以看得出来，对方让步的幅度是5 000元、3 000元、2 000元，让步幅度是越来越小的。如果反过来，先让步2 000元，再让步3 000元，再让步5 000元，很容易让对方产生你让步越来越容易的印象，越到后面的谈判，越会认为你还有更多的空间。另外，我们常说事不过三，让步次数最好别超过3次，否则就会被认为没有底线。

### 素养提升

**从价格谈判看合作：诚信为本，莫让利益蒙双眼**

采购方与供应商在经过一系列谈判后，终于初步达成了交易意向。由于时间紧迫，双方开始并行推进合同文本的准备工作，同时，供应商诚挚地邀请采购方出席即将举行的一场政府大型招商会上的签约仪式，意在借此机会公开宣布双方的合作关系，彰显企业的实力和影响力。

然而，就在供应商紧锣密鼓地筹备签约仪式之际，采购方突然提出希望能够将已议定的价格再降低50万元。面对这一要求，供应商感到十分震惊和气愤，认为采购方的行为既缺乏诚信，又显得不够道德。在供应商看来，采购方在初步达成协议后，又提出降价要求，无疑是对他们之前的努力和谈判成果不尊重。

尽管如此，供应商在权衡利弊后，还是做出了让步。他们深知，取消已经筹备多时的签约仪式不仅会错失巨大的宣传机会，更可能对企业声誉造成不可估量的损害。因此，尽管内心不满，供应商还是勉强同意了采购方的降价要求，以换取签约仪式的顺利进行。

然而，这一事件无疑在双方之间埋下了隐患。供应商认为采购方的行为过于强势和不近人情，而采购方则认为供应商在关键时刻的让步是理所当然。为了避免未来合作中出现类似的问题，双方需要在合同正式签订前，就合作原则、沟通机制、争议解决方式等关键问题进行深入的沟通和协商，确保双方能够在平等、尊重、互信的基础上开展长期稳定的合作。

同时，供应商也需要在未来的合作中更加注重自身的权益保护，学会在谈判和合作中设立合理的底线和原则，避免因为一时的妥协而损害自身的长远利益。采购方则需要更加尊重供应商的努力和成果，避免在合作过程中提出不合理的要求，以维护双方的合作关系和企业的声誉。

### 三、客户跟进

#### 1. 客户跟进工作

物流客户跟进工作是一个复杂而细致的过程，是一个至关重要的环节，需要物流人员具备高度的责任心和敬业精神。在跟进过程中需要对客户进行分类、制定跟进规则、及时记录跟进过程、更新客户状态并总结跟进进展。通过不断学习和实践，可以提高物流客户跟进工作的水平，为客户提供更好的服务体验。客户跟进工作流程如图 5-3 所示。

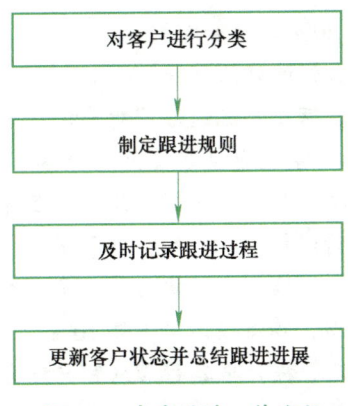

图 5-3　客户跟进工作流程

#### 2. 客户跟进策略

根据不同的客户情况可以将跟进分成三类：服务型跟进、转变型跟进、长远型跟进。

（1）服务型跟进。服务型跟进属于谈判成交后的跟进。例如，在平时或节假日多与客户进行沟通，帮客户做一些工作外的事情，给客户赠送一些小礼物等。

（2）转变型跟进。转变型跟进策略与方式是由客户的态度决定的。有以下几种情况：

1）客户满意产品不满意价格。针对这类客户的跟进，最好是收集同类产品的价格情况，以让客户认可你公司产品的价格，为了达成协议可在原报价的基础上有所下调。

2）客户满意产品但目前缺乏购买资金。对这类客户应与其做好协调，共同制定出一个时间表，让客户把购买公司的产品费用做好预算。

3）客户不了解公司产品但又没明确拒绝公司产品。对这类客户要多介绍产品及产品带来的好处，激发客户的购买欲。

（3）长远型跟进。长远型跟进主要针对对公司产品明确不感兴趣或者已经从其他地方购买了同类产品的客户群体。这类客户不会由于销售人员积极跟进就会采购公司的产品或者与公司合作。针对这类客户，销售人员要保持耐心，持续跟踪，不断对项目或目标进行改进和优化，以提高效率。

# 单元五 物流客户生命周期

**重难点：** 客户生命周期阶段的精准识别；差异化生命周期管理策略的制定；物流客户生命周期的动态性与策略适配性

## 引导案例

### 京东物流的"客户旅程地图"管理

京东物流作为我国领先的供应链服务企业，通过构建精细化的"客户生命周期管理模型"，将用户精准划分为新用户、活跃用户与沉睡用户三类，并针对性设计差异化策略，成功实现用户流失率降低15%、复购率提升20%的显著成效。

#### 一、新用户：降低决策门槛，快速建立信任

针对首次下单的"新用户"，京东物流通过"新手礼包＋即时物流信息推送"组合策略降低决策风险。新用户首次下单后，系统自动触发免运费券＋满减优惠券，并结合其浏览记录推送高频商品的限时优惠，缩短决策路径。例如，某用户在首次购买生鲜时因担心运输损耗放弃下单，但看到"全程冷链＋实时温控追踪"的服务承诺后，立即完成交易。此外，京东App实时推送物流节点信息（如分拣、运输、派送状态），通过透明化服务增强用户信任感。数据显示，新用户首单转化率提升25%，物流投诉率下降10%。

#### 二、活跃用户：深化价值绑定，提升单客LTV（客户终身价值）

对于已建立信任的"活跃用户"，京东物流通过会员体系与高附加值服务提升黏性。PLUS会员可享受免费仓储、优先配送等特权，并基于消费数据推送定制化服务。例如，某母婴用户因频繁购买奶粉被识别为"高价值客户"，自动获得"奶粉破损免费补寄"权益，显著降低其复购犹豫。此外，大促期间为活跃用户提供"预售商品优先发货""夜间配送"等特权，满足紧急需求。数据显示，活跃用户年均消费频次提升30%，客单价增长18%。

#### 三、沉睡用户：精准唤醒与流失拦截

针对连续3个月未下单的"沉睡用户"，京东物流通过分层召回机制激活流失群体。轻度沉睡用户（3个月未下单）收到5元无门槛券＋专属客服回访，解决潜在问题；重度沉睡用户（6个月未下单）则结合历史偏好（如电子产品）推送"以旧换新补贴"或"新品预售特权"。例如，某用户因多次投诉物流延误不再下单，京东通过客服回访发现其核心诉求是"生鲜冷链稳定性"，遂针对性推送"冷链运输可视化升级"服务，成功召回该用户。数据显示，沉睡用户召回率达28%，召回用户复购率比新用户高40%。

#### 四、技术驱动与动态优化

京东物流的精细化运营依托大数据分析与AI算法实现动态监测。通过RFM模型（Recency, Frequency, Monetary）实时评估用户价值，结合用户行为数据调整策略。例如，某用户因物流延迟触发流失预警后，系统自动推送补偿方案，并通过智能客服优先接入，将挽回周期缩短至

24小时内。此外，京东物流将客户生命周期管理嵌入供应链全流程，例如冷链用户自动匹配优先分拣通道，提升服务响应效率。

**五、成效与行业启示**

通过客户生命周期管理，京东物流实现：用户结构优化，活跃用户占比从52%提升至65%，低价值用户比例下降12%；成本效率提升，精准营销使获客成本降低22%，单客LTV增长35%；品牌口碑强化，用户净推荐值（NPS）同比提升18%，物流服务成为电商业务的核心竞争力。

说一说：京东物流针对"沉睡用户"设计的召回策略中，哪些具体措施有效降低了流失率？结合案例数据说明其效果。

## 一、物流客户生命周期概念

客户生命周期理论起源于市场营销领域，由学者埃弗雷特·罗杰斯的创新扩散理论与菲利普·科特勒的客户关系管理理论逐步演化而来，其核心在于揭示客户与企业从初次接触到深度绑定，最终走向衰退或流失的全过程。该理论将客户关系划分为考察期、形成期、稳定期、退化期四个阶段，为企业提供了一套动态管理客户价值的框架。

物流客户生命周期是指客户从初次接触物流企业或物流服务到终止合作的全过程，是客户与企业建立关系、深化互动、价值交换直至关系衰退或终止的动态演变过程。其核心在于通过分析客户在不同阶段的特征、需求及行为模式，制定有针对性的管理策略，以实现客户价值最大化与企业资源的高效配置。

## 二、物流客户生命周期阶段划分

物流客户生命周期通常可细分为潜在客户期、新客户期、成长客户期、成熟客户期、衰退客户期和流失客户期六个阶段，各阶段紧密相连，共同构成了客户与企业关系的动态发展过程。

### 1. 潜在客户期

潜在客户期是客户生命周期的起始阶段。处于此阶段的客户，虽尚未与物流企业建立实际业务往来，但对物流服务存在潜在需求。可能正在市场中搜集信息，对比不同物流企业的服务、价格、口碑等，尚未做出明确的选择决策。潜在客户对物流企业的认知较为模糊，其需求也具有不确定性和多样性。他们可能对物流服务的价格、时效性、服务范围等方面都有不同程度的关注，但尚未形成明确的偏好。在这一阶段，物流企业的主要任务是通过有效的市场推广和精准的营销活动，吸引潜在客户的注意，激发他们的兴趣，将其转化为新客户。

### 2. 新客户期

当潜在客户经过信息收集、比较和评估后，选择与物流企业进行首次合作，便进入了新客户期。在这一阶段，客户对物流企业的服务仅有初步体验，尚未建立起稳定的合作关系和强烈的忠诚度。他们会密切关注物流企业的服务质量、响应速度等方面，以此来判断是否继续与该企业合作。新客户在交易过程中往往较为谨慎，对价格敏感度较高，同时对物流服务的质量和可靠性也有较高期望。物流企业在这一阶段应注重提升服务质量，确保服务的稳定性和可靠性，及时响应客户的需求和问题，努力给新客户留下良好的第一印象，为建立长期合作关系奠定基础。

### 3．成长客户期

如果新客户在首次合作中对物流企业的服务感到满意，且企业能够持续满足其不断变化的需求，客户就会逐渐增加与企业的业务往来，从而进入成长客户期。在这个阶段，客户对物流企业的信任度和依赖度不断提高，合作的深度和广度也逐步拓展。例如，随着电商商家业务规模的扩大，其对物流服务的需求也日益多样化，可能会增加货物运输的频次、扩大配送范围，甚至要求物流企业提供增值服务，如货物包装定制、物流信息实时跟踪等。成长客户对物流企业的价值贡献逐渐增大，他们不仅在业务量上有所增加，还可能愿意为优质的服务支付更高的价格。此时，物流企业应深入了解客户的需求变化，提供个性化的服务方案，加强与客户的沟通与互动，进一步提升客户的满意度和忠诚度，促进客户关系的持续发展。

### 4．成熟客户期

经过成长阶段的良好合作，当客户与物流企业的合作达到一定程度，业务量趋于稳定，且客户对企业的服务高度认可，愿意长期维持合作关系时，便进入了成熟客户期。成熟客户是物流企业的重要资产，他们对企业的忠诚度高，对价格的敏感度相对较低，更注重物流服务的质量、效率和个性化体验。例如，一些大型电商企业与特定的物流企业建立了长期稳定的合作关系，物流企业能够为其提供全方位、定制化的物流解决方案，满足其复杂的业务需求。在成熟客户期，客户对物流企业的价值贡献达到峰值，他们不仅自身为企业带来稳定的业务收入，还可能通过口碑传播为企业推荐新客户。物流企业应继续优化服务，不断创新，为成熟客户提供更优质、高效的服务体验，巩固与客户的合作关系，进一步挖掘客户的潜在价值。

### 5．衰退客户期

随着市场环境的变化、客户自身业务的调整或物流企业服务出现问题等原因，客户与物流企业的合作可能会逐渐出现下滑趋势，进入衰退客户期。在这一阶段，客户的业务量逐渐减少，对物流企业的关注度和忠诚度降低，可能开始考虑寻找其他更合适的物流合作伙伴。例如，电商行业的季节性波动可能导致部分商家在淡季减少货物运输量；或者物流企业因运输设备故障、服务质量下降等问题，引起客户不满，导致业务量流失。衰退客户期的客户对物流企业的价值贡献逐渐减小，企业需要及时发现客户衰退的迹象，深入分析原因，采取有效的措施进行挽回，如优化服务流程、提升服务质量、提供优惠政策等，尽力延长客户的生命周期。

### 6．流失客户期

当客户与物流企业彻底终止合作关系，不再使用其物流服务时，就进入了流失客户期。客户流失的原因多种多样，可能是竞争对手提供了更具吸引力的服务、客户自身业务终止、企业服务质量严重下降等。一旦客户流失，不仅会给企业带来直接的经济损失，还可能对企业的声誉产生负面影响。对于流失客户，物流企业应进行深入的分析和反思，总结经验教训，采取相应的措施进行挽回或避免类似情况再次发生。同时，企业还应加强客户关系管理，关注现有客户的需求变化，及时调整服务策略，防止更多客户流失。

### 三、物流客户生命周期各阶段管理策略

针对物流客户生命周期的不同阶段，物流企业应制定差异化的管理策略，以满足客户在各阶段的需求，实现客户价值的最大化。

#### 1. 潜在客户期管理策略

（1）市场调研与精准定位。深入开展市场调研，全面了解潜在客户的需求特点、行业趋势以及竞争对手的情况。通过数据分析和市场细分，精准定位目标客户群体，确定企业的市场定位和核心竞争力，为后续的营销活动提供有力依据。物流企业可以针对电商行业的潜在客户，分析其在不同发展阶段的物流需求，如初创期对价格的敏感性、发展期对配送时效和服务质量的要求等，从而有针对性地制定营销策略。

（2）品牌宣传与推广。通过多种渠道进行品牌宣传和推广，提高企业的知名度和美誉度。利用线上线下相结合的方式，如社交媒体营销、参加行业展会、投放广告等，向潜在客户传递企业的品牌价值、服务优势和成功案例，吸引潜在客户的关注。物流企业可以在行业知名网站上发布专业的物流解决方案文章，展示企业的技术实力和服务能力；在社交媒体平台上分享客户的好评和成功合作案例，增强潜在客户对企业的信任。

（3）提供价值信息。为潜在客户提供有价值的信息，如行业报告、物流知识资讯、解决方案建议等，帮助他们更好地了解物流行业和自身的需求，树立企业在行业内的专业形象。定期向潜在客户发送电子邮件，分享物流行业的最新动态、市场趋势分析以及一些实用的物流管理技巧，让潜在客户感受到企业的专业和关怀，增加对企业的好感度。

#### 2. 新客户期管理策略

（1）优化服务体验。在与新客户首次合作时，确保提供优质、高效的服务，从货物的接收、运输到配送，每一个环节都要严格把控质量，确保服务的稳定性和可靠性。例如，提供快速的货物揽收服务，保证货物在运输过程中的安全和准时送达，及时处理客户在运输过程中的疑问和问题，让新客户感受到企业的专业和负责。

（2）加强沟通与互动。与新客户保持密切的沟通，及时了解他们的需求和意见，解答他们的疑问，增强客户对企业的信任和认同感。可以通过电话回访、在线客服、问卷调查等方式，收集客户的反馈信息，及时改进服务中存在的问题。在客户完成首次物流服务后，可及时进行电话回访，询问客户对服务的满意度，了解客户在合作过程中遇到的问题，并给予积极的解决方案，让客户感受到企业对他们的重视。

（3）提供优惠与激励。为新客户提供一定的优惠政策和激励措施，如首次合作折扣、赠品、增值服务等，吸引客户继续选择企业的服务，促进客户关系的进一步发展。例如，为新客户提供首次合作运费折扣，或者免费提供一些增值服务，如货物包装升级、物流信息实时跟踪等，让新客户在首次合作中获得更多的价值，提高他们的满意度和忠诚度。

#### 3. 成长客户期管理策略

（1）个性化服务定制。深入了解成长客户的个性化需求，根据客户的业务特点、发展阶段和需求变化，为其提供定制化的物流解决方案。例如，对于业务量逐渐增加的电商客户，提供仓储管理优化方案，帮助客户合理规划仓储空间，提高仓储利用率；根据客户的配送需求，

优化配送路线，提高配送效率，降低物流成本。

（2）深度合作拓展。与成长客户加强合作深度，拓展合作领域，提供更多的增值服务，如供应链金融、数据分析、物流咨询等，满足客户日益多样化的需求，进一步提升客户的价值贡献。为成长客户提供供应链金融服务，帮助客户解决资金周转问题；通过数据分析，为客户提供市场需求预测、库存管理建议等，帮助客户优化供应链管理，提高运营效率。

（3）建立客户关怀机制。建立完善的客户关怀机制，定期与成长客户进行沟通和交流，了解他们的业务发展情况和需求变化，提供必要的支持和帮助。定期组织客户答谢活动，邀请成长客户参加行业研讨会、培训课程等，增强客户与企业之间的互动和合作，提升客户的满意度和忠诚度。

### 4. 成熟客户期管理策略

（1）持续优化服务。持续关注成熟客户的需求变化，不断优化服务质量和效率，为客户提供更优质、高效、个性化的服务体验。通过引入先进的物流技术和设备，提高货物运输的安全性和时效性；优化客户服务流程，提高客户服务响应速度，确保客户在合作过程中始终感受到企业的优质服务。

（2）客户关系维护。加强与成熟客户的关系维护，定期回访客户，了解客户的使用感受和意见建议，及时解决客户遇到的问题，增强客户对企业的黏性和忠诚度。可以通过定期举办客户座谈会、一对一沟通等方式，与客户保持密切的联系，增进彼此的了解和信任。

（3）价值共创与合作升级。与成熟客户共同探索价值共创的机会，寻求合作升级的可能性。与客户共同开展市场推广活动，实现互利共赢；或者与客户合作进行技术创新，提升双方在行业内的竞争力。通过价值共创和合作升级，进一步巩固与成熟客户的合作关系，实现双方的共同发展。

### 5. 衰退客户期管理策略

（1）原因分析与问题解决。及时发现客户衰退的迹象，深入分析原因，如服务质量下降、竞争对手的吸引、客户自身业务调整等。针对不同的原因，采取相应的措施进行解决。如果是服务质量问题，及时改进服务流程，提升服务质量；如果是竞争对手的原因，分析竞争对手的优势和自身的不足，制定差异化的竞争策略；如果是客户自身业务调整，与客户沟通，了解其需求变化，提供相应的解决方案。

（2）个性化挽回措施。根据客户衰退的原因和客户的具体情况，制定个性化的挽回措施。提供优惠政策、改进服务、增加增值服务等，重新吸引客户的关注，提升客户的满意度和忠诚度。为衰退客户提供特别的优惠套餐，或者为客户提供专属的客服团队，提高服务响应速度和质量，让客户感受到企业的诚意和努力，从而重新建立合作关系。

（3）加强沟通与互动。加强与衰退客户的沟通与互动，了解他们的需求和意见，及时反馈企业的改进措施和进展情况，增强客户对企业的信心。可以通过电话、邮件、上门拜访等方式，与客户保持密切的联系，让客户感受到企业对他们的重视和关心。定期与衰退客户进行电话沟通，了解他们的最新需求和意见，向客户介绍企业的改进措施和服务升级情况，邀请客户再次体验企业的服务。

#### 6. 流失客户期管理策略

（1）流失原因分析。对流失客户进行全面的分析，深入了解客户流失的原因，如服务质量、价格、竞争对手等因素。通过收集客户反馈、市场调研等方式，找出企业在服务过程中存在的问题和不足，为改进服务提供依据。对流失客户进行问卷调查或电话回访，了解他们选择离开的原因，听取他们对企业的意见和建议，以便企业有针对性地进行改进。

（2）客户挽回尝试。根据流失客户的价值和流失原因，制定相应的挽回策略，尝试重新赢回客户。对于高价值流失客户，可以通过提供个性化的优惠政策、专属服务等方式，表达企业的诚意，争取客户的回归；对于因服务质量问题流失的客户，向客户说明企业已经采取的改进措施，邀请客户再次体验企业的服务，展示企业改进的决心和成果。

（3）经验教训总结。从流失客户案例中总结经验教训，将这些经验反馈到企业的服务改进和客户关系管理中，避免类似问题再次发生。分析流失客户的共性问题，针对这些问题优化服务流程、加强员工培训、完善客户投诉处理机制等，提升企业的整体服务水平，防止更多客户流失。同时，将流失客户的信息纳入企业的客户数据库，进行定期跟踪和分析，关注客户的动态，寻找重新合作的机会。

### 四、数字化工具在客户生命周期管理中的应用

#### 1. CRM系统集成的核心功能模块

CRM（客户关系管理）系统的集成是企业实现客户全生命周期管理的关键环节，其核心在于通过技术手段打通数据孤岛，优化业务流程。CRM系统核心功能模块有客户档案管理、服务记录跟踪和自动化营销触达。

（1）客户档案管理。客户档案管理是CRM系统的基础模块，涵盖客户基本信息、历史交易记录、服务偏好等多维度数据。通过整合线上线下渠道，系统可构建360°客户画像。例如，韵达速运通过API接口将ERP系统中的订单数据与CRM系统对接，实时更新客户的寄件频次、服务评价等信息，为后续精准营销提供数据支撑。

（2）服务记录跟踪。该模块记录客户服务请求的全流程，包括投诉处理、理赔进度、服务反馈等。以快递行业为例，中通快递通过CRM系统自动关联物流单号与客户信息，客服人员可实时查看包裹状态并同步给客户，减少沟通成本。同时，系统支持服务工单的自动分配与预警，如超时未处理订单则触发提醒，提升服务效率。

（3）自动化营销触达。基于客户行为数据，CRM系统可以设计自动化营销规则。例如，韵达速运针对高价值客户设置触发式营销：在客户生日当天自动推送"免运费券+优先配送权益"，打开率达35%，带动当月客单价提升20%。该功能依赖营销自动化插件与智能推荐算法，实现从"人工筛选"到"精准触达"的跨越。

#### 2. 数据分析与预测

在物流客户生命周期管理中，数据分析与预测是贯穿全周期的核心驱动力，通过动态捕捉客户行为特征与需求变化，实现从"被动响应"到"主动干预"的精细化运营。

（1）考察期：精准识别高潜力客户，降低流失风险。在客户关系建立的初期，数据分析

通过客户画像构建与流失预警模型，精准识别高价值客户并制定针对性策略。例如，第三方物流企业通过分析电商平台的浏览行为、询单频率等数据，结合 RFM 模型筛选出"高意向低频次"客户，针对其价格敏感特征推送"首单免运费+时效承诺"组合权益，使转化率提升 35%。同时，机器学习模型实时监测客户活跃度，若发现某客户连续 3 次询价后未下单，系统自动触发定向优惠券推送，流失预警准确率达 82%。

（2）形成期：动态优化服务策略，强化信任绑定。在客户合作趋于稳定的阶段，数据分析聚焦于需求预测与服务升级。德邦物流通过整合历史订单数据、节假日规律及区域经济指数，为季节性客户提前 3 个月预测运力需求。例如，针对云南松茸季的爆发式订单，系统提前调度冷链车辆并优化分拣流程，使运输时效提升 40%，客户续约率提高至 90%。此外，通过 NPS 分析客户反馈，冷链物流企业发现"实时温控追踪"是客户核心诉求，遂升级 IoT 设备覆盖率，投诉率下降 28%。

（3）稳定期：挖掘隐性需求，构建长期价值。在客户生命周期的中后期，数据分析从"服务执行"转向"价值共创"。京东物流通过分析客户供应链全链路数据为客户定制"智能分仓+JIT 配送"方案，同时，利用聚类算法划分客户群体，针对不同的客户群体，提供不同的营销方案，使客户生命周期价值平均增长 2.3 倍。

（4）退化期：智能预警与精准挽回。当客户活跃度下降或投诉增多时，数据分析系统自动触发流失干预机制。顺丰速运通过构建"客户健康度指数"，综合评估订单频次、投诉率、服务响应时效等指标，对评分低于阈值的客户定向推送"时效升级包"或"成本优化方案"。

### 3. 智能客服与自动化工具

在物流行业的数字化转型浪潮中，智能客服与自动化工具正成为提升服务效率、降低运营成本的核心引擎。通过 AI 技术与自动化系统的深度融合，物流企业不仅实现了客户服务的智能化升级，更重构了传统业务场景的运营逻辑。

（1）智能外呼。智能外呼是 AI 技术落地的重要场景之一。例如，冷链物流企业通过 AI 机器人批量发送时效预警与温度异常通知，客户响应时效提升 3 倍，回款周期缩短 15 天。此类工具不仅降低了人工成本，更通过 24 小时不间断服务减少了因沟通延迟导致的业务损失。

（2）自助服务平台。自助服务平台则通过技术赋能将客户从被动响应转向主动服务。满帮集团研发的"货运管家"App 整合了智能调度、路径优化、电子签约等功能，客户可自助完成货源匹配、订单跟踪、费用结算等全流程操作。数据显示，该平台上线后，客户自助查询与下单率从 35% 跃升至 85%，中小货主的单均操作时间从 2 小时压缩至 15 分钟。此外，系统通过 AI 算法自动匹配最优运力，使空驶率降低 12%，运输成本下降 8%。

技术驱动下的服务革新远不止于此。顺丰速运的"AI 客服助手"可实时分析客户咨询记录，自动生成个性化解决方案，复杂问题解决率提升至 80%；中通快递的智能分单系统通过 OCR 识别与 GIS 地图匹配，实现 99.9% 的地址解析准确率，分拣效率提高 40%。这些工具通过减少人工干预、降低操作误差，显著提升了服务可靠性。

## 职业技能训练

### 一、实训目标

本次实训旨在使学生掌握线上与线下全链路寻找物流客户的策略与技巧，学会和客户沟通，提升物流市场开发能力。在完成实训项目的过程中，培养学生的团队协作与项目管理能力。

### 二、实训背景

随着用户消费习惯的改变，和地面物流基础设施的持续完善，城市低空物流网络正进入快速发展期。2017年，美团开始自研无人机技术，2021年在深圳送出第一单，开启常态化运营。美团无人机除为写字楼、社区等消费者配送各类餐饮外卖和零售商品外，也在持续探索满足用户刚需场景的新需求。2023年，五一黄金周期间，美团于深圳世界之窗开通了首条景区内无人机配送航线，为露营景区、主题乐园等新场景提供前所未有的新服务。美团无人机已经在深圳、上海、重庆等多个城市的多个商圈、景区、居民区等落地运营。

目前，美团的无人机城市低空物流解决方案可提供 3 000 米半径内端到端零售物品配送 15 分钟达的标准服务。春节前五天的订单量同比增长约 80%，尤其以炸鸡、汉堡等热销商品为甚，其销量相比国庆假期增长了超过五倍。其中，美团无人机完成八成以上的订单，两千米的距离等待配送时间只有几分钟。值得一提的是，肯德基作为首个引入无人机配送的西式快餐连锁品牌，在深圳的多个热门区域，如人才公园、深圳北站周边 HBC 汇隆中心、鸿荣源天俊商圈均借助美团无人机技术，为顾客带来了前所未有的快速送餐体验。无人机的迅速响应不仅缩短了配送时长，更确保了餐品在送达顾客手中时保持更佳的温度与口感，从而大幅提升了用餐的满意度与品质感。

美团高度重视与高等学府的深度合作，于清华大学深圳国际研究生院院内成功开辟了其首条无人机高校配送航线。该航线以距离学院仅 2 600 米的西丽益田假日里商圈为起飞点，实现了学生在校园内便捷预定参与无人机配送的商家外卖，并享受无人机直接将美食送达校内指定降落点的创新服务。在配送效率上，从餐品打包完成到精准送达学生手中，整个过程通常仅需约 6 分钟，展现了极高的时效性。尤为值得一提的是，整个飞行过程由智能系统自主操控，确保了配送时间的精准无误，误差可精细至秒级，为师生带来了前所未有的快速、高效的外卖体验。

### 三、实训任务

如果你是美团公司市场部的员工，要开发贵校周边商家使用无人机配送服务，完成以下任务。

1. 以 3～5 人组建一个团队。
2. 案例中美团无人机配送的应用场景有哪些，还可以有哪些应用场景。
3. 为了在这些应用场景推广无人机，如何寻找物流客户，并给出方案。
4. 在拜访商家时，利用 FABE 模式等谈判策略和商家进行谈判。
5. 小组汇报方案。

## 四、实训考核内容及评分标准

师生互评，教师评分占比 70%，小组评分占比 30%。

实训考核内容及评分标准

| 序号 | 小组成员 | | 学生姓名 | |
|---|---|---|---|---|
| | 小组成绩 | | 学生成绩 | |
| | 考核内容 | 考核标准 | 满分 | 得分 |
| 1 | 案例中美团无人机配送的应用场景有哪些，还可以有哪些应用场景 | 分析材料正确，能找到美团无人机应用场景 | 10 | |
| 2 | 如何寻找物流客户，并给出方案 | 能运用合适的方法寻找客户 | 30 | |
| 3 | 在拜访商家时，利用 FABE 模式等策略和商家进行谈判 | 能用 FABE 模式介绍产品和服务，其他谈判策略 | 40 | |
| 4 | 方案格式规范 | 题目：三号仿宋，加粗，居中<br>标题：一级标题小三仿宋，加粗，顶格；二级标题四号仿宋，加粗，顶格<br>正文：小四仿宋，首行缩进两个字，行间距固定值 30 磅 | 10 | |
| 5 | 小组分享寻找物流客户方案 | PPT 制作精美，团队协作力强，讲解生动，声音洪亮，普通话标准，有互动 | 10 | |

## 模块小结

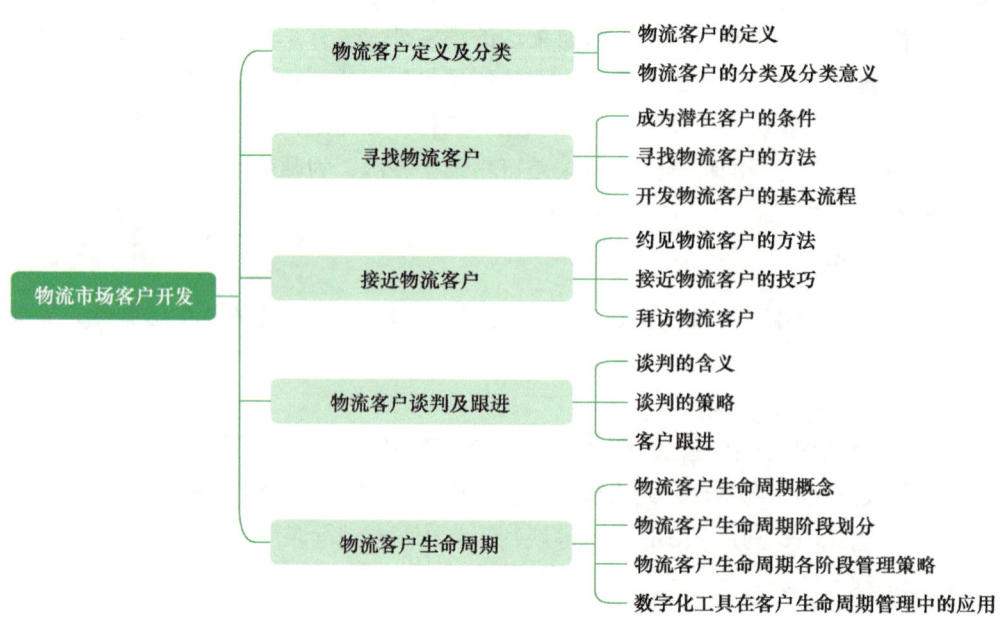

## 同步练习

### 一、单选题

1. MAN 法则中的 M 是指（　　）。
   A. 金钱　　　　B. 权力　　　　C. 需求　　　　D. 数量
2. 借助互联网宣传、介绍自己的产品，从而寻找客户的方法是（　　）。
   A. 电话寻找法　　B. 网络寻找法　　C. 展会　　　　D. 广告
3. 物流市场人员从客户利益角度出发，向客户介绍物流产品或服务的利益、好处，从而激发客户购买是（　　）。
   A. 利益接近法　　B. 好奇法　　　　C. 问题接近法　　D. 请教接近法
4. 握手时常建议（　　）。
   A. 1～2 秒　　B. 5～10 秒　　C. 3～5 秒　　D. 1 分钟
5. 在双方谈判中，随着截止日期的到来，对方内心的焦虑会与日俱增，这时采用的还价策略是（　　）。
   A. 最后让步策略　　B. 优惠策略　　C. 投石问路策略　　D. 期限策略
6. 物流市场人员委托第三者约见客户的方式是（　　）。
   A. 广告约见　　B. 电话约见　　C. 委托约见　　D. 信函约见
7. FABE 模式的 F 指（　　）。
   A. 证据　　　　B. 优势　　　　C. 特征　　　　D. 利益
8. 喊价要狠、让步要慢属于（　　）。
   A. 优惠策略　　B. 最后让步策略　　C. 期限策略　　D. 投石问路策略
9. 通过抖音、微博等方式约见物流客户属于（　　）。
   A. 电话约见　　B. 当面约见　　C. 委托约见　　D. 社交媒体约见

### 二、多选题

1. 物流客户生命周期阶段划分为（　　）。
   A. 潜在客户期　　B. 新客户期　　C. 成长客户期　　D. 成熟客户期
   E. 衰退客户期　　F. 流失客户期
2. 开发客户流程包括（　　）。
   A. 发现客户　　B. 认知客户　　C. 开发客户　　D. 开展合作
3. 建立物流服务体系包括（　　）。
   A. 建立良好的物流服务体系　　　　B. 培养高素质的物流客户服务人员
   C. 进行精准的物流市场定位　　　　D. 为客户提供满意的服务
4. 客户跟进策略包括（　　）。
   A. 服务型跟进　　B. 转变型跟进　　C. 长远型跟进　　D. 不需要跟进
5. 谈判中开局阶段的策略包括（　　）。
   A. 协商式开局策略　　　　　　　　B. 保留式开局策略
   C. 坦诚式开局策略　　　　　　　　D. 进攻式开局策略

6. 报价策略包括（　　　）。
   A. 报价起点策略　　B. 报价表达策略　　C. 报价差别策略　　D. 报价时机策略
7. 签约阶段的策略包括（　　　）。
   A. 场外交易策略　　B. 最后让步策略　　C. 优惠策略　　　　D. 期限策略
8. 接近客户的技巧包括（　　　）。
   A. 赞美接近法　　　B. 介绍接近法　　　C. 问题接近法　　　D. 利益接近法

### 三、判断题

1. 按照客户成熟度可将物流客户分为现实客户和潜在客户。（　　）
2. 按照重要程度可将物流客户分为 A 类客户、B 类客户和 C 类客户。（　　）
3. 物流客户约见方法包括广告约见、电话约见、委托约见、信函约见。（　　）
4. 撰写拜访纪要不重要。（　　）
5. 电话寻找客户的优点是成本较低，节约人力；缺点是无法当面了解客户的表情、举止等反应，容易被拒绝。（　　）
6. 广告寻找客户针对性不强，客户反馈性也不一定强。（　　）
7. 拜访客户是建立客户关系的第一步，是提升销售业绩的重要砝码。（　　）
8. AI 电话不能筛选出意向客户。（　　）
9. 针对流失客户期，企业唯一有效的挽回策略就是提供大幅度的价格折扣。（　　）

# 模块六
# 物流项目的招标投标

**知识目标**
- 了解物流招标投标的流程
- 了解《招标投标法》相关实施条例
- 掌握招标文件主要内容、核心要素及编制注意事项
- 掌握投标文件的主要内容及编制要点
- 掌握开标、评标、定标相关程序

**技能目标**
- 能够按照规范进行招标投标工作
- 能够编写招标书
- 能够撰写投标书

**素质目标**
- 树立依法合规参与招投意识,能够坚守职业道德底线
- 培养沟通与谈判和团队协作能力,强化跨部门合作意识
- 培养高强度、快节奏投标工作的抗压与应变能力

## 应知部分

## 单元一 招标投标工作的认知

**重难点**:招标投标的原则;招标投标的流程

### 引导案例

**招标投标行业的起源与发展**

为保证纳税人的税负和捐赠能够被合理、有效、充分地利用,相关部门的采购经费是最早

采用采购招标形式的。1782 年，英国政府设立了国家文具公用局，专门负责政府部门的办公用品采购工作，主要负责政府各职能部门所需物资采购，其目的是满足政府的日常采购规范管理，提高政府资金使用效率，使政府部门及其他公共机构的商品和服务采购做到"物有所值"，也就是保证采购的商品成本和商品质量都能够满足使用者的要求。为了实现这一要求，就需要通过供应商之间的竞争，以最合理的价格采购自己需要的商品和服务。随着英国政府采购规模的扩大，国家文具公用局发展成为物资供应部，主要负责政府采购活动的招标投标活动，也是近代政府采购制度的开端。

据史料记载，我国最早的采购始于 20 世纪初，1902 年湖广总督张之洞在创办湖北制革厂时，采用公开招标投标方式并以 1 270.1 两白银的开标价签订了以质量保证、施工工期、付款方式为主要内容的工程承包合同，成为我国最早采用招标投标方式进行采购的商务活动。1929 年，武汉市采办委员会公布招标投标规则，规定公有建筑或一次采购物料大于 3 000 元者，均须通过招标投标决定承办厂商。清末民初，招标投标已经在我国部分地区开始推行，但尚未形成全国性制度。

新中国成立后，党的十一届三中全会开启了招标投标发展的新篇章。国务院在 1980 年 10 月颁布了《国务院关于开展和保护社会主义竞争的暂行规定》，首次提出对一些适宜承包的生产建设项目和经营项目，可以试行招标投标的方法。随后，全国各地陆续成立了招标投标管理机构，招标投标相关法规也开始建立，招标投标制度初步恢复，但此时招标投标以议标为主要方式，招标投标很大程度上仍流于形式。

20 世纪 90 年代，开始建立全国招标投标制度，并在各地成立相应的招标投标监督管理机构，招标投标法治建设步入正轨。在此期间，政府的基础建设、科技和采购等领域项目逐步采用招标投标制度。例如，1996 年国家科学技术委员会开始对国家重大科技产业工程项目实行公开招标，奠定了我国科技项目实施招标投标制度的基础，也推动了我国科技项目招标制度的发展。1997 年我国颁布了《国家基本建设大中型项目实施招标投标的暂行规定》，要求建设项目主体工程设计、建设安装、监理和主要设备材料的供应、工程总承包都必须采用招标投标方式。三峡工程、南水北调工程均在此基础上采用了公开招标投标建设。1997 年深圳市政府以公开招标方式采购了 27 辆公务用车，最终以低于市场价格 7.1% 的中标价成交，节约财政资金 70 万元，开启了政府采购使用招标投标方式的先河。

2000 年 1 月 1 日我国正式颁布了《中华人民共和国招标投标法》（简称《招标投标法》），为招标投标制度的全面推行提供了法律依据和法律保证。2002 年颁布实施的《中华人民共和国政府采购法》，极大地推动了我国招标投标工作的快速发展。招标投标法律法规和规章不断完善和细化，招标投标程序不断规范，招标投标管理全面纳入建设市场管理体系。

说一说：招标投标为市场竞争带来了哪些好处？

## 一、招标投标的含义

招标投标是指在货物、工程和服务的采购行为中，招标人通过事先公布的采购要求，吸引众多的投标人按照同等条件进行平等竞争，按照规定程序并组织技术、经济和法律等方面专家对众多的投标人进行综合评审，从中择优选定项目中标人的行为过程。招标投标是一种国际惯例，是商品经济高度发展的产物，是应用技术、经济的方法和市场经济的竞争机制的作用，有组织地开展择优成交的一种方式。其实质是以较低价格获得最优的货物、工程和服务。对于招标投标的含义，可以从以下方面进行理解：

（1）招标投标是一种商品交易行为，是交易过程的两个方面。招标是指招标人（买方）事先发出招标通告或者列明招标商品或服务的品名、数量、技术要求，以及相关时间、地点等交易条件，邀请投标人参加投标的行为。投标是指投标人根据招标人的邀请主动申请，按照招标的要求和条件，在规定的时间内向招标人递交投标书，争取中标机会的行为。

（2）招标投标是一个完整的交易行为。没有招标就不会有供应商或承包商的投标；没有投标，采购人的招标就得不到响应，不能形成完整的招标投标过程。因此，招标投标是一对相互对应的范畴，实际上是内涵和外延一致的概念。在现实生活中，由于招标在招标投标中处于主动地位，我们经常会使用招标一词来代替完整的招标投标过程，但是在法律上，对于招标投标都有相应的规定和约束。

## 二、招标投标的特点

招标投标作为一种选择交易对象的市场行为，具有以下几个特点：

### 1. 竞争性

招标采用公开发布招标公告、公开招标条件的方式邀请投标人，并公开宣布投标人的报价，从而使所有投标人享有均等竞价机会和公正待遇。众多投标人有序竞争，企业择优获取供应商或承包商，能够有效提升社会经济效益。竞争性是社会主义市场经济的本质要求，也是招标投标的根本特性。

### 2. 程序性

《招标投标法》及相关法律政策明确了从招标采购范围、招标方式、招标组织形式至选择中标人并签订合同的整个过程，每一个环节的时间、顺序、做法都有严格的限定，程序化是招标投标的显著特征。固定和规范的操作程序和交易规则，明确了买卖双方以及代理机构的权利和义务，有效地提升了交易的稳定性，减少了交易过程中的道德风险。

### 3. 规范性

《招标投标法》及相关法律政策对招标投标各个环节的工作条件、内容、范围、形式、标准以及参与主体的资格、行为和责任都做出了严格的规定，每一个环节都需要规范操作，其规范性也是招标投标方式能被世界各国广泛推行的主要原因之一。

### 4. 一次性

招标投标双方当事人是买卖关系，但又不同于一般的贸易。买卖双方的交易条件不是经过磋商获得的，而是投标人通过招标通告的交易条件和要求递出实盘，以及投标人同意完成交易条件和要求的承诺，整个交易是一次性完成的，不存在协商、谈判、讨价还价等环节。

### 5. 技术经济性

招标投标的目的不限于经济利润，商品通常具有资本、技术、效率、劳务和质量等综合属性，因而招标投标的评价标准也不只是商品成本的高低问题，还促进市场资源配置，以及各要素组合的效率和效益。招标投标是应用技术经济评价方法和市场经济竞争机制的产物，以实现投资综合效益最优化为目标的经济行为。

### 三、招标投标的原则

招标投标行为是市场经济的产物，并随着市场的发展而发展，必须遵循市场经济活动的基本原则。根据《招标投标法》第五条规定："招标投标活动应当遵循公开、公平、公正和诚实信用的原则。"

#### 1．公开原则

公开原则，即要求招标投标活动具有透明度，招标投标程序、招标内容、评标标准和方法、评标和中标结果等信息均要求公开，确保每位投标人获得相同的信息，能够公平参与竞争活动并依法维护自身合法权益。同时，招标投标活动的公开透明，也为当事人、行政部门和社会监督提供了条件。公开是公平、公正的基础和前提。

#### 2．公平原则

公平原则，即要求招标人在招标投标的各个环节中给予所有投标人平等竞争的机会，并使其享有同等的权利和义务。公平原则体现在两个方面：一是机会均等，即投标人具有均等的投标竞争机会；二是权利义务平等，即招标人和所有投标人之间权利义务均衡并合理承担民事责任。

#### 3．公正原则

公正原则，即要求招标人依法设定科学、合理和统一的程序、方法和标准，并以此为依据接收并评审投标文件，择优确定中标人，在整个过程中不倾向、不歧视、不排斥，保证每个投标人的合法平等权益。为此，《招标投标法》及其配套规定对招标、投标、开标、评标、中标、签订合同等做了相关规定，以保证招标投标的程序、方法、标准、权益及其实体结果的公正。

#### 4．诚实信用原则

诚实信用原则，即要求招标投标各方当事人在招标投标以及后续履行合同活动中，应当守法、诚实、守信、善意，不得故意隐瞒真相或者弄虚作假，不得串标、围标和恶意竞争，不能言而无信甚至背信弃义，在追求自己合法利益的同时不得损害他人的合法利益和社会利益，依法维护双方利益以及与社会利益的平衡。诚实信用是市场经济的基石和民事活动的基本原则。

### 四、招标投标的流程

招标投标的流程可以分为六个阶段：招标、投标、开标、评标、定标及签订合同，具体流程，如图 6-1 所示。

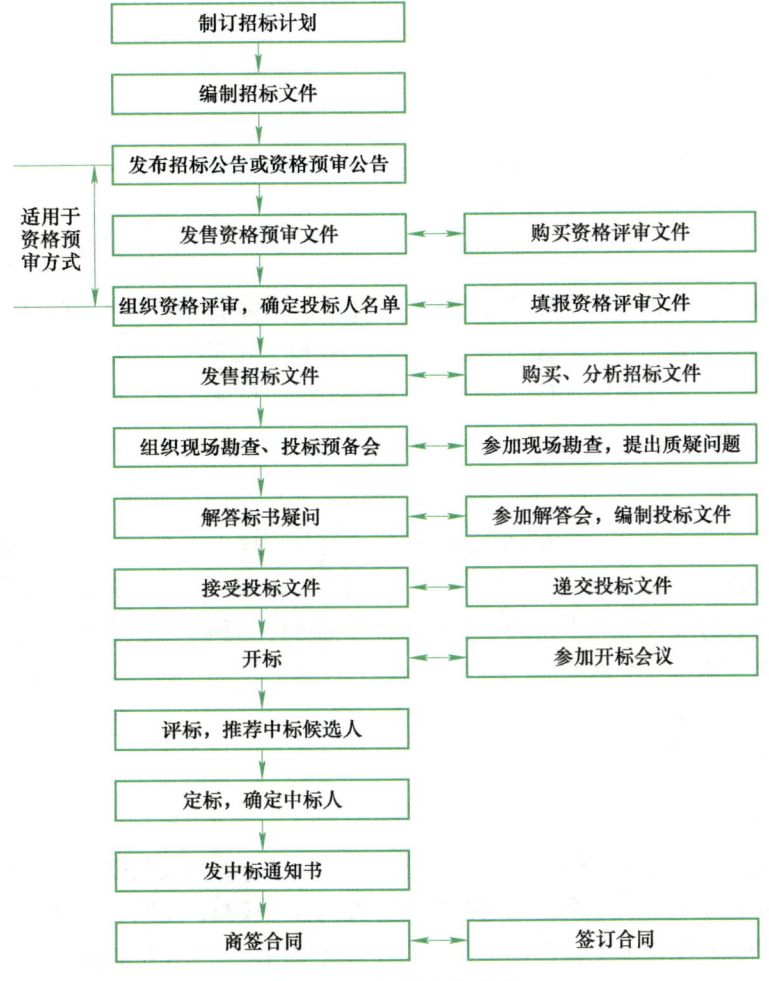

图 6-1 招标投标的流程

### 1. 招标

招标人通过收集、分析招标项目需求，根据有关法律法规、技术标准和市场竞争情况，制订招标项目的总体计划和编制招标文件，发布招标公告或预审公告（适用于资格预审方式），并按照招标公告规定的时间、地点发售招标文件。

### 2. 投标

投标人购买招标文件，参加招标人组织的现场勘查并依法有权对招标文件提出质疑。投标人分析招标文件，按照招标文件要求的格式，编制、签署、装订、密封、标识投标文件，在规定的时间、地点，按照规定的方式提交投标文件，并缴纳相应的投标保证金。投标截止时间之前，投标人可以撤回、补充或者修改已经提交的投标文件。

### 3. 开标

开标是指招标人在预先规定的时间、地点，将所有投标人的投标文件公开启封的行为。开标由招标人或代理机构组织进行，但须邀请所有投标人代表参加。在这一环节，招标人需要按有关要求，逐一启封每份投标文件，并当众宣布投标人的名称、投标价格及投标文件中其他主要内容。

### 4．评标

评标是指招标人确定的评标委员会根据招标文件要求，对所有投标文件进行评估、排序，并推荐出中标候选人的行为。评标是招标人的单独行为，由有资质的招标人或招标代理机构组织进行。

### 5．定标

定标也称决标，是指招标人在评标结果的基础上，最终确定中标人或授权评标委员会直接确定中标人的行为。定标对招标人而言，是授标；对投标人而言，则是中标。定标也是招标人的单独行为，招标人确定中标人后，通知中标人并发出中标通知书，通知所有未中标的投标人并退还投标保证金。

### 6．签订合同

签订合同也称为授予合同，实际上就是招标人将合同授予中标人且双方签署合同的行为。签订合同是招标人与中标人双方共同的行为。在这个过程中，双方会就投标文件中已有的内容再次确认，并对投标文件中未涉及的一些技术性和商务性的具体问题商讨达成一致意见。双方意见一致后，签署合同，交易达成。

## 五、招标投标的监督

### 1．行政监督

行政机关对招标投标活动的监督，是招标活动监督体系的重要组成部分。依法规范和监督市场行为，维护国家利益、社会公共利益和当事人的合法权益，是市场经济条件下政府的重要职能。《招标投标法》第七条规定："有关行政监督部门依法对招标投标活动实施监督，依法查处招标投标活动中的违法行为。"行政机关对招投标活动实施监督时，应当遵循职权法定、合理行政、程序正当和高效便民等原则。

### 2．司法监督

国家司法机关对招标投标活动具有监督权。当事人认为招标投标活动存在违反法律、法规、规章规定的行为，可以向管辖区的人民法院起诉，由法院依法追究有关责任人的法律责任。招标投标活动当事人有行贿、串标等触犯《中华人民共和国刑法》的行为，或者国家工作人员有利用职务之便接受贿赂、滥用职权、渎职侵权等职务犯罪行为，应当由司法机关依法追究刑事责任。

### 3．社会监督

招标投标的公开原则要求招标投标活动主要信息必须向社会公开。信息公开是实现社会监督的基础和前提条件，既保障了社会公众对招标投标活动的知情权，也能够有效使其行使监督权。常见的社会监督方式有社会公众监督、社会舆论监督和新闻媒体监督等。任何单位和个人认为招标投标活动违反招标投标法律、法规和规章，都可以向有关行政监督部门举报，有关行政监督部门依法受理举报，履行行政监督职责。

> **素养提升**
>
> **阳光招标投标：公正与监督的坚守**
>
> 　　在项目招标投标过程中，为了确保招标投标过程的公平、公正、公开，政府相关部门成立了专门的监督小组。监督小组由经验丰富的法律专家、财务审计人员和行业资深人士组成。在招标公告发布阶段，监督小组严格审查公告内容，确保招标条件合理、合法，不存在歧视性条款。同时，对潜在投标人的疑问和咨询，监督小组要求招标方必须及时、准确、清晰地予以答复。在投标环节，监督小组对投标文件的密封性、完整性进行严格检查，防止任何违规操作。对于投标企业的资质、业绩等关键信息，进行详尽的核实和比对。在评标过程中，监督小组全程参与，确保评标专家按照既定的评标标准和程序进行评审。对于评标过程中出现的争议和问题，监督小组及时介入，依据法律法规和相关政策进行协调和处理。在整个招标投标过程中，监督小组还设立了举报渠道，接受社会各界的监督和举报。对任何涉嫌违规的行为，都进行了严肃的调查和处理。
>
> 　　通过严格的监督，不仅保障了招标投标过程的公正性和透明度，同时也向社会传递了政府维护公平正义、促进公共资源合理配置的坚定决心，增强了公众对政府工作的信任和支持。

## 单元二　物流项目的招标

　　**重难点**：招标方式的选择；招标文件的结构、主要内容及核心要素；招标文件编写注意事项。

### 📊 引导案例

**企业为什么要招标物流项目**

　　现代企业之间的竞争已经逐渐演变成供应链之间的竞争，但任何企业所拥有的资源都是有限的，不可能把整个供应链要做的事全部做完，并且由于各企业为了保持所在业务领域的竞争优势，势必会将非核心业务外包给更具优势的企业完成。这样既聚焦核心业务，又提升了整条供应链的竞争力。物流项目招标的优势如下：

　　**1. 有助于招标企业构筑核心竞争能力**

　　由于资源与管理相对"稀缺"，企业通过招标获取具有优势的物流合作公司，就能将相对有限的资源与管理能力集中于整个供应链最优势的"环节"，如制造、销售、研发等，从而能构建自身的核心竞争能力。物流招标实际上是社会化分工进一步发展的结果。

　　**2. 有助于招标企业提高作业和管理效率**

　　企业通过招标获得物流合作，使得企业只需要面对与管理单一的物流合作企业，由物流企业来整合物流的各个环节，从而可以实现整个供应链物流一体化和信息化。相对"自营物流"模式，企业可以精简相关物流设备和员工，在降低物流成本的同时，也能大大提高物流效率，实现企业库存水平合理化，提高库存周转率，提高企业的资金周转速度。

**3. 有助于招标企业快速进行战略扩张**

所谓"兵马未动，粮草先行"，一个生产企业或商业企业，想将业务快速拓展到某个领域或区域，必须预先在此领域或区域构建物流体系。但这种行为将大大延缓企业的战略扩张，如果采用招标物流合作模式，物流企业的服务网络能助企业快速将物流体系延伸到此领域或区域。

**4. 有利于提升企业形象**

物流企业利用完备的设施和训练有素的员工对整个供应链实现控制，能够提升服务，树立自己的品牌形象。同时，企业也可以借助招标物流企业的品牌形象提升自己的企业形象。

说一说：你在网上看到过哪些物流招标投标项目？

## 一、招标方式

《招标投标法》第十条规定："招标分为公开招标和邀请招标"。

### 1. 公开招标

（1）公开招标的定义。公开招标是指招标人以招标公告的方式邀请不特定的法人或者其他组织投标。公开招标又叫竞争性招标，由招标人在指定媒体上公开发布招标公告，吸引相关单位参加投标竞争，招标人从中选择优秀中标人的招标方式。公开招标的法律要素：招标人是以招标公告的方式邀请投标；邀请投标对象是不特定的法人或其他组织。

（2）公开招标的分类。按照竞争程度，公开招标可分为国际公开招标和国内公开招标。

国际公开招标又称国际公开竞争性招标，是指符合招标文件规定的国内、国外法人或其他组织参加投标，并按招标文件规定的币种结算的招标活动。其特点：选择范围面向国内外，只要是符合招标要求与投标条件的国内外企业或组织，均可参加投标；在国内外专用媒体上公告招标相关事项；以招标文件规定的币种结算。

国内公开招标是指符合招标文件规定的国内法人或其他组织参加投标，并用本国货币结算的招标活动。其特点：在国内媒体公告并公开出售标书、公开招标。

我国目前开展的建设工程、各类货物采购和服务项目公开招标，主要是国内竞争性招标。全国涉及招标投标的地方政府和部门法规，除极少数对国际竞争性招标有所规定，绝大多数的招标程序、范围和方式都限定在国内竞争性招标范围内。《招标投标法》强调以公开招标为主，但对国际竞争性招标和国内竞争性招标未做划分和规定。该法第六条规定："依法必须进行招标的项目，其招标投标活动不受地区或者部门的限制。任何单位和个人不得违法限制或者排斥本地区、本系统以外的法人或者其他组织参加投标，不得以任何方式非法干涉招标投标活动。"第六十七条规定："使用国际组织或者外国政府贷款、援助资金的项目进行招标，贷款方、资金提供方对招标投标的具体条件和程序有不同规定的，可以适用其规定，但违背中华人民共和国的社会公共利益的除外。"

（3）公开招标的特点。公开招标有利于招标人在较大范围内选择投标人，通过激烈竞争选择合适的中标人，获得有竞争力的报价且提高项目质量。同时，公开招标由于申请人数较多，招标工作复杂，也存在招标方投入人力、物力较多，评标工作量较大，招标时间较长，成本较高等问题。总体而言，公开招标具有以下特点：

1）公开招标是最具竞争性的招标方式。公开招标中符合相关资质条件的投标人，只要有意愿均可参加竞标，通常参与竞争的投标人数量较多。在现实中，大型项目经常出现十几家、几十家甚至上百家投标人竞争的情况，竞争程度非常激烈。公开招标最大限度地为投标人提供一个平等竞争的机会，当然，这也为招标人提供了更大的选择范围，可以在众多投标人中选择最合适的中标人。

2）公开招标是程序最完整、最规范、最典型的招标方式。公开招标形式严密、步骤完整、运作环节环环相扣，是适用范围最为广阔的招标方式。国际上的招标通常是指公开招标，我国要求凡属招标范围的项目，一般首先采用公开招标的方式。

3）公开招标是所需费用最高，花费时间最长的招标方式。公开招标有一套周密而比较复杂的程序，从招标公告、招标人做出反应、评标到授予合同，招标投标需要做的准备工作和处理的实际事务比较多，且花费时间较长。公开招标文件的内容也相对较多，招标文件中要明确规范评标标准，以及买卖双方的义务等内容，工作量也非常大。

#### 2. 邀请招标

（1）邀请招标的定义。邀请招标是指招标人以投标邀请的方式邀请特定的法人或其他组织投标。邀请招标也称为有限竞争招标，是一种由招标人选择企业或组织，向其发出投标邀请，由被邀请的企业或组织投标竞争，从中选定中标人的招标方式。邀请投标的法律要素：招标人是以投标邀请书的方式邀请投标；邀请投标对象是特定的法人和其他组织。

为保证投标方式首先采用公开招标，并防止和减少招标中不正当交易和腐败现象发生，《投标招标法》第十一条对邀请招标做出了限制性规定："国务院发展计划部门确定的国家重点项目和省、自治区、直辖市人民政府确定的地方重点项目不适宜公开招标的，经国务院发展计划部门或者省、自治区、直辖市人民政府批准，可以进行邀请招标。"一般不适宜公开招标的项目有：①招标采购的技术要求高度复杂或有专门性质，只能由少数单位完成的；②招标采购价格低，为提高效益和降低费用；③有其他不宜进行公开招标的原因。

（2）邀请招标的特点。与公开招标相比，邀请招标不使用公开的公告形式，接受邀请的单位才有资格投标，投标人数量有限。邀请招标不仅节约了招标费用，而且提高了每位投标人的中标机会，这对价格波动相对较大的项目而言是有利的，可以有效降低招标时长带来的投标风险。但是，邀请招标参加的投标人数量相对较少，竞争性也有限，招标人的选择余地比较少。

### 二、物流招标文件的编写原则

编制招标文件是物流招标投标项目工作的第一步，也是最关键的一步。招标投标工作是否顺利，招标目的是否能达到，很大程度上取决于招标文件的编制水平和编制质量。招标文件要满足以下编写原则：

#### 1. 遵守法律法规

招标文件的内容必须符合国内相关法律法规，如《招标投标法》及实施条例、《中华人民共和国民法典》（简称《民法典》）等多项相关法律，遵循国际惯例、行业规范等。例如，如果招标文件规定限制外地投标人竞争等条款，就违背了《招标投标法》中的公平原则，招标文件是不能通过审查的。

#### 2. 全面反映招标项目的需求

招标的目的就是为需求服务，编制招标文件的基本要求是能够全面反映招标项目的需求。

例如，物流服务招标项目属于服务采购项目，需要在招标文件的技术服务部分提出相应的技术指标、工艺方法、质量水平等要求，在商务条款中提出评价标准、付款方式、收货方式等。这样投标人在阅读招标文件时，才能知道招标人需要的服务和标准，才能评估自己是否可以竞标，并给出合理的报价。招标文件的招标项目需求不明确，不仅给投标人编制投标文件带来很多困惑和疑问，还可能造成招标结果和履行合约的不理想。

### 3. 公正合理

公正是指公正平等地对待招标人和投标人。招标文件是具有法律效力的文件，招标投标双方都要遵守并承担相应的责任和义务。合理是指招标人提出的技术要求、商务条件必须切合实际。尤其是技术要求，需要依据前期的可行性报告、技术经济分析确立，不能盲目设置。

### 4. 公平竞争

公平竞争是指招标文件不能存有歧视性条款。招标文件应载明配套的评标因素或方法，尽量做到科学合理，在招标活动中减少人为因素，维护公平性。而且，招标文件中的所有需求，不得要求为某一特定专利、商标、名称等，不得有倾向或排斥某类投标人的内容。

### 5. 科学规范

招标文件要以规范的文字把采购的目的、要求、进度、售后服务等描述得简洁有序、准确明了。招标文件的用词、用语一定要准确无误，表述清楚，不允许用大概、大约等无法确定的词语，以及表达上含糊不清的语句，禁止使用有歧义的语言，防止投标人出现理解误差。招标文件要做到"格式统一、字体统一、语言统一、数字运用统一、技术要求使用标准统一"五个统一。

《招标投标法》第十九条规定："招标人应当根据招标项目的特点和需要编制招标文件。"第二十条规定："招标文件不得要求或者标明特定的生产供应者以及含有倾向或者排斥潜在投标人的其他内容。"这些规定构成了编制招标文件应遵循的基本原则。

## 三、物流招标文件的组成内容

招标文件是法律程序要求在具体采购过程中的体现。因此，对招标文件内容的规范也是法律的内容之一。同时，法律要求采购机构的招标文件中必须包括的内容，有利于投标人提交符合采购要求的投标，并使招标人能够在同一基础上客观和公正地评标。招标文件的详细程度和复杂程度随着招标项目和合同的大小、性质的不同而有所不同，但通常包含三方面的内容：①编写和提交投标书，包括招标公告、投标须知、投标的形式和签字方式等；②招标项目需求、项目服务需求和商务需求等；③评标办法和合同样本。这些内容是根据项目服务需求和商务需求确定的。

如何解读招标文件

### 1. 投标邀请书

投标邀请书是招标人在采用选择招标方式时，向相关投标人发出邀请其参加投标的一种文书，一般作为招标文件的第一篇。投标邀请与招标公告的内容基本一致，主要包括项目基本情况，投标人的资格要求，获取招标文件的地点和费用，提交投标文件截止时间、开标时间和地点，本次招标联系方式等。

> **小案例**

物流服务项目投标邀请书

甲项目管理有限公司（招标代理机构）受乙医院（招标人名称）（以下简称：招标人）的委托，对物流服务项目进行公开招标，欢迎有资格的投标人参加投标。

一、项目基本情况

1. 项目编号：YY1234568789
2. 项目名称：乙医院物流服务项目
3. 预算金额：300万元/年
4. 本项目设定单价最高限价，A市（主城区及各区县管辖范围），首重单价最高限价7元/千克，续重价格单价最高限价1元/千克，具体限价内容详见第二篇。
5. 项目需求：①投标人须按采购人要求，每日晚23:59前将当日邮寄信息（含收寄人信息、揽件、寄件、物流状态、邮寄投递完成情况及特殊事件等）汇总后发给招标人经办人。②服务范围：A市各辖区内的药品配送服务，包含中药饮片、西药、中成药，其中麻醉类、精神类、放射性药物、特殊管制类药物不在配送范围。③中标人必须做到邮件完好无损、100%投递到位，保证物流投递的准确性和及时性；如因药品配送造成的包括但不限于延误、投递错误、药品损坏等纠纷及争议，均由中标人进行解释说明并承担由此产生的法律责任和经济责任，且损坏药品须原价赔偿，中标人不得拒绝赔偿。④中标人保证数据安全性及保密性，严格做好患者基本信息、处方信息的保密工作，不得自行使用或向其他任何第三方提供包括但不限于患者、医生和药品等相关的任何数据信息及资料。
6. 本项目不接受联合体投标。

二、投标人的资格要求

1. 满足《中华人民共和国政府采购法》第二十二条规定。
2. 落实政府采购政策需满足的资格要求：无。
3. 本项目的特定资格要求：投标人须具有有效的快递业务经营许可证，且快递业务经营许可证的业务范围应包含国内快递（邮政企业专营业务除外）和经营地域须涵盖A市；在投标文件中提供有效的快递业务经营许可证复印件加盖投标人公章。

三、获取招标文件

1. 时间：自招标文件公告发布之日起5个工作日。
2. 方式：在"A市政府采购网"自行免费下载招标文件。

四、提交投标文件截止时间、开标时间和地点

1. 时间：2025年2月25日9点30分（北京时间）。
2. 地点：A市甲招标代理公司第一开标室。

五、公告期限

招标公告及招标文件公告期限为自本公告发布之日起5个工作日。

六、其他补充事宜：无

七、本次招标联系方式

采购人：乙医院　　　　　　　采购代理机构：甲项目管理有限公司
联系人：张××　　　　　　　　联系人：李××
电话：020-××××××××　　　电话：020-××××××××
地址：×××××××　　　　　　地址：×××××××

八、其他

1. 潜在投标人对招标文件项目需求部分的询问、质疑请向招标人提出，由招标人负责答复。

2. 有关本次招标的事项若存在变动或修改，敬请及时关注A市甲招标代理公司在"A市政府采购网"发布的更正公告。

3. 本次招标收取投标保证金：3.00万元；缴纳形式：在投标截止时间前汇入保证金账户。

### 2. 投标人须知

投标人须知是指招标文件中主要用来告知投标人投标时有关注意事项的文件，是招标投标当事人及相关人员在招标投标活动中应该遵循的程序规则。投标人须知包括：投标人、招标文件、投标文件的编制、投标文件的递交、开标与评标、定标和中标、签订合同等内容。

（1）投标人。投标人部分一般包括投保人范围、投标人条件、投标人风险以及法律责任等。其目的是规范投标人行为，并明确相关法律法规。物流服务属于采购服务，一般适用《招标投标法》及其实施条例，如果是政府采购则适用法律《中华人民共和国政府采购法》（简称《政府采购法》）及其实施条例、《政府采购货物和服务招标投标管理办法》等有关法律、规章和规定等。

> **小案例**
>
> 一、投标人
>
> （一）投标人的概念
>
> 投标人是指响应招标、参加投标竞争的法人、其他组织或者自然人。
>
> （二）合格的投标人的条件
>
> 合格的投标人应完全符合招标文件第一篇中规定的投标人资格条件，并对招标文件做出实质性响应。
>
> （三）投标人的风险
>
> 投标人没有按照招标文件要求提供全部资料，或者投标人没有对招标文件在各方面做出实质性响应，可能导致投标被拒绝或评定为无效投标。
>
> （四）法律责任
>
> 投标人违反《中华人民共和国政府采购法》《中华人民共和国政府采购法实施条例》等相关规定，将按规定追究投标人法律责任。

以上述物流服务项目投标邀请书为例，由于乙医院属于事业单位，使用资金为财政资金，物流服务项目是政府采购项目，因此这里的法律责任适用的是《招标投标法》和《政府采购法》及相关法律规定。

（2）招标文件。招标文件是对招标投标活动具有法律约束力的最主要文件。招标文件包括招标文件的构成、澄清、修改。招标文件的构成包括：投标邀请、投标人须知、项目需求、评标方法与评标标准、合同条款及格式、投标文件格式等。

> **小案例**
>
> 二、招标文件
>
> 招标文件是投标人编制投标文件的依据，是评标委员会的评判依据和标准。招标文件也是招标人与中标人签订合同的基础。
>
> （一）招标文件由投标邀请书、项目服务需求、商务条款、投标人须知、评标方法和评标标准、合同主要条款及合同范本、投标文件格式等七部分组成。
>
> （二）招标代理机构对招标文件所做的一切有效的书面通知、修改及补充，都是招标文件不可分割的部分。
>
> （三）本项目的招标文件、澄清文件（如果有）一律在A市政府采购网上发布，请各投标人注意下载或到招标代理机构处领取；无论投标人下载或领取与否，均视同投标人已知晓本项目招标文件、澄清文件的内容。
>
> （四）招标代理机构对已发出的招标文件需要进行澄清或修改的，应以书面形式或公告形式通知所有招标文件收受人。该澄清或者修改的内容为招标文件的组成部分。

（3）投标文件的编制。投标文件是投标人响应招标要求和依据招标文件向招标人、招标代理机构发出的要约文件。招标文件应当对投标文件的组成、投标文件的编制、投标文件的语言及度量衡单位、证明投标人资格及符合招标文件规定的文件、投标配置与分项报价表、投标函和开标一览表、投标保证金、投标有效期等内容做出明确规定。

> **小案例**
>
> 三、投标文件
>
> 投标人应当按照招标文件的要求编制投标文件，并对招标文件提出的要求和条件做出实质性响应。投标文件原则上采用软面订本，同时应编制完整的页码、目录。
>
> （一）投标文件组成
>
> 投标文件由第七篇"投标文件格式"规定的部分和投标人所做的一切有效补充、修改和承诺等文件组成。投标人应按照第七篇"投标文件格式"规定的目录顺序组织编写和装订，否则有可能影响评委对投标文件的评审。
>
> （二）联合投标
>
> 本项目不接受联合体投标。
>
> （三）投标有效期
>
> 投标有效期为投标截止时间起90天。
>
> （四）投标保证金
>
> 1. 投标人应在投标截止时间前，按招标文件第一篇规定交纳投标保证金。
> 2. 投标保证金为投标的有效约束条件。

3. 中标通知书发出后,由5个工作日内退还未中标人的投标保证金;在采购合同签订后,由5个工作日退还中标人的投标保证金。

（五）投标报价

1. 投标人应严格按照"投标文件格式"中"开标一览表"和"分项报价明细表"的格式填写报价。

2. 投标人的报价为一次性报价,即在投标有效期内投标价格固定不变。

3. 本项目只接受一个投标报价,有选择的或有条件的报价将不予接受。

（六）修正错误

若投标文件出现计算或表达上的错误,修正错误的原则如下:

1. 投标文件中开标一览表（报价表）内容与投标文件中相应内容不一致的,以开标一览表（报价表）为准。

2. 大写金额和小写金额不一致的,以大写金额为准。

（4）投标文件的递交。投标文件的递交包括投标文件的装订、签署、密封和递交。实操中招标人或招标代理机构一般会在招标文件中要求投标人如何装订、签署和密封递交投标文件。例如:"正本与副本要分别密封包装,包装袋封口处签字盖章""投标文件不应有涂改增删之处,如有错误必须修改时,修改处必须由原授权代表签署或盖单位公章""投标文件的封套未按要求密封者,其投标文件将被视为无效投标"等。

> **小案例**

四、投标文件的递交

（一）投标文件的份数和签署

1. 投标文件一式五份,其中正本一份,副本三份,电子文档一份（电子文档内容应与投标文件正本一致,推荐采用光盘或U盘为文件载体）。每套投标文件须在封面清楚地标明"正本""副本"或"电子文档",副本可为正本的完整复印件,副本与正本不一致时以正本为准。

2. 在投标文件正本中,招标文件第七篇"投标文件格式"中规定签署、盖章的地方必须按其规定签署、盖章。

3. 若投标人对投标文件的错处做必要修改,则应在修改处加盖投标人公章或由法定代表人（或其授权代表）或自然人（投标人为自然人）签署确认。

（二）投标文件的递交方式

投标文件的正本、副本以及电子文档均应密封送达投标地点,应在封套上注明项目名称、投标人名称。若正本、副本以及电子文档分别进行密封,还应在封套上注明"正本""副本""电子文档"字样。

（5）开标与评标。招标文件投标人须知内需要对开标与评标的程序进行说明,对评标委员会的组成评标办法、投标文件的澄清、评标过程的保密性和无效投标与废标的条款做出说明。

> **小案例**

五、开标

（一）开标应当在招标文件中"投标邀请书"确定的时间和地点公开进行。

（二）采购代理机构可视采购具体情况，延长投标截止时间和开标时间，并将变更时间书面通知所有招标文件收受人。

（三）开标由采购人或采购代理机构主持，邀请投标人和有关监督部门代表参加，有关监督部门可视情况派员现场监督。

（四）开标时，由投标人或者其推选的代表检查投标文件的密封情况；经确认无误后，由采购人或者采购代理机构工作人员当众拆封，宣布投标人名称、投标价格和开标一览表规定的需要宣布的其他内容。投标人不足三家的，不得开标。

（五）未宣读的投标价格、价格折扣和招标文件允许提供的备选投标方案等实质性内容，评标时不予承认。

（六）开标过程应由采购人或采购代理机构指定专人负责记录，并存档备查。

（七）投标人未参加开标的，视同认可开标结果。

六、评标

见第五篇"评标办法"内容。

（6）定标和中标。定标是指根据评标结果产生中标（候选）人。评标委员会按照评标结果推荐中标候选人，一般为 2～3 家。中标是指招标人根据评标委员会推荐的中标候选人确定中标人，招标人向经评选的投标人发出中标通知书，并在规定的时间内与之签订书面合同。

> **小案例**

七、定标

（一）定标原则

采购人或其授权的评标委员会应按照评标报告中推荐的中标候选人排名顺序确定中标人。

（二）定标程序

1. 采购代理机构应当在评标结束后 2 个工作日内将评标报告送采购人。

2. 采购人应当自收到评标报告之日起 5 个工作日内按评标报告推荐的中标候选人顺序确定中标人。

3. 采购人或者采购代理机构应当自中标人确定之日起 2 个工作日内，在 A 市政府采购网上公告中标结果。中标公告期限为 1 个工作日。

八、中标

（一）采购人依法确定中标人后，采购代理机构以书面形式发出中标通知书。

（二）中标通知书发出后，采购人改变中标结果，或者中标人放弃中标，应当承担相应的法律责任。

（7）签订合同。中标人应当在中标通知书发出之日起 30 日内，按照招标文件确定的事项与采购人签订采购合同。招标文件、中标人的投标文件及招标过程中有关澄清、承诺的文件均应作为合同附件。

> **小案例**
>
> 九、签订合同
>
> （一）招标人原则上应在中标通知书发出之日起 30 日内和中标人签订政府采购合同，无正当理由不得拒绝或拖延合同签订。所签订的合同不得对招标文件和中标人投标文件做实质性修改。其他未尽事宜由招标人和中标人在采购合同中详细约定。
>
> （二）招标人应当自合同签订之日起 7 个工作日内，在"政府采购业务管理系统"进行合同登记备案；2 个工作日内按相关管理要求在某市政府采购网上公告政府采购合同，但政府采购合同中涉及国家秘密、商业秘密的内容除外。未按要求公告及备案的，应当及时进行补充公告及备案。
>
> （三）招标文件、中标人的投标文件及澄清文件等，均为签订政府采购合同的依据。
>
> （四）合同生效条款由供需双方约定，法律、行政法规规定应当办理批准、登记等手续后生效的合同，依照其规定。
>
> （五）合同原则上应按照 A 市政府采购合同签订，相关单位要求适用合同通用格式版本的，应按其要求另行签订其他合同。

### 3．提交资格、资信证明文件

《招标投标法》《政府采购法》和《政府采购货物和服务招标投标管理办法》明确了资格审查的主体，即招标人或者招标代理机构应当依法对投标人资格进行审查。因此，招标文件中必须明确资格要求、资格审查方法、需要提供的资格证明文件等。

### 4．投标保证金

招标文件应当明确投标保证金交纳、退还方式，以及不予退还投标保证金的情形。投标保证金是在招标投标活动中，投标人向招标人或招标代理机构递交的投标责任担保金。投标保证金的作用是担保投标人在投标截止时间后不得撤销其投标，投标人不得串通投标、虚假投标，投标人中标后即受合同约束等行为。《中华人民共和国招标投标法实施条例》第二十六条规定："招标人在招标文件中要求投标人提交投标保证金的，投标保证金不得超过招标项目估算价的 2%。"第五十八条规定："招标文件要求中标人提交履约保证金的，中标人应当按照招标文件的要求提交。履约保证金不得超过中标合同金额的 10%。"

> **小案例**
>
> 保证金不予退还的情形有：
> ① 中标人在中标后无正当理由不与招标人签订合同的。
> ② 投标有效期内投标人撤销投标文件的。
> ③ 提供虚假材料谋取成交的。
> ④ 采取不正当手段诋毁、排挤其他投标人的。
> ⑤ 与招标人或者其他投标人恶意串通的。
> ⑥ 中标人在中标后将中标项目转让给他人，或者在投标文件中未说明且未经招标人同意，将中标项目分包给他人的。
> ⑦ 中标人在中标后拒绝履行合同义务的。

### 5. 项目技术/服务要求

招标项目的技术规格、数量、服务标准、验收等要求，是项目需求的核心内容，这部分将在"物流招标文件的核心要素"部分进行详细介绍。

### 6. 拟签订的合同文本

《招标投标法》第十九条规定："招标人应当根据招标项目的特点和需要编制招标文件。招标文件应当包括招标项目的技术要求、对投标人资格审查的标准、投标报价要求和评标标准等所有实质性要求和条件以及拟签订合同的主要条款。"《政府采购法》及其实施条例规定，招标文件应当包括采购项目的商务条件、采购需求、投标人的资格条件、投标报价要求、评标方法、评标标准以及拟签订的合同文本等。合同文本是招标文件的重要组成部分，是投标人提出要约的重要依据，是招标人与中标人订立合同的基础。

目前尚无招标投标的合同标准文本。为提高效率，减少合同编制风险，应按照《招标投标法》《政府采购法》及其实施条例和《民法典》相关规定，参阅借鉴其他政府部门编制的标准或示范招标文件的合同文本或行业示范合同文本，并考虑不同项目的适用特点拟定合同。这里需要强调的是，拟定的合同不能与招标文件存在实质性的差异。

### 7. 货物、服务提供的时间、地点和方式

货物、服务采购项目交付或者实施的时间和地点对投标人报价和合同履行有影响，招标人在确定采购项目交付或者实施的时间和地点时应注意：工期或交货期是影响价格的重要因素，也是违约误期罚款的唯一依据。因此，确定工期或交货期要符合实际情况，以保证质量为基本前提条件，充分考虑项目活动组织实施和产品生产、服务提供的正常周期，国家有合理工期规定的，应按国家要求执行。项目交付的地点应考虑使用人或下一工序要求，地点要准确。

### 8. 资金的支付方式、时间、条件

支付方式根据招标投标项目类别有所不同，货物类项目主要是货到验收合格后付款，服务类项目和工程类项目则是预付款、按进度付款和质量保证期过后付尾款。但无论采用何种方式付款都需要在招标文件中进行事先约定，按照约定方式和时间付款。

资金的支付方式、时间、条件等内容须在招标文件中事先予以明确，投标人和中标人在签订合同或履约过程中，如果不能按合同约定的付款方式付款，属于违约行为的可要求违约方履行按合同支付价款的义务，否则违约方还需要支付违约金。

### 9. 评标方法、评标标准和投标无效情形

评标办法是在招标过程中，对投标人提出的方案、报价、技术等进行审查、比较，从而确定最终中标人的评价方法。常用的评标方法分为最低评标价法和综合评标法。最低评标价法是指投标文件满足招标文件全部实质性要求且投标报价最低的投标人为中标候选人的评标方法；综合评标法是指投标文件满足招标文件全部实质性要求且按照评审因素的量化指标评审得分最高的投标人为中标候选人的评标方法。招标文件中应明确项目的具体评标方法。

无效投标是指某一投标人的投标文件经资格审查或符合性审查后被认定为不合格，而将其投标界定为投标无效。无效投标涉及投标人的投标行为有效性，如被判为无效投标，则失去了参与竞争及中标的机会和可能。因此，招标文件应当对无效投标的情形做出明确规定。

根据《招标投标法》及实施条例的相关规定，以下情况属于投标无效：

① 投标文件未经投标单位盖章和单位负责人签字。

② 投标联合体没有提交共同投标协议。
③ 投标人不符合国家或者招标文件规定的资格条件。
④ 同一投标人提交两个以上不同的投标文件或者投标报价，但招标文件要求提交备选投标的除外。
⑤ 投标报价低于成本或者高于招标文件设定的最高投标限价。
⑥ 投标文件没有对招标文件的实质性要求和条件做出响应。
⑦ 投标人有串通投标、弄虚作假、行贿等违法行为。

### 10．投标有效期

投标有效期是指为保证招标人有足够的时间在开标后完成评标、定标、合同签订等工作，而要求投标人提交的投标文件在一定时间内保持有效的期限。

按照《民法典》的有关规定，作为邀约人的投标人提交的投标文件属于邀约。邀约通过开标生效后，投标人就不能再行撤回。一旦作为受邀约人的招标人做出承诺，并送达邀约人，合同即告成立，邀约人不得拒绝。在投标有效期截止前，投标人必须对自己提交的投标文件承担相应法律责任。一方面，投标人必须根据招标文件规定的投标有效期来响应投标，否则其投标无效。投标有效期内，投标人不得撤销投标文件，否则，保证金可以不予退还。另一方面，对招标人而言，投标有效期也具有约束力，所以招标人应当在投标有效期内发出中标通知书。

### 11．招标代理服务费

招标代理服务费是指招标代理机构接受招标人的委托，从事招标代理活动所应收取的费用。招标代理机构服务费原来按照国家发改委《招标代理服务收费管理暂行办法》和《关于招标代理服务收费有关问题的通知》的具体收费方式和标准执行。

根据《招标代理服务收费管理暂行办法》的规定，招标代理服务实行"谁委托谁付费"原则，此后《关于招标代理服务收费有关问题的通知》对该项收费原则做出修改，规定招标代理服务费应由招标人支付，招标人、招标代理机构与投标人另有约定的，从其约定。根据该规定，在没有特殊约定的情况下，招标代理服务费的收费对象应当是招标人，如果招标人、招标代理机构和投标人约定由投标人支付的，收费对象可以为投标人。

## 四、物流招标文件的核心要素

在编制招标文件时，正确分析招标目的、确认物流服务需求是核心工作，同时也是技术难度最大的一项工作。要想正确把握物流招标文件编制的核心，就需要招标企业综合了解目前国内外物流行业的最新发展动态，深入了解国内外物流行业的发展水平，合理提出物流业务的招标需求，通过物流项目招标工作寻求最为合适的物流服务，从整体上提高招标企业的经营管理和物流运作质量，提升终端对客服务水平，增强企业的市场竞争力。

### 1．项目需求

项目需求是对招标项目的技术/服务需求特征的描述，包括招标项目的功能、技术/服务性能、质量标准、价格、工期/交货期、政策等多项要求。招标技术/服务需求是招标项目的统领，是招标人编制预算、拟定项目实施方案、确定项目方式和评审方法、编制招标文件，投标人编制投标（响应）文件，评标委员会评审，招标人和中标人签订项目合同、组织履约验收，招标人、招标代理机构和政府部门答复质疑和处理投诉的依据。因此，项目需求应当完整、合规、明确，符合国家法律法规规定，执行相关标准规范，落实招标政策要求，描述明确、表述规范、含义准确。

（1）招标项目需要实现的功能或者目标。招标项目需要实现的功能是指招标项目能够满足招标人需求的一种属性。凡是满足使用者需求（现实需求、潜在需求）的任何一种属性都属于功能的范畴。招标项目的功能包括必要功能和不必要功能，或者说包括基本功能和辅助功能。招标人、招标代理机构应根据满足必要功能和基本功能，剔除不必要功能的原则设计招标项目功能，实现招标项目的目标。

（2）招标项目需要执行的相关标准规范。招标需求通过采用招标标准、规范，体现招标项目能够满足保障人身健康和生命财产安全、国家安全、生态环境安全等生产和使用要求，表达对招标项目质量的要求。

招标项目应当执行国家相关标准、行业标准、地方标准等标准规范。因此，招标人在编制项目需求时应当考虑招标项目应执行的标准规范，包括招标需求标准，相关国家标准、行业标准、地方标准以及其他标准、规范。国家强制性标准必须执行；尽可能地采用国家标准；没有国家标准，或国家标准不适用时，可以采用行业标准。

（3）招标需求需要满足的质量、安全、技术/服务规格、物理特性等要求。招标需求的质量、安全、技术/服务规格、物理特性等要求，应当符合国家相关强制性标准规范、强制性招标需求标准、预算保障和资产配置等相关标准。为使投标人能够正确领会招标人的意图，招标人在编制采购项目的技术参数和服务标准要求时，应详细描述采购项目的技术参数和服务标准要求，做到没有歧义。

（4）招标需求的验收标准。验收即按照招标合同的约定，对中标人每一项技术、服务、安全标准的履约情况进行检验。验收标准是招标人或者招标代理机构或邀请的国家认可的质量检测机构，对中标人履行合同进行检验的依据。

### 小案例

**物流服务项目服务需求**

**1. 邮寄信息统计**

投标人须按招标人要求，每日晚 23:59 前将当日邮寄信息（含收寄人信息、揽件、寄件、物流状态、邮寄投递完成情况及特殊事件等）汇总后发给招标人经办人。

**2. 服务范围与时限要求**

（1）服务范围。A 市各辖区内的药品配送服务，包含中药饮片、西药、中成药，其中麻醉类、精神类、放射性药物，特殊管制类药物不在配送范围。

（2）收寄时限要求。配送交付时间不受节假日的影响，如有特殊交付要求或急送要求的，经双方协商一致后，中标人须按时交付。若因中标人原因未能及时将相关药品送至患者处，中标人应及时向采购人报告，并由中标人承担一切责任和经济赔偿并负责解决问题。

**3. 服务质量要求**

（1）中标人必须做到邮件完好无损、100% 投递到位，保证物流投递的准确性和及时性；如因药品配送造成的包括但不限于延误、投递错误、药品损坏等纠纷及争议，均由中标人进行解释说明并承担因此产生的法律责任和经济责任，且损坏的药品须原价赔偿，中标人不得拒绝赔偿。

（2）严格按照《中华人民共和国邮政法》《快递暂行条例》《快递市场管理办法》《快递业务经营许可管理办法》《国家邮政业突发事件应急预案》及其他相关法律法规规定提供快递服务。

（3）中标人保证数据安全性及保密性，严格做好患者基本信息、处方信息的保密工作，不得自行使用或向其他任何第三方提供包括但不限于患者、医生和药品等相关的任何数据信息及资料。

4．邮件交接、处理及人员要求

（1）中标人应采用专业包装盒运输，应根据实际情况在配送的包装中放入缓冲气柱等缓冲物，避免寄送药品途中损坏，冷藏药品需要在冷藏环境下运输、储存，确保每个邮件按时按规妥投。

（2）中标人须在招标人单位至少设立3名快递邮寄服务人员，引导寄件人员填写运单单据并协助邮件邮寄，该服务工作时间为08:00—20:30。

（3）中标人须设立专业客服对邮件所有邮寄过程进行全流程管理，每日核对跟踪物流完成情况，对日投递单进行日清，未能及时投递的要及时反馈。

（4）快递取件或投递人员在任何情况下不得与采购工作人员、收货地相关人员发生争执。

5．信息反馈和跟踪

邮件或消息查询：投标人须提供物流查询系统和免费推送物流信息给寄件人，可实时查询物流信息。

### 2．资格条件

投标人参加招标投标活动必须具有相应的资格条件，是国际通行做法。我国《招标投标法》第十八条规定：招标人可以根据招标项目本身的要求，在招标公告或者投标邀请书中，要求潜在投标人提供有关资质证明文件和业绩情况，并对潜在投标人进行资格审查；国家对投标人的资格条件有规定的，依照其规定。《政府采购法》借鉴了联合国贸易委员会《货物、工程和服务采购示范法》第六条有关投标人资格条件的规定，主要体现在第二十二条的规定上。对投标人参加政府采购活动提出基本的资格条件的主要原因，一是在招投标活动中，通过资格条件要求，引导全社会自觉遵纪守法，维护国家利益和社会公共利益，鼓励诚信。二是招投标项目都是为了保障政府运转、履职和提供公共服务的需要。三是招投标要做到从源头上保证投标人在同等条件下进行公平竞争。

> **小案例**

基本资格条件承诺函

致　　　　　　　　（招标代理机构名称）：

　　　　　　　　　（投标人名称）郑重承诺：

1．我方具有良好的商业信誉和健全的财务会计制度，具有履行合同所必需的设备和专业技术能力，具有依法缴纳税收和社会保障金的良好记录，参加本项目采购活动前三年内无重大违法活动记录。

2. 我方未列入在信用中国网站"失信被执行人""重大税收违法案件当事人名单"中，也未列入中国政府采购网"政府采购严重违法失信行为记录名单"中。

3. 我方在采购项目评审（评标）环节结束后，随时接受采购人、采购代理机构的检查验证，配合提供相关证明材料，证明符合《中华人民共和国政府采购法》规定的投标人基本资格条件。

我方对以上承诺负全部法律责任。

特此承诺。

（投标人公章）

年　月　日

资格条件在提供资料的时候，根据招标文件要求，商业信用、财务制度、设备和专业能力、无失信情况、纳税情况等可以通过承诺函的方式提供。

### 3．评标办法、评标标准和评审因素

（1）评标办法。招标投标最常用的评标办法是最低评标价法和综合评标法。招标人、招标代理机构应根据招标投标法律法规的有关规定，结合项目需求特性，选择确定合适的评标方法。

（2）评标标准和评审因素。评标标准是评标中评价投标文件的依据和准则，评审因素是在评标中评价投标文件的要素和因子。评标标准和评审因素与招标项目采用的评标办法有关，不同的评标办法决定了不同的评标标准及评审因素。最低评标价法是在投标文件满足招标文件全部实质性要求后，比较投标报价的高低，即评审因素只有价格因素一项。综合评标法是在投标文件满足招标文件全部实质性要求后，多维度综合比较投标人的投标文件，其评审因素不止一项，包括价格、技术、业绩、服务等。

评审因素的设置主要考虑以下几点：①对症下药，梳理出不同招标项目须重点把握的评标因素；②寻求价格、技术/服务的最佳结合点，确定具体分值权重；③对报价因素赋值范围的考虑尺度；④技术/服务标准要单列和细化，便于进行对比和评价。

## 五、物流招标文件编写注意事项

对于招标人来说编制招标文件、安排招标活动等一系列准备工作的目的是选择到适合的物流服务商。因此，编制招标文件也是整个招标工作的重点。从实际操作和中标结果的角度看，在编制招标文件时，招标企业应把握好以下关键点，并应在编制招标文件时予以详细分析。

### 1．明确物流项目的招标需求

招标人必须明确招标物流项目的物流技术/服务需求内容，并在招标文件中尽可能详尽地表达出来，这是招标工作能否最终实现预期目标的关键。否则，后续工作将失去意义，最终结果也只能是差强人意。

招标人在明确其具体的物流技术/服务需求时，对于物流实际需求方面的要求，做到尽可能的详细，如操作流程、操作要求的信息系统、时效要求、高峰时段服务要求、异常情况处理要求、货物保险要求、终端对客户的服务要求等。这样才能为招标文件的编制打好基础。

需要注意，在招标文件中项目需求在设定技术、服务要求时，不能按照自身的喜好或不正当利益关系设定某一特定投标人或特定产品独有的技术或服务，从而达到排斥其他潜在投标人的目的。同时，招标人或招标代理机构在招标公告、资格预审文件或招标文件中不能限定或者指定特定的专利、商标、品牌或者投标人，这是典型的以不合理条件限制或排斥其他潜在投标人的行为。

### 2. 对投标企业类型的条件设置

招标人可在招标公告和招标文件中要求潜在投标人具有相应的资格、技术和商务条件，但不得脱离招标项目的具体特点和实际需要。以物流企业规模为例，促进中小企业发展是政府采购一项重要的政策功能，《政府采购促进中小企业发展管理办法》（财库〔2020〕46号）中规定，采购人在政府采购活动中应当合理确定采购项目的采购需求，不得以企业注册资本、资产总额、营业收入、从业人员、纳税额等规模条件和财务指标作为供应商的资格要求或者评审因素，不得在企业股权结构、经营年限等方面对中小企业实行差别待遇或者歧视待遇。因此，无论出于何种考虑，招标人或者招标代理机构都不得将投标人的规模条件设定为资格条件。

### 3. 合理物流项目的评标标准

招标人明确具体的物流技术/服务需求，并在招标文件中尽可能详细、清晰地表达出来，这是招标工作最终实现预期目的的第一个关键点；而合理的评标标准则是第二个关键点。

评标标准由招标企业主导和制定，虽然不同的招标人的物流技术/服务需求会导致不同的评标标准，但需要注意一些问题。第一，招标人或招标代理机构在设置评审因素时不得设置特定行政区域或者特定行业的业绩、奖项为标准，也不能将投标人的注册资本、资产总额、营业收入、从业人员、利润、纳税额等规模条件作为资格条件的评审因素。第二，在理解和适用法律规定的基础上，项目可以从本身具有的技术管理特点和实际需要，从技术和服务的各个方面设置评审因素，例如可以将投标人具有类似业绩、奖项作为评审因素，评价投标人在该项目上的执行能力。第三，在设置评审标准时，评审因素的量化指标与分值相对应。这包含两层意思：①评审因素的指标必须是可以量化的，不能量化的指标不能作为评审因素；②评审因素的指标量化后，评分标准的分值也必须量化，也就是说分值必须量化到区间。

> **素养提升**
>
> **AI 在物流项目招标投标中的应用**
>
> 在当今数字化快速发展的时代，AI 正逐渐渗透物流项目的招标投标领域，为这一传统流程带来了创新和变革。
>
> 在招标环节，人工智能可以协助招标方更精准地定义项目需求。以物流项目为例，通过对历史数据的分析和机器学习算法，AI 能够预测未来的物流流量、运输路线的复杂程度，以及可能出现的风险因素。这使招标方能够制定出更贴合实际、更具前瞻性的招标要求，提高招标的准确性和有效性。
>
> 对于投标方而言，人工智能成为强大的助手。利用自然语言处理技术，AI 可以快速解析复杂的招标文件，提取关键信息，确保投标方不错过任何重要细节。同时，基于大数据的分析，AI 能够评估自身企业在类似项目中的表现和竞争力，为制定投标策略提供

有力的支持。

在评标过程中，人工智能更是发挥了重要作用。它可以对大量的投标方案进行快速、全面的比较和评估。通过建立科学的评估模型，AI 能够综合考虑价格、服务质量、运输效率、风险应对能力等多维度因素，为评标人员提供客观、准确的参考意见，大大提高了评标的效率和公正性。

此外，人工智能还能够实时监测市场动态和竞争对手的情况，帮助投标方及时调整策略，提高中标概率。在合同签订后的执行阶段，AI 可以对物流项目的进展进行实时监控和预测，提前预警可能出现的问题，保障项目的顺利进行。

人工智能的参与为物流项目的招标投标带来了更高的效率、更精准的决策和更公平的竞争环境，推动了物流行业的创新发展和资源的优化配置。

## 单元三　物流项目的投标

**重难点**：投标文件编制的主要内容；投标文件的编制要点

### 📋 引导案例

**河南新宁现代物流股份有限公司中标越南保税仓项目**

在全球经济一体化进程加速的背景下，跨境物流市场呈现出蓬勃发展的态势。联宝（合肥）电子科技有限公司作为行业内的领军企业，为进一步优化其供应链体系，提升跨境及本地运输效率，决定开展《LCFC 中国—越南跨境及越南本地卡车运输项目》的招标工作。

河南新宁现代物流股份有限公司（以下简称新宁物流）领导十分重视此次投标工作，对技术质量和投标文件等都做出了明确要求。由于项目时间紧、任务重，新宁物流迅速组建了标案专项工作组，成员涵盖业务发展中心、运输管理中心等。项目推动过程中，各部门紧密联动，加强配合，开展调研、分析和试运作，有针对性地完善价格体系、运营质量和综合服务能力，高质量完成了本次投标。

在标案专项工作组全体成员的高效协同和不懈努力下，新宁物流凭借优秀的运输方案和运营质量、完善的服务标准及合理的报价在众多竞争对手中脱颖而出。2025 年 3 月 27 日，新宁物流收到中标通知。

此次中标不仅是联想、联晟、联宝对新宁物流跨境运输服务能力的高度认可，更是新宁物流拓展东盟市场的又一次新突破。

说一说：投标需要注重哪些方面？

### 一、组建物流投标项目团队

物流项目投标工作环节非常多，从查找信息、购买文件、现场勘探、制作标书、投标、参与开标等，环环相扣，哪一步出错都可能失去中标机会。投标团队中既要有对招标投标环节熟悉的领导者，也要有各司其职的团队成员，这样才能保证工作有条不紊地进行，提高中标概率。因此，在投标过程中，首先需要组建合理的物流项目投标团队，制订投标计划，有序开展工作。

投标团队必须要有符合资质要求的专业人才组成，具体要求应该是：①团队中要有较强的物流专业能力和思维能力的人员，能够对各种物流问题进行综合、概括、分析，并做出正确的判断和决策；②团队中要有具备一定的法律知识和实际工作经验的人员，对物流业务所遵循的各项规章制度有充分的了解，并对实际物流工作有较强的预测能力和应变能力；③团队要有具备相应的税法、保险、采购、保函、索赔等专业知识的人员。

## 二、理解物流招标文件的内容

招标投标活动中投标人要想提高中标率，编制一份符合要求的标书是必不可少的条件，而编制一份好的标书的前提就是要认真研读和理解招标文件，从中了解招标人的需求。理解越透彻、细致，在编制标书时就越能有的放矢，踩到得分点，进而避开无效投标雷区；同时也能及时发现招标文件不明确和阐述模糊的地方，为编制优秀标书争取时间。认真研读招标文件有利于团队成员进行任务的分配和责任的明确，有利于团队成员的后续协作。

因此，标书制作的第一步应从理解招标文件入手。常见的招标文件一般都有相对固定的格式和内容。招标文件的内容都会列示在目录中，一般包括7个部分：招标公告、投标人须知、商务需求、技术需求、评分标准、合同条款和文件格式。有些招标文件还会在目录前增加"特别提示：投标注意事项"。

### 1. 招标公告的相关内容

（1）项目类别名称。项目名称是招标文件的标题内容，也是投标文件的标题内容。招标文件的题目格式多样，但投标文件的项目名称都要以招标文件项目名称为准，不得随便改动。

（2）项目编号。项目编号是指招标文件的编号，是招标人或招标代理机构按内部文件顺序编的文件编号，是招标人或招标代理机构命名招标项目的一种方式。项目编号按规定顺序编码排列，方便其管理查询和存档保管。

（3）项目概况。项目概况一般包括项目需求和项目预算。项目需求是招标文件也是投标文件的核心部分，在编制投标文件前必须全面准确地把握，如有疑问，可以咨询招标人或者招标代理机构。项目预算也称招标控制价，不得超过投标的最高限价。

### 2. 投标人资格条件

招标文件一般会要求投标人符合《招标投标法》或《中华人民共和国政府采购法》的资格条件。除上述一般规定外，针对不同的项目需求，招标文件还会规定特别的资格要求，如单位负责人为同一人或者存在直接控股、管理关系的不同投标人不得同时参加同一项目的招标活动，不接受联合体投标等。

### 3. 时间节点和地点

招标投标是程序化的，对时间有严格规定的交易行为。招标投标的每一个环节都有相应的时间要求，在阅读招标文件时要特别注意这些时间节点：①报名时间，包括报名开始、截止时间，同时需留意报名方式；②保证金缴纳时间，保证金截止时间可能会早于投标截止时间；③对招标文件提出询问、招标人澄清截止时间、投标人提出质疑的截止时间。

### 4. 导致废标的可能因素

投标不符合招标文件中明确指出的资格性审查和符合性审查情况，将导致废标，废标后将不能参与后面的评审环节。常见的废标情况有：①逾期送达或者未送达指定地点；②未按要求制作投标书，或未按要求签字盖章，或未按要求密封；③未按招标文件的要求提供投标保证金；④未按招标文件的要求提供资格性审查资料；⑤未按招标文件的要求提供符合性审查资料等。

### 5. 注意要求开标现场携带原件备查的条款

投标文件一般要求证件材料的复印件，但一般会要求有原件备查。所有要求原件备查的证件材料都必须将原件带到投标现场。要对照招标文件相关要求，开标前准备好，开标现场带齐。一般会要求携带的原件如下：

1）营业执照。
2）资质类证明。
3）审计报告或财务报表。
4）各种认证证书。
5）法定代表人或授权委托人身份证。
6）项目预计参与者的有关的证件（身份证、职称证、学历证、单位缴纳养老保险证明等）。
7）招标文件中要求的设备采购发票原件。

### 6. 招标项目评分标准

招标文件中的项目评分标准是编制投标书的重要参考内容。投标人在解读招标文件时，一定要逐项阅读评分标准，找出自己的得分项，并根据得分项撰写投标书的相关内容，准备相关材料。

评分标准一般分为两大类：技术性评分（主观分）和商务类评分（客观分）。主观分是评委在一定范围内（评分标准）根据自己主观评判打出的分；客观分即有精细的评标细则和客观标准的打分项，评委不得按照主观意愿打分。

### 7. 招标项目技术/服务及商务要求

招标文件的技术/服务要求也就是前面所说的项目需求，一般应包含但不限于以下内容：①项目需要实现的功能或者目标；②项目需求执行的国家相关标准、行业标准、地方标准或者其他标准规范；③项目要满足的质量安全、技术/服务规格、物理特性等要求；④项目需要的数量，交付或者实施的时间和地点；⑤项目需要满足的技术或服务标准、期限等要求等。

招标文件的商务要求通常包括交货时间、地点及验收方式，质保要求，售后服务等。

### 8. 招标文件中的合同条款

合同条款以招标文件为基准，但也要细看每条要求，如有招标文件中没有提及的内容，可补充编制到投标文件中。阅读合同条款时可以重点关注这些方面：误期赔偿费的金额和最高限额的规定、履约保证金的规定（是否用保函的形式、金额大小、缴纳日期）、付款方面（是否有预付款、进度付款的方法等）、不可抗力造成的损害的补偿办法等相关要求。

### 9. 招标文件中的格式要求

投标文件的编制包括编制要求和投标文件的装订要求。投标人编制投标文件应当遵守法律法规规定，并按照招标文件的要求编制，做到完整无误。投标文件包括封面、目录、附录，须与招标文件一致。投标文件的纸张大小、页面设置、页边距、页眉、页脚字体、字号等须按规定统一。例如，招标文件就投标文件的格式、纸张等做出要求："投标文件应字迹清楚、内容齐全、不得涂改；投标人应在投标文件中写清相应的项目编号、投标人全称、地址、电话、传真，并由授权代表签字或盖章；投标人应按照招标文件所规定的内容顺序，统一用 A4 规格幅面打印、装订成册并编制完整页码和目录。"

招标文件除了对投标文件的格式有要求外，一般还会附有独立的文件格式，在编制投标文件时可直接利用。另外，凡是招标文件附有格式的文件都必须按要求填制，不得缺项。

### 三、撰写物流项目投标书

投标的基本前提是响应招标文件的实质性要求和条件。投标文件是对招标文件的各项条款和标准做出最大限度的响应，满足招标文件中规定的各项综合评价标准。投标文件编制过程中必须对招标文件规定的条款要求逐条做出响应，严格按照招标文件填报，不得对招标文件进行修改，不得遗漏或者回避招标文件中的问题，更不能提出任何附带条件，否则将被评标委员会视作有偏差或不响应导致扣分，严重的还将导致废标。投标文件的编制一般分为整理招标文件信息、搭建标书框架、标书内容撰写等步骤。

#### 1. 整理招标文件信息

获得招标文件后，首先要详细阅读招标文件。在理解、分析招标文件的基础上，把重要的信息标注、整理出来，主要包括质量要求、工期/交货期要求、安全目标、资质要求、业绩要求、人员要求、投标保证金的提交时间和方式、标书的份数、密封要求、开标时间、评标办法等。整理招标文件信息后，要做到心中有数，针对投标要求有目的地逐项整理和落实，收集资料。

#### 2. 搭建标书框架

根据招标文件要求拟定本次投标文件的整体章节名称和大致内容要求，一定要按招标文件要求的顺序及内容依次进行编排并填充相应内容，以充分满足招标方的要求。如果招标文件已经提供相关内容，则按照招标文件提供的目录、框架和格式进行梳理和编排。

> **小案例**
>
> 投标文件格式要求
>
> 一、经济文件
> （一）开标一览表
> （二）分项报价明细表
> 二、技术/服务部分文件
> （一）技术/服务条款差异表
> （二）技术/服务方案
> 三、商务文件
> （一）投标函（格式）
> （二）商务条款差异表

（三）其他商务资料

四、其他

（一）中小企业声明函、监狱企业证明文件、残疾人福利性单位声明函

（二）其他与项目有关的资料（自附）

五、资格文件

（一）营业执照（副本）或事业单位法人证书（副本）或个体工商户营业执照或有效的自然人身份证明或社会团体法人登记证书复印件

（二）法定代表人/分支机构负责人身份证明书（格式）

（三）法定代表人/分支机构负责人授权委托书（格式）

（四）基本资格条件承诺函（格式）

（五）特定资格条件证书或证明文件

### 3．标书内容撰写

一般投标文件中需要撰写的内容包括：报价部分、技术/服务部分、商务部分、资格证明和其他部分五个部分。

（1）报价部分。标书的第一个部分就是报价部分，需要填写开标一览表（见表6-1）、分项报价明细表（见表6-2）。分项报价明细表中设备名称数量与招标文件一致，每项货物和服务等只允许有一个报价，任何有选择的报价将不予接受。报价中大小写书写正确、数目相符，单位正确，货币单位前后一致；报价中出现大写金额和小写金额不一致时，以大写金额为准。投标报价不能超过招标文件中规定的预算金额，且不要改变招标文件中的报价内容格式。

### 小案例

表6-1　开标一览表

项目编号：YY12345687989

项目名称：乙医院物流服务项目　　　　　　　　　　　　单位：元/千克

| 投标人名称 | | | |
|---|---|---|---|
| 名称 | 数量 | 单价投标报价总金额（小写） | |
| 乙医院物流服务项目 | 1宗 | | |
| 单价投标报价总金额（大写）： | | | |
| 备注：单价投标报价总金额＝分项报价明细中的首重价格单价报价＋续重价格单价报价 | | | |

投标人：　　　　　　　　　　法定代表人（或法定代表人授权代表）或自然人：

（投标人公章）　　　　　　　　　（签署或盖章）

年　　月　　日

说明：

1．开标一览表按格式填列。

2．开标一览表在开标大会上当众宣读，务必填写清楚，准确无误。

> 小案例

表6-2 分项报价明细表

项目编号：YY12345687989
项目名称：乙医院物流服务项目　　　　　　　　　　　　单位：元/千克

| 序号 | 目的省份 | 首重价格单价报价 | 续重价格单价报价 |
|---|---|---|---|
| 1 | A市（A市主城区及各区县管辖范围） | | |
| 2 | 单价投标报价总金额合计（首重价格单价报价+续重价格单价报价） | | |

投标人：　　　　　　　法定代表人（或法定代表人授权代表）或自然人：
（投标人公章）　　　　　　　　　　（签署或盖章）

　　　　　　　　　　　　　　　　　　　　　　　　　　年　月　日

注：
1. 请投标人完整填写本表。
2. 该表可扩展。

（2）技术/服务部分。技术/服务部分是对物流项目要求内容的响应，包括物流方案、物流流程、物流人员组织、物流项目时效、物流售后服务、安全保障措施等，并按招标要求提供可能涉及的人员、资质证书，以及相关的佐证材料。技术/服务部分应注意抓重点，有针对性地给出物流方案、设计和流程等内容，对于优点和长处一定要表达清楚并放到技术/服务部分前部，充分体现技术/服务实力，提升自身形象。

投标人在编制投标文件时，在填写技术/服务或商务参数偏离表（见表6-3）时，应对招标文件的实质性要求和条件，包括招标文件中提出的投标报价、质量要求、技术标准和要求、服务技术指标相关业绩等方面的要求逐项做出全面、具体明确的响应，不得遗漏或回避，并详细标明具体参数指标，不得以"满足""达标""响应"等含糊字眼描述。如果出现含糊不清的情况，有被废标的可能。

> 小案例

表6-3 技术/服务或商务参数偏离表

| 序号 | 招标要求 | 投标响应 | 有无差异或偏离 |
|---|---|---|---|
|  |  |  |  |
|  |  |  |  |
|  |  |  |  |

（3）商务部分。商务部分是对招标文件的商务内容的响应，通常包括投标函、交货时间、地点及验收方式，质保要求，售后服务要求等。投标函是指投标人按照招标文件的条件和要求，向采购人提交的有关报价、质量目标等承诺和说明的函件。商务部分的条款响应及偏离表和技术/服务部分的相似。

> **小案例**

投标函

招标项目名称：乙医院物流服务项目

致：　　　　　　　　　　　　（招标代理机构名称）：

　　　　（投标人名称）系中华人民共和国合法企业，注册地址：

我方就参加本次投标有关事项郑重声明如下：

一、我方完全理解并接受该项目招标文件所有要求。

二、我方提交的所有投标文件、资料都是准确和真实的，如有虚假或隐瞒，我方愿意承担一切法律责任。

三、我方承诺按照招标文件要求，提供招标项目的技术（质量）服务。

四、我方按招标文件要求提交的投标文件为：投标文件正本1份，副本2份，电子文档1份。

五、我方承诺：本次投标的投标有效期为投标截止时间起90天。

六、我方投标报价为闭口价，即在投标有效期和合同有效期内，该报价固定不变。

七、如果我方中标，我方将遵守招标文件中规定的各项要求以及我方投标文件的各项承诺，按《中华人民共和国政府采购法》《中华人民共和国民法典》及合同约定条款承担我方的责任。

八、我方同意按有关规定及招标文件要求，交纳足额投标保证金。

九、若我方中标，愿意按有关规定及招标文件要求缴纳招标代理服务费和交易服务费。

十、我方自愿接受招标人对快递服务费金额不做最低保证，最终以实际发生金额为准，由此产生的结果和风险均由我方自行承担，并承诺不会未经招标人允许而擅自合同分包。

（投标人公章或自然人签署）
年　月　日

（4）资格证明。资格证明是对资格条件的响应，包括企业营业执照、法定代表人身份证明、法人授权委托书（正本为原件）、承诺函、资质证书、其他特定资格条件或证明文件等。

（5）其他部分。其他需要在投标文件中说明的相关内容，可在此部分说明，或提供相应证明材料。

## 单元四　物流项目的开标、评标、定标

**重难点**：物流招标投标开标、评标、定标程序

> **引导案例**

物流招标评标报告范本

**一、基本情况**

本项目招标内容：物流服务招标项目，估算金额为150万元人民币，资金已落实。该项目

已按要求履行了相关报批及备案等手续，并依据国家相关法律法规及企业规定组织开展招标活动。本项目采用邀请招标方式，于2025年5月10日9时在××代理公司101开标室开标，2025年5月10日在××代理公司201评标室评标。

二、评标委员会组成

本项目评标委员会共由3人组成。

三、投标及开标情况

本次公开招标共收到5家投标人的投标文件，实际参加投标的投标人为5家。

四、评标情况

（一）初步评审阶段

按照本项目招标文件及相关澄清补充文件规定，对5家投标人的投标文件进行初评，通过的为4家，未通过的为1家。

（二）详细评审阶段

评标委员会对初评合格的4家投标人的投标文件进行详细评审，共有0家废标、4家通过。

五、评标结果

按照本项目招标文件及相关澄清补充文件规定，评标委员会对投标人的投标文件评审结果见后文。

六、中标候选人推荐建议

按照本项目招标文件及相关澄清补充文件规定，评审结果如下：

| 序号 | 公司名称 | 报价 | 综合得分 | 候选人排名 |
| --- | --- | --- | --- | --- |
| 1 | A公司 | 110.54万元 | 65.25 | 2 |
| 2 | D公司 | 122.30万元 | 78.56 | 1 |
| 3 | Z公司 | 132.45万元 | 62.35 | 3 |
| 4 | Y公司 | 148.05万元 | 45.55 | 4 |

现推荐排名第一的投标人为中标人，中标价格为122.30万元人民币。

评标委员会主任：徐瑞

评标委员会其他成员：王小化　　张斌

评审日期：2025年5月10日

说一说：你觉得物流项目的评审报告中应该包括哪些要点？

## 一、物流项目的开标及程序

良好的开标制度与规则是招标采购活动成功的重要保证。物流项目大多为服务采购项目，根据我国《招标投标法》，一般采用公开开标方法。公开开标具有以下特征：

### 1．开标方式为公开进行

公开开标是允许所有投标人参与开标仪式的方式，这也是国际采购惯例，《招标投标法》也对此有相应的规定。《招标投标法》第三十四条规定："开标应当在招标文件确定的提交投标文件截止时间的同一时间公开进行；开标地点应当为招标文件中预先确定的地点。"招标人应该邀请所有投标人或其代表出席开标仪式，以监督开标仪式是否按照法定的形式进行。

### 2．开标时间和地点为预先约定

《招标投标法》规定开标应当按照事先规定的时间和地点进行，《招投标法实施条例》也有相应的规定。招标人按规定的时间和地点公开开标，递交投标文件的投标人应委派授权代表准时参加开标活动，若投标人未参加开标的，视同认可开标结果。招标投标项目要求投标人少于3个的，不得开标；招标人应当重新招标。

### 3．开标需要遵循法定的程序

开标需要遵循的法定程序：①根据《招标投标法》第三十五条规定："开标由招标人主持，邀请所有投标人参加。"如果招标人委托了代理人，也可以由代理人主持。②根据《招标投标法》第三十六条规定："开标时，由投标人或者其推选的代表检查投标文件的密封情况，也可以由招标人委托的公证机构检查并公证。"

因此，在开标时，招标人将邀请投标人或者其推选的代表检查投标文件密封情况。经确认无误后，由招标人当众拆封宣读每份投标文件中开标一览表的主要内容（价格、交货期等），未列入开标一览表的内容一律不在开标时宣读，开标时未读的投标报价信息，评标时不予承认。值得注意的是，开标一览表内容与投标文件中相应内容不一致的，以开标一览表为准，投标文件的大写金额与小写金额不一致的，以大写金额为准，总价金额与单项金额不一致的，以单项金额计算为准；单项金额小数点有明显错位的，应以总价金额为准，并修改单项金额；对不同文字文本投标文件的解释发生异议的，以中文文本为准；如果正本投标文件和副本投标文件之间有差异，则以正本投标文件为准。开标过程由招标人负责记录，由参加开标的各投标人代表和相关工作人员签字确认后随招标文件一并存档。投标人代表对开标过程和开标记录有疑义，以及认为招标人的相关工作人员有需要回避的情形的，应当场提出询问或者回避申请。招标人对投标人代表提出的询问或者回避申请应当及时处理。

### 4．开标过程应当记录

《招标投标法》第三十六条规定："开标过程应当记录，并存档备查。"《招标投标法》对没有出席开标仪式是否有权获得有关开标仪式记录未予规定，但根据国际采购规则惯例，招标人应投标人请求可以提供开标记录。

## 二、物流项目的评标及程序

评标是招标投标活动中十分重要的阶段，评标是否真正做到公开、公平、公正，决定着整个招标投标活动是否公平和公正；评标的质量决定着能否从众多投标竞争者中选出最能满足招标项目各项要求的中标人。物流项目评标也需要按程序来完成，确保评标的质量。

### 1．组建物流评标委员会

《招标投标法》第三十七条规定："评标由招标人依法组建的评标委员会负责。"《评标委员会和评标方法暂行规定》第七条规定："评标委员会依法组建，负责评标活动，向招标人推荐中标候选人或者根据招标人的授权直接确定中标人。"因此，评标委员会是依法组建并负责评标工作的专门机构，依法享有评标权利，承担评标义务。

《评标委员会和评标方法暂行规定》第十一条规定,评标专家应符合下列条件:
(1) 从事相关专业领域工作满八年并具有高级职称或者同等专业水平。
(2) 熟悉有关招标投标的法律法规,并具有与招标项目相关的实践经验。
(3) 能够认真、公正、诚实、廉洁地履行职责。

《评标委员会和评标方法暂行规定》第十二条规定,评标专家需要回避的情况:
(1) 投标人或者投标人主要负责人的近亲属。
(2) 项目主管部门或者行政监督部门的人员。
(3) 与投标人有经济利益关系,可能影响对投标公正评审的。
(4) 曾因在招标、评标以及其他与招标投标有关活动中从事违法行为而受过行政处罚或刑事处罚的。

### 2. 物流项目的评标准备工作

招标人在设立评标委员会后,应着手准备物流项目评标工作。根据《评标委员会和评标方法暂行规定》,招标人或者招标代理机构应当向评标委员会提供评标所需的重要信息和数据。评标委员会成员认真研究招标文件,熟悉招标相关内容,包括:招标的目标,招标项目的范围和性质,招标文件中规定的主要技术要求、服务标准和商务条款,招标文件规定的评标标准、评标方法和在评标过程中的相关因素。

### 3. 物流项目的评标流程

评标委员会成员根据物流项目的评标流程对投标文件进行审阅,并根据招标文件的规定,提出中标候选人名单,确认评标结果的过程。具体评标流程如下:

(1) 投标文件的资格性审查。资格性审查是审查投标人是否有资格参与本次物流项目的招标采购,具体内容包括:投标人资格条件是否符合招标文件的相关要求;投标人是否被明令禁止参与招标采购;在本次招标活动中是否存在不良行为。

(2) 投标文件的符合性审查。符合性审查是对投标书是否符合物流项目招标文件要求进行审查,主要审查投标书是否实质上响应了招标文件的要求,实质上响应的投标应该是与招标文件要求的全部条款、条件和规格相符,没有重大偏离的投标。

根据《评标委员会和评标方法暂行规定》第二十五条的规定,下列情况属于重大偏差:
1) 没有按照招标文件要求提供投标担保或者所提供的投标担保有瑕疵。
2) 投标文件没有投标人授权代表签字和加盖公章。
3) 投标文件载明的招标项目完成期限超过招标文件规定的期限。
4) 明显不符合技术规格、技术标准的要求。
5) 投标文件载明的货物包装方式、检验标准和方法等不符合招标文件的要求。
6) 投标文件附有招标人不能接受的条件。
7) 不符合招标文件中规定的其他实质性要求。

(3) 物流项目的商务评审。商务评审的目的在于从成本、财务和经济分析等方面评定投标报价的合理性和可靠性,并评估授标给各投标人后的不同经济效果。参加商务评审的人员通常要有成本、财务方面的专家,有时还要有估价以及经济管理方面的专家。

(4) 物流项目的技术/服务评审。技术/服务评审的目的在于确认备选的中标人完成本招标物流项目的技术/服务能力，以及其所提供物流方案的可靠性、合理性。与资格评审不同的是，这种评审的重点在于评审投标人将怎样实施该物流招标项目。

（5）物流项目候选人的确定。《招标投标法》第四十条规定："评标委员会完成评标后，应当向招标人提出书面评标报告，并推荐合格的中标候选人。招标人根据评标委员会提出的书面评标报告和推荐的中标候选人确定中标人。"对于物流服务项目而言，如果采用最低投标法投标，推荐最低投标价格的为中标候选人；如果采用综合评标法投标的，中标候选人一般限定为2～3人，并标明排列顺序。

### 三、物流项目的中标及程序

物流项目中标也叫定标，是指物流项目招标人在评标的基础上，最终确定中标的投标人，或者授权评标委员会直接确定中标投标人的行为。这个过程对于招标人来说，就是定标的过程；对于投标人来说，就是中标的过程。从企业的角度而言，中标就是投标成功，为企业争取到了新的物流项目。为保证竞争的公平、公正，维护竞争的成果，确保招标人和投标人都能完成合同签订，物流项目中标程序主要有以下几个步骤：

#### 1. 确定中标候选人

评标委员会完成评标后，根据招标人的具体要求，向招标人提出书面的评标报告，并推荐合适的物流项目的中标候选人。

#### 2. 发出中标通知书

中标人确定后，物流项目招标人应当向中标的物流企业发出中标通知书。中标通知书具有承诺的性质，对招标人和中标人产生法律约束效力。中标通知书发出后，招标人改变中标结果的行为，或者中标物流企业放弃中标项目的行为，都应当承担相应的法律责任。

> **小案例**
>
> 中标通知书
>
> ××物流有限公司：
>
> 贵方于2025年2月24日所递交的乙医院物流服务项目投标文件，经评审委员会评审，确定为中标单位。
>
> 项目名称：乙医院物流服务医院
>
> 项目经理及注册编号：张×× YY123456789
>
> 项目时间：1年
>
> 中标金额：首重6.5元/千克，续重1元/千克，大写：首重每公斤陆元伍角整，续重每公斤壹元。
>
> 请贵方在接到本中标通知书后于30日历天内到乙医院办公室签订合同。
>
> 特此通知。
>
> 招标人：（盖单位章） 代理机构：（盖单位章）
>
>   年 月 日   年 月 日

#### 3. 签订物流项目合同

在中标通知书发出之日起的30日内，物流项目招标人和中标的物流企业，应当按照招标文件和中标人的投标文件签订书面合同，中标物流企业提交履约保证金。招标人和中标物流企业不得另行签订背离合同实质性内容的其他协议。

招标人和中标人签订合同后，在法定的规定时间内招标人退还投标人（中标和未中标人）的投标保证金。中标物流企业应当按照合同约定履行责任，不得向其他人转让中标项目，也不得将中标项目分解后分别向他人转让。

> **素养提升**
>
> 公平竞争，诚信共赢
>
> 在一次特色农产品冷链物资运输物流招标投标项目中，"阳光物流"和"迅捷物流"等多家实力雄厚的物流企业参与竞争。招标方在整个过程中，始终坚守公平、公正、公开的原则。他们详细、准确地制定了招标需求，包括物资的种类、数量、运输时间要求、服务质量标准等，确保所有潜在投标方都能在同一起跑线上理解项目要求。对于投标企业的资格审查，招标方严格按照法律法规和行业规范进行，不偏袒任何一方，也不设置不合理的门槛，为各类企业提供了平等的参与机会。在评标环节，评标委员会由物流领域的专家、相关部门的代表和客户代表组成。他们依据事先公布的评标标准，对各投标方的方案、报价、服务承诺等进行了全面、客观、公正的评估。
>
> "阳光物流"在投标过程中，凭借其科学合理的物流方案、具有竞争力的价格和良好的企业信誉，成功中标。然而，在中标后的执行阶段，"阳光物流"遇到了一些不可预见的困难，如运输路线突发状况导致成本增加。但他们坚守诚信原则，没有以此为借口降低服务质量或寻求额外费用，而是通过内部优化和资源调配，努力克服困难，按时、高质量地完成了物资运输任务。招标方在项目结束后，对"阳光物流"的表现给予了高度评价，并表示在未来的项目中会优先考虑合作。同时，其他参与投标的企业也从这次招标投标过程中吸取了经验教训，不断提升自身的实力和服务水平。这次物流招标投标活动，不仅实现了物资的高效运输，还促进了物流行业的健康发展。它体现了公平竞争、诚信履约的价值理念，为社会经济活动树立了良好的榜样。

## 职业技能训练

### 一、实训目标

本次实训旨在使学生掌握物流项目招标投标流程及每个环节的要点，提升学生对招标投标的认知，掌握招标投标项目程序与规范。在完成实训项目的过程中，培养学生的团队协作与项目管理能力。

### 二、实训背景

在电商迅猛发展的今天，物流是企业的一个重要组成部分，并对企业发展有着重要的影响。重庆商社（集团）有限公司成立于1996年，是中国西部最大的商贸流通集团，国家重点培育的大型流通企业之一，旗下拥有重庆百货、重庆商社电气、重庆新世纪等多家大型商场。为积极响应市场变化，深化数字化转型，重庆商社集团现致力于优化其线上销售体系，旨在通过提升线上购物体验与服务质量，进一步拓宽业务边界，加速全渠道融合步伐。为此，集团决定启动一项重要战略举措——为旗下商场的线上销售订单甄选一家高度可靠、成本效益显著且服务质量卓越的物流合作伙伴。

### 三、实训任务

1. 以 3～5 人组建一个团队。
2. 一部分小组制作招标文件。
3. 一部分小组制作投标文件。
4. 课堂模拟招标投标流程，完成招标投标。

### 四、实训考核内容及评分标准

师生互评，教师评分占比 70%，小组评分占比 30%。

实训考核内容及评分标准

| 序号 | 小组成员 | | 学生姓名 | |
|---|---|---|---|---|
| | 小组成绩 | | 学生成绩 | |
| | 考核内容 | 考核标准 | 满分 | 得分 |
| 1 | 招标文件/投标文件 | 熟练运用所学知识制定招标文件/投标文件 | 40 | |
| 2 | 模拟招标投标流程 | 熟知招标投标流程，能够按照招标投标相关法律推进招标投标流程；具备团队沟通及协作能力；声音洪亮，普通话标准 | 50 | |
| 3 | 方案格式规范 | 题目：三号仿宋，加粗，居中<br>标题：一级标题小三仿宋，加粗，顶格。二级标题四号仿宋，加粗，顶格<br>正文：小四仿宋，首行缩进两个字，行间距固定值 30 磅 | 10 | |

## 模块小结

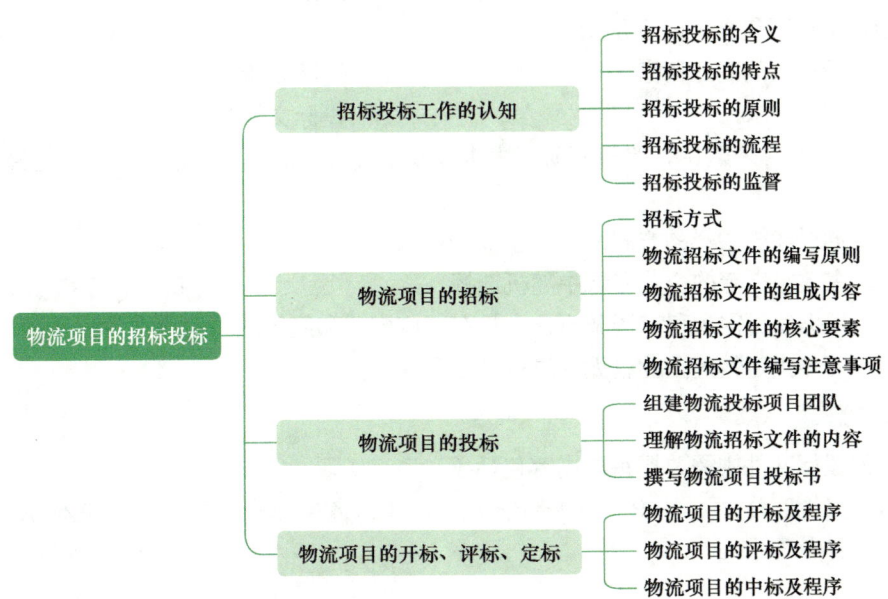

147

## 同步练习

### 一、单选题

1. 招标方式分为公开招标和（　　）两种方式。
   A. 自行招标　　　B. 邀请招标　　　C. 委托招标　　　D. 议标
2. 招标投标的（　　）原则是指招标投标活动的主体应当遵纪守法、诚实善意、恪守信用，严禁弄虚作假、言而无信。
   A. 公开　　　　　B. 公平　　　　　C. 公正　　　　　D. 诚实信用
3. 投标人少于3个或者所有投标被否决的，招标人应当依法（　　）。
   A. 重新招标　　　　　　　　　　　B. 重新开标
   C. 重新组织专家评标　　　　　　　D. 重新备案本文
4. 与邀请招标相比，公开招标的特点是（　　）。
   A. 竞争程度低　　B. 评标量小　　　C. 招标时间长　　D. 费用低
5. 中标人不按照招标文件的规定提交履约担保的，将失去订立合同的资格，其提交的投标担保（　　）。
   A. 退还一部分　　　　　　　　　　B. 全部退还
   C. 不退还　　　　　　　　　　　　D. 不退还并且追加罚金
6. 如果国家或者行业对产品质量有强制性标准，则合同约定的质量要求（　　）该强制性标准。
   A. 必须采用　　　B. 不得低于　　　C. 必须高于　　　D. 应当参照
7. 依法必须进行招标的项目的（　　），必须通过国家指定的报刊、信息网络或者其他公共媒介发布。
   A. 资格预审公告　B. 投标邀请书　　C. 招标公告　　　D. 评标标准
8. 招标文件不包含的内容是（　　）。
   A. 投标人的商业秘密　　　　　　　B. 投标邀请书
   C. 项目要求　　　　　　　　　　　D. 投标文件格式
9. 在物流项目采购中，当采用邀请招标方式时，招标人通常是（　　）选择潜在投标人的。
   A. 通过随机抽样的方式从所有企业中选取
   B. 在政府指定的企业名录中随机选择
   C. 根据项目需求和市场调研，向具有相应资质和经验的特定企业发出邀请
   D. 直接指定特定企业，无须进行任何评估或筛选

### 二、多选题

1. 一般投标文件中需要撰写的内容包括（　　）。
   A. 报价部分　　　B. 技术部分　　　C. 商务部分　　　D. 其他部分
   E. 资格文件

2. 开标程序包括（　　　）。
    A．密封情况检查　　B．拆封　　　　C．唱标　　　　D．记录并存档
3. 在物流服务采购项目中，常用的评标方法包括（　　　）。
    A．经评审的最低投标价法　　　　B．最低评标价法
    C．性价比法　　　　　　　　　　D．综合评价法
4. 根据《招标投标法》，常见的废标情况有（　　　）。
    A．逾期送达或者未送达指定地点
    B．未按要求制作投标书，或未按要求签字盖章，或未按要求密封
    C．未按招标文件的要求提供投标保证金
    D．未按招标文件的要求提供资格性审查资料或符合性资料
5. 投标人不得与招标人（　　　）。
    A．串通投标
    B．损害国家利益
    C．损害社会公共利益或者他人的合法权益
    D．排挤其他投标人公平竞争
6. 招标投标活动包括（　　　）。
    A．招标　　　　B．投标　　　　C．评标　　　　D．开标
    E．定标　　　　F．签订合同
7. 公开招标过程中，招标阶段的主要工作内容包括（　　　）。
    A．办理招标备案　　　　　　B．编制招标有关文件
    C．发布招标公告　　　　　　D．发售招标文件
8. 招投标最常用的评标办法是（　　　）。
    A．最低评标价法　　　　　　B．综合评标法
    C．最高评标价法　　　　　　D．德尔菲法

### 三、判断题

1. 公开招标是指招标人以招标公告方式邀请不特定法人或者其他组织投标。（　　）
2. 投标有效期是指为保证招标人有足够的时间在开标后完成评标、定标、合同签订等工作，而要求投标人提交的投标文件在一定时间内保持有效的期限。（　　）
3. 综合评标价法是指投标文件满足招标文件全部实质性要求且投标报价最低的投标人为中标候选人的评标方法。（　　）
4. 招标投标项目要求投标人少于3个的，不得开标。（　　）
5. 一般投标文件中需要撰写的内容包括：报价部分、技术部分、商务部分、资格文件和其他部分五个部分。（　　）
6. 标书逾期送达或者未送达指定地点也不会废标。（　　）
7. 在中标通知书发出之日起的30日内，招标方和投标方要签订书面合同。（　　）
8. 投标文件应字迹清楚、内容齐全、不得涂改。（　　）
9. 物流项目招标投标中，投标人提交的投标文件一旦提交后，在任何情况下都不允许修改或撤回。（　　）

# 模块七
# 提升物流客户满意度

**知识目标**
- 理解物流客户满意度的概念
- 认识物流客户价值的重要性
- 了解提高物流客户满意度的方法

**技能目标**
- 分析和评估物流服务的客户满意度
- 设计和实施客户满意度提升计划
- 拥有沟通和解决客户问题的能力

**素质目标**
- 培养客户导向思维,形成以客户为中心的价值观
- 培养持续改进的职业韧性,对客户承诺保持高度履约责任感
- 保持行业敏感度,提升产品质量、服务质量

## 应知部分

## 单元一 物流客户满意度的概念

**重难点:** 物流客户满意的概念;物流客户满意级度及表现

### 引导案例

**"乡村通"物流创新引领,赋能农村发展**

偏远的农村地区的农产品难以及时运出,外来商品进不来,这直接影响了当地居民的生活品质和农民的收入。面对这一挑战,一家名为"乡村通"的新兴物流公司应运而生,其目标是通过高效的物流网络,连接农村与城市,提升农村地区的物流客户满意度。"乡村通"

公司采取了一系列创新措施,首先,利用数字技术建立了一个覆盖全村的物流信息平台,使农民能够实时了解市场信息,及时调整生产计划。同时,该平台还提供在线下单服务,使农村居民可以直接在家中购买到城市的商品。其次,考虑到农村地区特殊的地理环境,公司还开发了一套适用于农村地形的物流配送系统,包括使用适合山地和乡间小路的运输工具,以及建立村级配送中心,确保每个角落都能享受到便捷的物流服务。通过这些措施,农村居民不仅能够及时销售自己的农产品,获取更好的收益,也能享受到更多样化的商品和服务。农民的生活品质得到了显著提升,对"乡村通"公司的满意度也随之大幅增加。此外,该公司还注重与当地政府、农业合作社等机构合作,共同推动农村物流服务的持续改进和优化,进一步提升了客户满意度。

**说一说:** "乡村通"的贡献是什么?

## 一、物流客户满意的概念及意义

### 1. 物流客户满意的概念

奥利弗认为客户满意是客户需要得到满足后的一种心理反应,是客户对产品或服务的特征、产品或服务本身满足自己需要程度的一种判断。

菲利普·科特勒认为客户满意是一个人通过对一种产品的可感知的效果与其期望值相比较后,所形成的愉悦或失望的感觉状态。

综上,物流客户满意是客户将产品或服务的实际绩效与自己的期望进行比较之后产生的心理反应。

### 2. 物流客户满意的意义

(1)企业取得长期成功的必要条件。客户满意是企业实现利润、增加效益的基础;节省企业维系老客户的费用;降低企业开发新客户成本,树立良好的企业形象。

(2)企业战胜竞争对手的最好手段。竞争对手满足客户需求,客户就可能叛离企业。谁让客户满意,谁就能战胜竞争对手、赢得市场。

(3)客户满意是客户忠诚的基础。客户忠诚是客户重复购买同一品牌的产品或者服务,不被其他品牌动摇。满意的客户有可能再次购买产品或服务,不满意的客户很难再次购买产品或服务,还会将不好的体验告知其他客户,给企业带来直接损失和间接损失。

## 二、物流客户满意度的概念

物流客户满意度一般用客户满意级度表示,是指客户在消费相应的产品/服务之后,所产生的满足状态等级。根据心理学的梯级理论,可以把客户满意度分为七个等级或者五个等级。五个等级即很不满意、不满意、一般、满意、很满意(见表7-1)。七个等级即很不满意、不满意、不太满意、一般、较满意、满意、很满意。介于不满意和一般之间是不太满意。介于一般和满意之间是较满意。

由于客户满意是一种主观认知,客户满意等级也是相对的,界限较模糊,从一个层次到另一个层次没有明显的界线。

可感知的效果用 $Q_1$ 表示,期望值用 $Q_0$ 表示。

表 7-1　客户满意五个等级

| 效果与期望值比较 | 客户满意级度 | 客户表现 |
| --- | --- | --- |
| $Q_1 \ll Q_0$ | 很不满意 | 愤怒、恼怒、投诉、反宣传 |
| $Q_1 < Q_0$ | 不满意 | 气愤、烦恼 |
| $Q_1 = Q_0$ | 一般 | 无明显正负情绪 |
| $Q_1 > Q_0$ | 满意 | 称心、赞扬、愉快 |
| $Q_1 \gg Q_0$ | 很满意 | 激动、满足、感谢 |

## 单元二　影响物流客户满意度的因素

**重难点**：物流客户满意度的影响因素

### 引导案例

**仓储服务升级：超越客户预期，打造供应链竞争力**

京南分拨中心仓储作为集团供应链的关键节点，虽不以开发客户为主，但高度重视客户留存与黏性提升。在处理配送及自提订单时，仓储团队致力于提供超越客户预期的服务，确保商品优质、数量准确、包装完好，并准时送达。面对客户自提困难，仓储负责人迅速响应，主动提出送货服务，切实解决客户难题，赢得了客户的广泛赞誉。这种超预期服务，即提前洞察并满足客户需求，乃至客户未意识到的需求，已成为京南分拨中心不懈追求的目标，旨在通过贴心周到的服务，持续提升客户满意度与忠诚度。

**说一说**：京南分拨中心仓储是如何通过具体行动来实践"提供超越客户预期的服务"这一理念的。

### 一、客户期望

#### 1. 客户期望的定义

客户期望是指客户在购买、消费产品或服务之前对产品或者服务的价值、品质、服务、价格等方面的主观认识或预期。当客户感知的实际效果一定时，客户期望与客户满意成反方向变化。

#### 2. 客户期望的影响因素

影响客户期望的因素主要有客户以往消费的经历、他人的介绍、企业的宣传等。

（1）客户以往消费的经历。客户的购买体验会直接影响他们对新产品或服务的期待。如果之前的经历是积极的，他们可能期望新的购买也能带来类似的满意感；如果过去的经历不佳，他们可能会更加谨慎或降低期望值。如果客户每次收到的快递都是 1~2 天送达，而有一次收到的快递是 3 天，那么有可能对这次物流的体验感是不好的。

（2）他人的介绍。来自亲朋好友的口碑推荐，对客户的购买决策和期望值的形成具有重要的影响。积极的口碑可以提升客户的购买意愿和期望值，而负面的口碑可能降低客户的期望值或导致客户放弃购买。如果客户对朋友说觉得某快递服务除了速度快一点，其他一般，那么他的评价有可能影响身边的亲朋好友，他们对该快递的期望值也就不高。

（3）企业的宣传。企业的宣传主要通过广告、社交媒体等进行。客户会根据企业的宣传形成一个期望值。例如，某快递承诺2天内送达，如果2天内没有送达，会大大降低客户的满意度。

## 二、客户感知价值

客户感知是指客户在购买或消费过程中，企业提供的产品或服务给客户的感觉。客户感知价值，即客户的让渡价值，由科特勒在《营销管理》中提出，他认为客户让渡价值就是客户购买产品或服务所获得的总价值与客户为购买该产品或者服务所付出的总成本之间的差额。

### 1. 总价值

总价值是指客户从消费产品或服务中所获得的产品价值、服务价值、人员价值、形象价值等。总价值与客户感知价值成正比，总价值越高，感知价值越高。

（1）产品价值。产品价值是指产品的功能、特性、品质、品种与式样等所带来的价值，如运输的速度、可靠性、覆盖范围、货物安全性、智能化产品等。它可能体现在产品的核心部分、形式部分或附加部分。塑造产品价值不仅要大力宣传，还要通过实际的功能和特性来满足顾客的需求。

（2）服务价值。服务价值是指企业提供的附加服务，包括产品介绍、送货上门、安装调试、定时派送、签单返还、技术咨询指导、维修等所产生的价值。服务价值能够增强产品的延伸价值，提高顾客的实际利益和总价值。

（3）人员价值。人员价值是指企业老板及员工的经营思想、知识水平、业务能力、工作质量和应变能力等所带来的价值。综合素质较高的员工能够为顾客创造更高的价值，从而提高顾客的满意度。

（4）形象价值。形象价值是指企业及其产品在社会公众中形成的总体形象所带来的价值，在很大程度上是产品价值、服务价值、人员价值三个方面综合作用的反映和结果。

### 2. 总成本

总成本是指客户在消费产品或服务中需要耗费的货币成本、时间成本、精神成本、体力成本等。总成本与客户感知价值成反比，总成本越低，客户感知价值越高。

（1）货币成本是指客户购买产品/服务过程中所要支付的成本，如运输费用、保险费用、附加服务费用。

（2）时间成本是指客户购买产品/服务所花费的时间，包括货物运输时间、客户等待服务的时间、等待交易的时间、等待预约的时间等。

（3）精神成本是指客户购买产品/服务所耗费的精神，包括预期风险、形象风险或心理风险、财产风险、人身安全风险，如对货物速度的担忧、对货物安全性的担忧、信息不透明带来的焦虑等。

（4）体力成本是指客户购买产品/服务所耗费的体力，如自行到快递网点取快递、寄快递的体力消耗等。

# 单元三　提高物流客户满意度的策略

**重难点**：提高物流客户满意度策略

### 引导案例

**顺丰升级物流服务，全方位提升客户满意度**

中国顾客满意度指数测评，2023 年快递服务满意度排行榜显示：顺丰第一、京东第二、中通第三。顺丰围绕物流生态圈，持续完善服务能力与产品体系，业务拓展至时效快递、经济快递、快运、冷运及医药、同城即时配送、国际快递、国际货运及代理、供应链等物流板块，能够为客户提供国内及国际端到端一站式供应链服务；同时，依托领先的科技研发能力，顺丰致力于构建数字化供应链生态，成为全球智慧供应链的领导者。

在配送末端，顺丰拥有超过 20 万个自营及合作触点，以及 30 多万个丰巢智能柜，确保快递小哥能灵活、便捷地配送，让消费者更快收到包裹。对于 C 端用户，顺丰更是将服务细化到收件至售后的每一步，提供方便舒适的物流体验。其"上门服务"已成为顺丰的代名词，并在全国 600 多个城市推出"不上门必赔付"承诺。通过顺丰 App 及小程序，用户可设置收件偏好，包括派送时间、地点等，甚至可选择不打扰的联系方式。此外，顺丰与各大主流电商平台合作，简化网购退换货流程，用户一键下单即可享受极速上门服务。

**说一说**：顺丰从哪些方面提升客户满意度？

## 一、适当把握客户期望

### 1. 合理承诺

物流企业应当审慎评估自身实力及外在环境的变化，并在此基础上做出合理承诺。确保所承诺的产品与服务质量和实际能力相匹配，避免因过高的承诺而无法满足客户需求，从而导致客户因期望与实际体验间的落差感到不满。企业应秉持诚信经营的原则，通过持续提升服务能力、优化物流流程，确保承诺得以有效履行，从而赢得客户的信任与满意。

运输环节异常让客户满意的方法

### 小案例

顺丰同城急送承诺 3 000 米平均 30 分钟送达，5 000 米平均 60 分钟送达，如遇恶劣天气、高峰时段等影响，配送时效可能会临时调整。

### 2. 宣传留有余地

如果企业宣传恰到好处并且留有余地，或者干脆说明可能存在的限制与情况，使客户的预期保持在合理的状态，当企业所提供的产品或服务稍稍超出这个预期时，客户就会感到"物超所值"，从而"喜出望外"，自然对企业满意。

## 二、提高客户感知价值

提高客户感知价值即提升总价值，降低总成本。

### 1. 提升总价值

（1）产品价值提升策略。物流企业应秉持创新驱动、质量为本的发展理念，通过产品与服务创新、技术升级、网络优化、数字化转型及绿色发展等多方面的努力，不断提升竞争力，树立行业标杆，实现企业的长远发展目标。

> **素养提升**
>
> **中通T8绿色物流车，引领绿色发展**
>
> 近年来，我国电子商务行业蓬勃发展，随之而来的货物流通量与对配送效率的需求急剧上升，这对城市交通与环境保护提出了更高要求。在此背景下，纯电动物流车以其绿色、高效的特性，迅速成为快递与物流行业的新宠儿，迎来了前所未有的发展机遇。2024年6月，我国新能源物流车销量达到31 760辆，同比增长超五成。
>
> 中通T8纯电动物流车，作为中通客车科技智慧与制造工艺的巅峰之作，不仅满足了城市配送的灵活需求，而且在性能上实现了全面突破。它搭载了高能效电池组，确保了长距离续航，让每一次配送都能"跑得更远"；同时，其卓越的安全设计，从车身结构到智能防护系统，全方位保障行车安全，让用户"用得安心"。此外，中通T8还以低成本运营和高性能动力为亮点，引领行业向更加高效、环保的未来迈进。

（2）服务价值提升策略。物流企业提供全程可视化与透明化的服务、灵活多样的服务模式，以及快速响应与问题解决机制等服务，能提升客户体验、增强市场竞争力。

> **小案例**
>
> 自2024年2月2日起，中通快递正式推出全新升级的品质型快递服务品牌——"中通好快"，全面接棒原有标快服务，以更优质的服务体验、更精准的时效保障、更亲民的价格策略，以及更完善的售后体系，重新定义了国内快递行业的服务标准。聚焦"服务好、时效好、价格好、售后好"，为客户提供"确定性时效、送货上门"的品质快递服务，并提出"超时必赔""不上门必赔"两项承诺，承诺范围也由原来66城升级到全国。

（3）人员价值提升策略。在企业的经营管理中，领导者与员工之间的协同作用至关重要。领导者在经营过程中应树立以人为本的管理理念、建立激励机制、强化专业培训与技能提升、营造积极向上的工作氛围；员工要热爱自己的岗位、积极向上、提高解决问题的能力等。这种协同作用将促进企业的持续发展和竞争力提升，实现企业与员工的共赢。

> **素养提升**
>
> **不忘初心，共融共生**
>
> 中通快递集团董事长兼首席执行官赖梅松说："中通不是哪一个人的中通，是所有中通人的中通，是社会的中通！"此话彰显了他作为领导者的远见卓识和深厚情怀，也体现了企业与社会共融共生的责任感。在2020—2021年度党建工作表彰大会上，赖梅松董事长发表致辞，要求全体中通人要不忘初心中通梦，砥砺前行跟党走，坚持"爱党、爱国、爱中通"。这样的致辞，不仅是对中通员工的一次深刻教育，而且是对中通企业文化的一次生动诠释。

> 赖梅松董事长作为中通快递的领航人,他的领导力和人格魅力无疑对中通的发展起到了至关重要的作用。他以身作则,倡导并践行企业的价值观,激发了全体中通人的归属感和使命感,使得中通能够在激烈的市场竞争中保持稳健发展,并不断取得新的突破。

（4）形象价值提升策略。物流企业形象价值的提升需要企业在品牌建设、服务优化、社会责任、合作伙伴关系、企业文化以及技术创新等多个方面持续努力,可通过形象广告、公益广告、新闻宣传、赞助活动、庆典活动、展览活动等方式来进行。实施这些策略,物流企业可以塑造出专业、可靠、具有社会责任感的品牌形象,从而赢得客户的信任和忠诚,提升市场竞争力。

### 2．降低总成本

物流企业降低总成本主要是指降低货币成本、时间成本、精神成本、体力成本。

（1）降低货币成本。物流企业不断探索和优化成本结构,通过内部管理提升、技术创新应用、供应链整合优化等手段,从源头上降低运营成本,从而为客户提供更加经济、高效的服务。物流企业结合市场动态、竞争态势及客户的支付意愿与能力,力求将产品价格设定在客户"心理预期"的合理区间内。另外,物流企业提供灵活的付款选项和资金融通方案。对于规模较小或面临短期财务挑战的客户,物流企业可主动伸出援手,通过提供延期付款、赊购等信贷支持,帮助客户缓解资金压力,确保业务合作的持续性与稳定性。

**小案例**

> 中通好快持续聚焦"好、快、省",为鲜花绿植、水果蔬菜、肉类冻品等行业提供个性化解决方案,功能包括定制线路、特殊包材、极速理赔等。在明确时效承诺的前提下,中通好快能比同级快递产品为用户节省约20%费用,成为大多数客户的选择。若存在未按标准送货上门,或未经收件人允许投递至代收点等情况。收件人可以通过中通快递小程序在线投诉（支付宝、微信、百度小程序）、中通快递小程序签收问卷等渠道进行即时反馈。

（2）降低时间成本。在确保产品与服务质量的基础上,物流企业通过优化运输网络,建立有效、便捷的反馈机制,提高运输效率,加强库存管理,优化包装和配送,加强信息化建设等,最大限度地减少客户的时间成本,从而提升其购买体验的整体价值感知,增强客户满意度。

（3）降低精神成本。物流企业做出合理的承诺、提供透明化的物流信息、提高物流服务的可靠性和准时性、提供个性化服务、加强客户服务与沟通、引入智能化技术、强化售后支持等,可以降低客户在物流过程中的精神成本,提升客户满意度。

（4）降低体力成本。物流企业通过提供便捷的配送服务,优化包装与搬运,简化取件、寄件流程,提供一站式服务,加强客户服务与支持,引入智能化技术,显著降低客户在物流过程中的体力成本,提升客户满意度。

**小案例**

> 中通提供了中通公众号、中通小程序、手机应用程序、快递管家等增强客户的黏性。客户如果不愿意到服务点寄件,可通过这些渠道完成寄件,节省了客户的时间成本、体力成本。另外,线上查询的透明化,让客户知道自己的包裹在安全、有序地运输,增强了客户的安全感,降低了因对快递服务的不信任而产生的精神成本。

## 职业技能训练

### 一、实训目标

学生寻找资料,根据客户满意度影响因素,分析物流企业是如何提高客户满意度,增强在市场上的竞争力的。

### 二、实训背景

在当前竞争激烈的市场环境中,客户满意度是物流企业持续发展和赢得市场份额的关键因素。随着电商的兴起和消费者需求的多样化,客户对物流服务的要求越来越高,包括时效性、准确性、透明度和客户服务质量等方面。因此,提高物流企业的客户满意度成为企业持续发展的关键。

### 三、实训任务

1. 以3~5人组建一个团队。
2. 选择一个物流公司,通过查找资料及结合自己的消费场景,分析该公司的背景、目前面临的问题。
3. 小组寻找资料,根据客户满意度影响因素,分析提高客户满意度的策略。
4. 小组汇报方案。

### 四、实训考核内容及评分标准

师生互评,教师评分占比70%,小组评分占比30%。

**实训考核内容及评分标准**

| 序号 | 小组成员 | | 学生姓名 | |
|---|---|---|---|---|
| | 小组成绩 | | 学生成绩 | |
| | 考核内容 | 考核标准 | 满分 | 得分 |
| 1 | 物流公司背景、存在的问题 | 搜寻资料的能力、归纳问题的能力 | 20 | |
| 2 | 提高客户满意度的策略 | 根据客户满意度影响因素,分析提高客户满意度的策略,学会因果分析 | 60 | |
| 3 | 方案格式规范 | 题目:三号仿宋,加粗,居中<br>标题:一级标题小三仿宋,加粗,顶格。二级标题四号仿宋,加粗,顶格<br>正文:小四仿宋,首行缩进两个字,行间距固定值30磅 | 10 | |
| 4 | 汇报 | PPT制作精美,团队协作好,讲解生动,声音洪亮,普通话标准,有互动 | 10 | |

## 模块小结

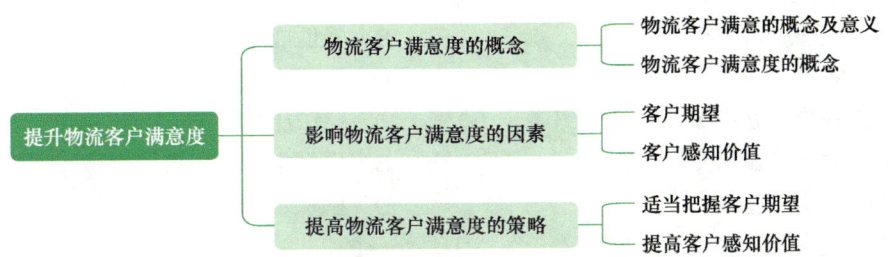

## 同步练习

### 一、单选题

1. 满意度是指（　　）。
   A. 消费者的购买反应　　　　　B. 消费者的满足反应
   C. 消费者的忠诚反应　　　　　D. 消费者的抱怨反应
2. 在物流和供应链管理中，客户总价值不包括（　　）。
   A. 产品价值　　B. 服务价值　　C. 人员价值　　D. 货币成本
3. 提高物流客户满意度的关键方法是（　　）。
   A. 减少客户服务　　　　　　　B. 提高价格
   C. 提供卓越的服务质量　　　　D. 减少沟通
4. 客户的满意是由（　　）因素决定的。
   A. 客户的期望和客户感知　　　B. 客户的抱怨和忠诚
   C. 产品的质量和价格　　　　　D. 产品的性能和价格
5. 企业要让（　　）保持在一个恰当的水平，这样既可以吸引客户，又不至于让客户因失望而不满。
   A. 客户预期　　B. 客户感知　　C. 客户满意　　D. 客户忠诚
6. 领导者的思想对于企业相当重要，这属于总价值中的（　　）。
   A. 产品价值　　B. 服务价值　　C. 人员价值　　D. 形象价值
7. 当客户感知远远大于客户期望时，客户的状态（　　）。
   A. 很满意　　　B. 满意　　　　C. 一般　　　　D. 较满意
8. 客户邮寄重要证件时会选择顺丰，主要是基于（　　）的考虑。
   A. 货币成本　　B. 时间成本　　C. 精神成本　　D. 体力成本
9. 物流企业承诺快递1天送达，但是3天了客户还没收到快递，客户会感到（　　）。
   A. 很满意　　　B. 满意　　　　C. 一般　　　　D. 不满意

## 二、多选题

1. 关于物流客户满意度，以下（　　　）因素会影响满意度。
   A. 服务质量　　　B. 价格　　　C. 交货速度　　　D. 客户沟通
2. 让渡价值在现代供应链中的重要性包括（　　　）。
   A. 提高运营效率　　　　　　　B. 降低成本
   C. 增加产品线　　　　　　　　D. 访问专业知识和技术
3. 在提高物流客户满意度的策略中，（　　　）是有效的。
   A. 优化运输和交付流程　　　　B. 提供定制化服务
   C. 减少沟通频率　　　　　　　D. 确保货物安全和完整性
4. 关于提高物流客户满意度，（　　　）是必要的。
   A. 降低服务标准　　　　　　　B. 加强沟通和透明度
   C. 提高可靠性和灵活性　　　　D. 优化库存管理
5. 物流客户满意度概念中，（　　　）经常与满意度交替使用。
   A. 价值　　　B. 质量　　　C. 忠诚度　　　D. 态度
6. 客户期望的影响因素包括（　　　）。
   A. 客户以往消费的精力　　　　B. 他人的介绍
   C. 企业的宣传　　　　　　　　D. 客户实际收益
7. 客户让渡价值的总成本包括（　　　）。
   A. 货币成本　　B. 时间成本　　C. 精神成本　　D. 体力成本
8. 客户很不满意时，一般表现为（　　　）。
   A. 愤怒　　　B. 投诉　　　C. 开心　　　D. 满足

## 三、判断题

1. 满意度是消费者对产品或服务提供的愉悦满足水平的一种判断。（　　）
2. 客户让渡价值是总价值与总成本的差额。（　　）
3. 在物流服务中，客户满意度与忠诚度无关。（　　）
4. 优化运输和交付流程不是提高物流客户满意度的方法之一。（　　）
5. 定制化服务可以根据每个客户的特定需求提供物流解决方案，从而提高客户满意度。（　　）
6. 库存管理对于提高客户满意度不重要。（　　）
7. 客户预期越高就越不容易被满足。（　　）
8. 客户满意是一种客观认知。（　　）
9. 快递企业通过送货上门服务，节省了客户去网点快递的体力成本，可以提高客户满意度。（　　）

# 模块八 物流客户投诉管理

**知识目标**
- 了解客户投诉产生的原因
- 熟悉物流客户投诉的种类
- 掌握客户投诉的处理步骤

**技能目标**
- 能分析出客户投诉的实际需求
- 能运用科学的步骤和方法妥善处理客户投诉
- 能运用客户投诉的技巧达到双赢的平衡点

**素质目标**
- 树立应对客户投诉的积极心态,并将之转化为正向的行为
- 培养乐观、积极、健康、向上的职业态度和生活态度
- 培养多元化思维模式,灵活运用客户投诉技巧

## 应知部分

### 单元一 物流客户投诉概述

**重难点**:物流客户投诉的内容、原因

#### 引导案例

**国家邮政局关于 2023 年四季度邮政业用户申诉情况的通告**

2023 年四季度,国家邮政局以及各省(区、市)邮政管理局通过"12305"邮政业用户申诉电话和申诉网站共受理申诉 71 380 件,与业务量相比申诉率为百万分之 1.51。其中,

有效申诉（企业负有服务质量责任的，下同）共计 11 502 件，与业务量相比有效申诉率为百万分之 0.24。用户对邮政管理部门处理有效申诉的满意率为 97.6%，对中国邮政集团有限公司（普遍服务业务）有效申诉处理满意率为 95.3%，对快递企业有效申诉处理满意率为 97%。

*说一说*：为什么要重视客户的申诉？

## 一、物流客户投诉的含义

物流客户投诉是指客户在购买或使用企业产品与服务过程中，因对产品质量或服务水准不满，从而提出书面或口头上的异议、抗议、索赔，以及要求解决问题等行为。当客户接触产品和服务时，往往会对产品质量以及企业所提供的服务都有良好的期望。一旦这些期望与实际体验之间出现落差，导致期望和要求无法得到满足，就会使客户心理失去平衡，进而产生抱怨和不满情绪，并外化为投诉行为。

## 二、物流客户投诉的内容

物流作为国民经济的动脉与连接各部分的纽带，其顺畅运作对于提高生产效率、削减生产成本，以及推动商品流通至关重要。然而，在物流活动的开展中，各类问题与投诉时有发生，具体包括以下几类：

### 1. 质量投诉

产品质量瑕疵、规格不全、技术未达标准，以及出现故障等，通常会使客户产生不满并发起质量投诉。

### 2. 服务投诉

服务投诉主要聚焦于公司服务人员在服务过程中出现的品质问题，包括言语表达、行为举止以及服务态度等方面的不当表现。

### 3. 业务类投诉

这类投诉多因公司销售环节或运作流程中出现差错所致，可细分为以下几种类型：

（1）货损类投诉，涉及货物受潮、外包装出现破损或内部物品损坏等情况。

（2）货差类投诉，涉及公司内部或网点在货物处理过程中出现货物丢失现象。

（3）时效延误类投诉，是指由中转、分拨、配载、通知提货、送货以及接货等环节未能及时完成，导致货物运输时间超出预期引起的投诉。

（4）财务类投诉，是指围绕佣金结算、代收货款处理、发票开具以及税金缴纳等财务相关事项产生的争议与投诉。

（5）理赔类投诉，集中在理赔处理时间过长或客户对理赔结果不满意等情形。

（6）信息类投诉，是指手机信息、无信息反馈或 GPS 信息反馈出现错误等信息传递方面的问题引发的投诉。

（7）业务差错类投诉，包括开单失误、分批配载安排不当、标签标注错误、承诺未予兑现、信息反馈延迟、虚假签收，以及货物被冒领等业务操作环节的差错导致的客户投诉。

（8）其他类型投诉，即除上述明确分类之外的其他业务相关投诉事项。

> **小案例**

G生鲜电商平台致力于为消费者提供新鲜优质的果蔬、肉类等食材，日常订单量维持在每日800单上下，与H冷链物流公司建立合作，保障货品运输品质。夏季正值蔬果上市旺季，平台举办了一次大型促销活动，订单量飙升至每日1 500单。但随后几天，客户投诉纷至沓来。

1. **质量投诉**

60多位客户反映收到的生鲜产品存在质量问题。例如，在30多份草莓礼盒中，因运输途中冷链温度把控不佳，有近一半草莓出现软烂、发霉迹象；20多份叶菜类蔬菜，由于包装的保湿层破损，菜叶失水枯萎，无法正常烹饪食用。

2. **服务投诉**

客服频繁接到投诉，H冷链物流配送员送货上门时，未按门铃或电话通知客户，直接把货品放门口就离开，此类情况发生了200余次，导致部分生鲜在门口暴晒变质。而且客户打物流客服电话咨询问题，常常遇到占线，平均拨打3～4次才能接通，接通后等待解决问题时长约40分钟，远超行业标准10分钟。

3. **业务类投诉**

（1）货损类：在运输过程中，因车辆颠簸和货物固定不牢，约100个包裹里的果蔬出现碰撞挤压变形、破损，像西瓜摔裂、香蕉表皮擦伤严重等。

（2）货差类：出现5起丢货情况，丢失的生鲜总价约800元，包含客户订购的高档海鲜礼盒等，给客户造成经济损失。

（3）时效延误类：原本同城承诺24小时内送达，但约600单延迟了6～12小时，原因是物流调度混乱，冷藏车调配不及时，中转仓库货物积压。

这些投诉致使G生鲜电商平台的用户好评率从90%下滑到70%，当周新用户注册量减少了30%，老用户复购率也降低了25%。

### 三、物流客户投诉的原因

有研究显示：仅有5%的客户在遭遇不满时会选择投诉，而多达95%的客户则会悄然离去。更值得注意的是，这95%默默离开的客户，几乎都会把自己的不满情绪传递给亲朋好友，每位不满的客户会向10～20人诉说糟糕的体验。

在现实商业环境中，无论企业如何竭尽全力，都难以打造出毫无瑕疵的产品与服务。即便投入百分百的用心，客户投诉仍如影随形。一旦处理失当，客户投诉极有可能给企业造成损失，严重情况下，甚至会掀起品牌危机的惊涛骇浪，给企业带来灭顶之灾。正因如此，绝大多数企业将客户投诉视为重中之重，在处理过程中慎之又慎。

事实上，客户投诉可看作一类特殊形态的客户服务，学会运用正确的策略与方法应对客户投诉，成为企业做好客户服务的必修课，更是衡量企业服务能力的关键标尺。

1. **企业的原因**

（1）服务质量缺陷。服务质量存在明显缺陷。例如，企业提供的运输产品本身存在设计或性能上的不足，导致货物损坏风险增加；产品质量缺乏稳定性，经常出现冷链温度波动、包装防护不到位等情况；交货时间屡屡延迟，无法兑现承诺的时效；服务网点布局稀疏，无法覆盖关键区域，给客户取送货造成不便；面对突发问题，反应迟缓，处理拖沓；售后服务形同虚设，客户在遇到困难时难以获得及时有效的支持，这些都极易引发客户的不满与投诉。

（2）缺乏诚信。诚信缺失问题也时有发生。部分物流企业为招揽生意，不惜夸大宣传自身的服务能力、运输时效等关键信息；在合同履行过程中，随意违背约定条款，或出现偷工减料、降低服务标准的行为。更为恶劣的是，还存在泄露客户个人信息的风险，极大地损害了客户的权益与信任。

> **素养提升**
>
> **钱先生遭遇违规加费，省消委会力促诚信回归**
>
> 消费者钱先生通过网络平台寻找到了一家物流公司，双方事先通过业务员沟通并达成协议：钱先生将支付400元作为托运一台电动车的全部费用，且此费用已包含所有运输及提货成本，不需要额外支付任何费用。然而，当电动车顺利抵达目的地时，物流公司却突然要求钱先生额外支付151元作为提货条件。无奈之下，钱先生又支付了151元。事后，钱先生联系物流公司负责人，物流公司拒绝协调。钱先生决定向省消费者委员会（简称省消委会）投诉，详细阐述了事件的经过，并明确要求物流公司退还违规收取的151元费用。省消委会接到投诉后，高度重视，立即介入调查，并尝试与物流公司进行协商，以维护消费者的合法权益。
>
> 在调解过程中，物流公司虽然有所回应，但始终以各种理由进行推脱，如货物数量不清、经手业务员已离职等，这些理由均未能合理解释为何突然增加提货费用。经过多次努力协调，物流公司最终仅同意退还50元，这一提议远远未能满足钱先生的合理诉求。
>
> 诚实守信是中华民族的传统美德，物流公司有违公平、诚实信用的原则，既损害了消费者合法权益，也损害了企业的长远利益。

### 2. 客户自身的原因

客户自身因素也不容忽视。有时，物流企业交付的产品及配套服务并无不妥，但由于客户有过高期望，当实际体验与心理预期产生落差时，便容易滋生不满情绪，或者因客户对产品操作不当，却误将问题归咎于物流服务，进而引发投诉。

### 3. 不可抗力

不可抗力因素同样不可小觑。此类因素具有不可预见、不可避免且无法克服的特性。从自然层面看，地震、台风、洪水、旱灾、雪灾等极端自然灾害，随时可能打乱物流运输的节奏，致使运输线路中断、货物滞留受损；从社会层面而言，战争、国际局势、大规模罢工等突发社会现象，也会对物流链条造成冲击，引发运输延误、货物丢失等问题，进而引发客户投诉。

> **小案例**
>
> 《中华人民共和国邮政法》第四十七条规定：邮政企业对给据邮件的损失依照下列规定赔偿：
>
> （1）保价的给据邮件丢失或者全部损毁的，按照保价额赔偿；部分损毁或者内件短少的，按照保价额与邮件全部价的比例对邮件的实际损失予以赔偿。

（2）未保价的给据邮件丢失、损毁或者内件短少的，按照实际损失赔偿，但最高赔偿额不超过所收取资费的三倍，挂号信件丢失、损毁的，按照所收取资费的三倍予以赔偿。

邮政企业应当在营业场所的告示中和提供给用户的给据邮件单据上，以足以引起用户注意的方式载明前款规定。

邮政企业因故意或者重大过失造成给据邮件损失，或者未履行前款规定义务的，无权援用本条第一款的规定限制赔偿责任。

第四十八条规定：因下列原因之一造成的给据邮件损失，邮政企业不承担赔偿责任：
（1）不可抗力，但因不可抗力造成的保价的给据邮件的损失除外。
（2）所寄物品本身的自然性质或者合理损耗。
（3）寄件人、收件人的过错。

### 四、物流客户投诉的意义

在当今竞争激烈的社会中，服务跃升为企业与品牌构筑核心竞争力、实现差异化突围的关键利器。随着市场格局从流量时代大步迈向存量时代，企业盈利模式也在悄然经历深刻变革，价格、产品、服务成为消费者决策天平上的重要"砝码"。其中，优质的产品与服务更是降低客户流失率、吸引新客源的不二法门。当下，众多企业不仅要精准锚定"以客户为中心"的市场转向，还需要在降本增效的赛道上发力奔跑，力求实现利润最大化。这意味着，凭借有限人力应对复杂多变的服务场景，探索更快、更优、更简的客户投诉解决方案，已成为服务端口的重点发力方向。

客户投诉恰似一把双刃剑，运用得当，可为企业披荆斩棘，化作督促全链路服务优化升级、强化企业品牌烙印的尚方宝剑；若处理不善，则可能沦为引发负面舆论风暴、重创企业根基的罪魁祸首。客户投诉处理得当能为企业开凿多条成长新通道。

#### 1. 客户投诉可帮助企业创造新机遇

客户投诉助力企业开启创新机遇之门。客户投诉恰似一面明镜，能映照出物流企业服务流程中的瑕疵与短板，如运输延宕、货物破损、信息黑箱等问题纤毫毕现。企业若能深度剖析这些投诉信息，犹如手握精准导航仪，能有针对性地优化运输路线、升级包装工艺、完善信息追踪体系，借由创新驱动服务质量飞跃，进而大幅提升客户满意度。

#### 2. 客户投诉可帮助企业改良产品和服务

客户投诉赋能企业雕琢产品与服务。客户作为产品或服务的一线体验者，对产品功能能否精准匹配自身需求有着敏锐的感知，堪称产品缺陷的"吹哨人"，能为企业呈上极具价值的改进线索。客户投诉背后，是期望与现实碰撞后的落差与不满，而企业恰可从中汲取灵感，为产品研发部门注入创新活力，催生更多贴合客户心意的佳作。事实上，很多企业的产品迭代灵感正是源自客户投诉与反馈。企业善用这些信息，不仅能修补短板，更有望挖掘潜藏的巨大商机。

> **素养提升**
>
> **曦和智联物流港：高效应对客诉，以责任铸就服务新标杆**
>
> 2025年2月18日，客户委托某物流公司运输15件卫浴制品至江苏睢宁。然而，收货人在验货时发现2件卫浴制品内部产品碎裂，随即提出索赔。

曦和智联物流港园区客服接到投诉后，立即响应。10:25：客诉专员对接承运物流企业，调取运输轨迹及装卸记录。12:10：初步判定为运输过程中操作不当导致货损。14:36：曦和客诉部介入调解，促使双方达成赔偿协议。

由于卫浴产品属易碎品，目前有些物流园区针对易碎品货损不进行赔偿。但曦和智联物流港始终坚守"客户至上"的服务理念，将客户满意度作为衡量企业服务质量的重要标准。针对此次货损事件，通过调查发现，在接货环节，货物的防护外包装存在明显不足，未能达到保护货物安全运输的基本要求。因此发货人、物流企业都需承担一定的责任。最终，经双方协商一致，按货损价值的50%进行赔偿。从投诉到解决，总共用时4个小时，客户对处理结果非常满意。

为全面提升客户服务体验，曦和智联物流港自2025年3月5日起正式实施"发货选曦和，时效服务我负责"服务保障机制。针对园区内物流企业因运输责任导致的货损问题，园区郑重承诺：

（1）极速响应：收到客户诉求后，30分钟内启动处理流程。

（2）全程担责：明确责任主体，48小时内完成调查与协调。

（3）先行赔付：货值500元内现场赔付（最晚不超过2天）；货值500～3 000元先行赔付50%，剩余一周内赔付完成；货值3 000元以上先行赔付30%，剩余一月内赔付完成（说明：易碎品、高附加值等特殊货品按有关规定执行）。

曦和智联物流港园区以客户为中心的服务理念和高效的处理方式，赢得了客户的广泛认可和好评。越来越多的客户对曦和智联物流港的服务质量充满信心，因此放心地将业务交由园区承接。这不仅为园区带来了业务量的增长，更提升了园区在市场中的口碑和竞争力，为园区的可持续发展奠定了坚实的基础。

### 3. 客户投诉可帮助企业提高客户忠诚度

客户投诉助推企业筑牢客户忠诚度堡垒。当产品或服务出现问题，从而引发客户投诉时，企业的应对态度至关重要。及时且完美的解决方案，是企业诚意与能力的最佳展现，毕竟客户评判企业优劣的重要标尺之一，便是其处理投诉的成效。成功化解投诉危机，既能提升客户满意度与忠诚度，又能为企业赢得口碑与回头客红利。若处置失当，投诉客户将如沙漏中的沙子迅速流向竞争对手，还会带着负面评论，引发连锁的客户流失恶果，给企业前行之路蒙上阴霾。

**小案例**

美好家具电商公司，线上销售各类家居用品，日订单量约300单，与今日达物流配送公司长期合作。

一次促销活动后，日订单激增到500单。但随后几天，客户投诉纷至沓来。有客户投诉收到的实木椅子腿有磕碰，属于货损问题；有客户反映送货人员未提前沟通就将重物放门口，服务态度不佳；还有客户抱怨物流信息更新滞后，查询无结果，影响收货安排，时效延误感明显。

今日达物流得知后迅速反应。针对货损，当天就安排专人上门查看，确认磕碰不影响使用的，给予客户 50 元补偿优惠券，并承诺后续加强包装防护；对于送货态度问题，立即对涉事人员批评教育，同时向客户诚恳致歉，还送上小绿植作为赔礼；面对信息滞后问题，紧急升级信息系统，投入更多人力进行实时跟踪，2 小时更新一次物流状态，并将改进情况同步给客户。

经此番妥善处理，客户投诉率在一周内从 15% 降至 5%，原本给出差评的客户纷纷修改评价，不少客户后续复购还指定今日达物流配送。美好家具电商公司与今日达物流的合作也更紧密，今日达物流借此契机优化内部流程，后续业务差错率大幅降低。可见，物流企业积极应对投诉，既能挽回客户信任，又能实现自我提升，为长远发展筑牢根基。

## 单元二 物流客户投诉的心理与需求分析

**重难点**：不同心理下客户投诉的特点、类型及处理方式

### 引导案例

#### 快递公司化解客户投诉危机的借鉴之道

**起因**：三个总价值 960 元的税盘在网点揽收后不幸遗失，经过多日查找仍无果。客户因此不得不花 1 000 元找人代补税盘，并且由于税盘未能及时送达，收方还扣除了发件人 4 000 元的违约费。因此，发件人坚决要求该网点赔偿总计 5 960 元，并指出快件遗失是网点的责任，这些额外费用不应由自己承担，必须获得全额赔偿。然而，双方协商未能达成一致，导致客户投诉至邮政部门。

事件已升级至网点的区域经理那里，由他负责对接客户处理。区域经理表示已调取监控进行查找，并与业务员核实外包装及托寄物情况，但发现业务员在取件时并未进行开箱验视，也未核对物品价值，导致物品被错误地使用文件封包装且未进行保价。因此，物品很可能在分拣过程中被卷入皮带机。尽管如此，区域经理与客户面谈后，客户仍坚持要求全额赔偿，并表示可以提供相关发票证明。

在处理超出公司标准理赔金额的投诉时，许多网点常面临类似的困境，导致双方陷入僵局。有时，客服可能因重复解释而让客户感到疲惫，或客户被误解为无理甚至恶意投诉。想要处理好此类投诉，首先要明确以下两点：

**1. 为什么**

快件揽收后遗失，背后原因值得深究。业务员揽收环节的不规范操作是关键导火索。他们为何犯这类低级错误？是入职培训走过场，未让业务员掌握揽收流程与要点，还是他们日常工作中责任心缺失，取件时随意应对？这都需要深入反思。

再看区域经理，肩负监督管理之责。在此事中，其管控明显有隙可寻。是日常监督巡查浮于表面，对业务员违规操作视而不见，还是团队管理缺乏有效奖惩举措，使得业务员漠视规范、肆意妄为？区域经理的失职，无疑助长了不良风气。

聚焦操作部经理，面对文件封卷入皮带机这一潜在主因，其解决措施至关重要。分拣流程设计是否有短板，未兼顾不同包装物品特性，为事故埋下隐患？设备维护与人员操作指引是否

精细到位,能保障分拣既快又稳?只有彻查这些根源问题并有效解决,才能防患于未然,重拾快递服务口碑。

2．怎么办

首先必须明确服务理念:在处理此类投诉时,不应机械地遵循总部规定,而应始终以客户满意为服务宗旨,灵活应对,确保客户感受到服务的诚意与专业。其次,需要清楚认识到当前问题带来的严重后果。客户不仅已经向总部投诉,还进一步申诉至邮政部门。这对网点而言,意味着可能面临总部的罚款,以及若问题未能妥善解决,邮政部门可能对企业实施罚款,同时还会影响网点在邮政投诉指标上的表现。

基于以上两点深入分析可以知道,客户遭受的直接损失为960元的税盘价值及1000元的代补费用,总计1960元。收件人扣除发件人的违约费,则属于间接损失范畴。结合投诉的具体情况,从客户角度出发,网点决定最高赔偿客户直接损失1960元。在明确处理方案后,网点老板亲自邀请客户前来网点沟通理赔事宜,以此展现公司的重视与诚意。当日下午,客户携带相关发票抵达网点。区域经理首先向客户详细阐述了总公司及邮政部门对于此类问题的理赔标准,随后表达了公司的诚意,并明确愿意承担客户的直接损失,即最高赔偿1960元。然而,客户对此方案并不满意。在双方僵持不下之际,某团队向客户提出了三点中肯的建议。

第一,讲快递赔付规则。

邮政部门和快递公司对于未保价的文件类物品,遗失后按照运费倍数赔偿,最高赔偿500元。这是快递行业一致的处理流程,所有快递皆是如此。

第二,讲网点赔付诚意。

邀请客户来网点沟通,也是表达公司的诚意。遗失是双方都不想要的结果,但是事情发生了,并且客户选择本快递公司也是出于信任,所以网点还是想去解决客户的问题,在规则之下,决定给予客户直接损失金额的赔付。

第三,讲后续处罚方案。

此问题是由业务员的失误直接造成的,但更重要的是由区域经理管理不当、操作部经理操作流程不当间接导致的。一定要分析产生问题的背后原因和责任的主次。故此次网点的处罚结果是:区域经理负主要责任并罚款1000元。业务员和操作部经理负次要责任,各罚款500元。

最终客户同意接受2000元理赔。但当客户听到要处罚业务员500元时,却一反常态要求网点保证不罚业务员的钱。客户说:"如果一定要对业务员罚款,那你们给我2000元,我自己给业务员500元!"短短的一句话,不仅说明客户对于此次处理结果的满意与认可,也挽回了客户对于企业品牌的信任。网点负责人将事情的处理结果,在公司微信群内进行了通报。不仅区域经理认识到问题的严重性,业务员也写下了保证书,保证不再出现此类情况。这样的处罚结果,得到网点管理层的一致认可。很多时候面对客户的高额赔偿,网点会认为客户是在无理投诉。如果只是按照规则去赔偿,那客户会越来越少,罚款越来越多。像这样把客户邀请到网点进行面对面交流,从客户角度出发,真正去解决客户的问题,才能获得客户的理解与认可。

说一说:案例里的客户属于哪种心理下的投诉?

# 一、赔偿心理下的投诉

在处理客户投诉时,若想圆满解决,仅仅做到倾听客户诉求还远远不够,要学会巧妙"揣摩"客户的心理，深入探究客户发起投诉究竟期望达到何种目的。只有精准把握这一点，我们才能从心理层面贴近客户，进而为其量身定制适宜的处理方案。

细观一些投诉实例，尤其是涉及费用纠纷的典型案例，客户之所以据理力争，往往是深感自身权益遭受了侵害。此时，他们投诉的核心诉求归根结底在于寻求合理的补偿，以弥补经济上的损失。然而，客户期望获得的补偿绝非只有物质层面的财产补偿，精神层面的慰藉同样不可或缺。遭遇不愉快的服务体验，客户内心期望得到尊重、理解与安抚，他们渴望快递公司能正视问题，给予真诚的道歉，让其感受到被重视，以此修复受损的信任，实现心理上的平衡与满足。只有全方位洞悉客户在物质与精神上的需求，才能在化解投诉困境时做到有的放矢，重塑客户对快递服务的信心。

### 1. 客户特点分析

在众多投诉场景中，客户呈现多元面貌。不少投诉是因误解或一时疏忽，属于无心之失，但也不乏有理有据的投诉。当客户渴望补偿的心情急切，而企业又因种种缘由无法及时满足时，投诉"战火"升级的硝烟味便会迅速弥漫。这背后的原因是客户因自身权益受损而急切想要一个说法、一份补偿。若得不到回应，客户的不满情绪就会如决堤洪水，汹涌难挡。

### 2. 客户类型甄别

（1）维护权益型。这类客户就像权益的"忠诚卫士"，一旦认定服务或产品侵犯其权益，便会依据事实，条理清晰地申诉维权，不轻易妥协，目标明确指向解决问题与合理补偿，是规则的坚定遵守者。

（2）理直气壮型。他们往往带着满腔怒火登场，语气强硬，情绪激昂，无论出现问题的原因是否完全在于企业，都坚信自己遭受不公，要求企业即刻"买单"，维权态度激进。在与这类客户沟通时，需要格外留意安抚其情绪，避免冲突升级。

### 3. 客户投诉处理

（1）精准判别需求的合理性。面对客户诉求，客服人员需要像经验老到的侦探，仔细甄别是偶发性意外，还是反复出现的"惯犯"问题，考量能否酌情为客户"开绿灯"。若可行，那就妥善安排处理，同时贴心提醒客户日后多加留意，防范同类问题再度"敲门"；若不合理，也别敷衍了事，务必耐心向客户阐释清楚原因，以理服人。

（2）心灵安抚"三步走"。

1）耐心倾听。化身最专注的听众，给予客户充分的倾诉时间，让他们充分表达内心的委屈和不满，绝不中途打断，用无声的陪伴开启安抚第一步。

2）运用同理心。换位思考，感客户所感，用真诚的话语对其遭遇表示理解，如"我要是您，碰上这事儿也得急眼，您先消消气"，拉近心与心的距离。

3）适当抱歉。别吝啬那句"对不起"，真诚的歉意能如春风化雨，滋润客户因不满而干涸的心，为安抚工作画上圆满句号，助力化解投诉危机。

## 二、尊重心理下的投诉

在客户投诉情境之中，尊重心理起着关键作用。客户自尊心极强，笃定自己的投诉有理有据，期望借投诉让遇到的问题受重视，进而收获认同与尊重。

### 1. 客户特点分析

这类客户往往对问题有着独到且深入的见解，一旦形成观点便会坚持，不容轻易动摇。他们内心深处极度渴望在与对方交流时，自己的想法能被精准捕捉、透彻理解，更期盼得到对方肯定的回应。他们认为这是对他们判断力与遭遇的认可。

### 2. 客户类型甄别

（1）感情丰富型。投诉时情绪如汹涌的潮水、激昂高亢，尽情倾诉不满，字里行间满是问题带来的情绪冲击，感染力强。

（2）细腻型。心思似精密滤网，能捕捉服务或产品的细微瑕疵，从包装微痕到服务人员语气变化，皆能细致描述，以细节筑牢投诉"阵地"。

（3）敏感型。对外界刺激敏感度极高，服务稍有不妥，便触动敏感神经，引发情绪波动开启投诉，且对回应用词、语气格外在意。

### 3. 客户投诉处理

（1）情感共鸣先行，理性判断在后。客服人员面对客户的倾诉要给予全方位、深层次的理解与认同，用真诚的话语让他们感受到被懂得、被关怀。但需要记住，在情感上贴近的同时，不能盲目地全盘认同客户的要求，需要冷静、客观地依据事实与规则进行甄别，做到情理兼顾。

（2）时效至上，尊重视觉化。客服人员在处理投诉的全流程中，要牢记"及时"两字。在客户发声的瞬间，及时回应，让他们知道自己的诉求已被接收；察觉问题根源，及时表示歉意，用诚恳的态度舒缓客户不好的情绪；问题调查清楚后，及时回复处理结果，让客户全程都能感受到被重视。这些看似简单的"及时"动作，在客户眼中，是衡量是否得到尊重的直观标尺。

（3）巧妙化解尴尬，助力问题"软着陆"。倘若客户在投诉过程中存在不当之处，客服人员切勿生硬地指责或反驳，而要运用智慧，以委婉、巧妙的方式为客户搭建台阶。例如，用"可能当时现场情况比较复杂，您没注意到这一点细节，咱们现在一起看看怎么解决"这样的话术，既指出问题又保全客户颜面，满足其自尊心，让问题处理如同顺水行舟，平稳驶向圆满解决的彼岸。

## 三、认可心理下的投诉

在客户投诉的多元场景里，认可心理驱动下的投诉别具一格。有些客户发起投诉，实则怀揣着"表现欲"，他们一边犀利地投诉、批评，一边像"导师"一样给出建议、传授经验。这类客户热衷于通过此种方式，获得成就感，还常常打着广大消费者代言人的旗号来"讨公道"。

### 1. 客户特点分析

他们大多具备较深的文化底蕴，对公司业务流程并非一知半解，甚至事前做了周全准备；在沟通时条理清晰、不疾不徐，宛如胸有成竹的谋士。他们无论是分析问题的根源，还是规划解决路径，都能说得头头是道，令人无法小觑。

### 2. 客户类型甄别

（1）知识分子型。凭借深厚的学识，引经据典点评服务优劣，以专业视角审视问题，提出的见解往往一针见血。

(2)有备而来型。有备无患是他们的信条。他们手握资料、熟知细节,投诉起来有理有据,让企业难以招架。

(3)曝光型。企图借助舆论力量,将问题放大,以引起广泛关注,为自己的诉求增添砝码。

(4)惯性投诉型。习惯"挑刺",热衷于在投诉中展现自我,从过往经验里汲取"战斗"力量。

### 3. 客户投诉处理

(1)专业对垒,有备无患。客服人员要依据客户抛出的争议焦点,迅速掌握公司相应的业务流程,备好翔实资料,以专业"武装"应对挑战,让客户看到企业的严谨。

(2)巧借心理,引导有方。客服人员要抓住客户爱表现的心理,适时适度给予赞扬,用巧妙的话术激发他们的身份认同感,促使其保持理智,携手寻求解决方案。

(3)适时赞美,认真沟通。客服人员要真诚地认同、赞美客户的合理之处,让沟通氛围更加融洽,使客户更易接纳处理方案,为化解投诉难题铺平道路。

## 四、发泄心理下的投诉

在客户投诉的复杂原因中,发泄心理引发的投诉颇为常见。客户满含怒气与抱怨前来投诉,很多时候,他们并非一定要讨一个确切说法,而是想将内心积压的不满情绪一股脑地宣泄出来,借此驱散郁闷、舒缓不快,重新寻回心理天平的平衡。

### 1. 客户特点分析

这类客户就像情绪的"搬运工",将生活、消费中遇到的不如意传递给企业。他们的核心诉求并非问题的即刻解决,而是借助倾诉过程,让自己紊乱的心情得以平复,恢复内心的宁静与平衡。

### 2. 客户类型甄别

(1)情绪易波动型。他们的情绪好似六月的天气,说变就变,一点小事就能触动情绪开关,瞬间燃起怒火,在投诉时言辞激烈、情绪饱满,急需一个情绪出口。

(2)唠叨型。他们一旦打开话匣子,便如滔滔江水连绵不绝,事无巨细地诉说着不满,从服务细节到产品瑕疵,反复念叨,沉浸在自己的抱怨世界中。

### 3. 客户投诉处理

(1)耐心倾听为主。客服人员此时要化身安静的"情绪垃圾桶",给予客户充分的倾诉时间,全程专注聆听,绝不轻易打断,从而让客户的情绪洪流得以顺畅流淌。

(2)氛围营造为辅。在承接客户情绪的同时,客服人员要巧妙运用语言、语调及沟通技巧,努力营造轻松愉悦的交流氛围。但需要时刻留意客户的个性,把握好引导尺度,既不让客户感觉被敷衍,又能慢慢将其情绪引入正轨,助力化解投诉危机,重塑客户的好心情。

## 五、报复心理下的投诉

报复心理作祟下的投诉极具挑战性。通常,客户在投诉时内心对结果有大致理性的预判,但是一旦企业给予的反馈与他们的预期相差甚远,又或是在他们宣泄情绪时遭遇重重阻碍,甚至受到伤害,部分客户内心的天平便会失衡,进而滋生报复心理。

### 1. 客户特点分析

这类客户往往自我意识较强，情绪易激动。他们被怒火蒙蔽双眼，全然不顾自身得失，满心只想让企业"吃点苦头"，仿佛只有这样才能一解心头之恨，出一口憋闷之气。

### 2. 客户类型甄别

（1）霸道型。他们行事风格强势，投诉起来颐指气使，语气强硬，容不得半点反驳，非得让企业按照自己的意愿行事，否则绝不善罢甘休。

（2）喋喋不休型。他们一旦开启投诉模式，便滔滔不绝，反复诉说委屈与不满，且言语间夹杂着许多攻击性词汇，试图用言语"轰炸"让企业就范。

### 3. 客户投诉处理

（1）耐心安抚为先。客服人员在此情境下，要成为"情绪灭火器"，以无比的耐心，用恰当、温和的语言，搭配和蔼可亲的态度，慢慢浇灭客户心头的怒火，让他们感受到被尊重与理解。

（2）理性引导为要。在承接客户情绪宣泄的同时，客服人员要巧妙借助沟通技巧、事实案例等，将双方对话拉回理性轨道，引导客户冷静思考，避免情绪化对抗升级。

（3）证据留存保底。面对极端客户，客服人员需多留心，留意收集如通话录音、聊天记录等相关证据。在关键时刻，委婉地提醒客户证据的存在，如同给冲动的他们注射一剂"冷静针"，促使其恢复理智，助力妥善化解投诉危机。

## 单元三 物流客户投诉的处理

**重难点**：物流客户投诉处理的流程

### 引导案例

#### 商家应对 A 快递服务挑战的经验与反思

某电商商家专注于在网络平台售卖新鲜核桃，凭借产地优势，其产品备受消费者青睐。然而，受发货地所处小镇物流条件掣肘，在综合考量后，商家无奈选定 A 快递承担配送重任。A 快递信誓旦旦地承诺，一般情况下，包裹四天内便能顺利送达顾客手中，且在运输过程中全力确保核桃的新鲜品质不受丝毫影响。正是基于这一有力的承诺，商家才放心地与之达成合作。

但好景不长，一位顾客焦急地反馈，购买的核桃如石沉大海，迟迟不见踪影。商家当即以最快的速度与 A 快递取得联系，并依据物流追踪详情展开电话查询。令人沮丧的是，查询结果显示包裹此刻正被困于快递公司某分拣中心，深陷分拣作业的"泥沼"，究竟何时能送达全然不知。次日，商家再次致电快递公司，得到的却是一记沉重"闷棍"——包裹不幸遗失，对方仅建议耐心等待数日，看是否有奇迹发生——找回包裹。

要知道，新鲜核桃保鲜期短，经不起这般长时间折腾。商家心里明白，即便包裹后续侥幸找回，历经波折的核桃大概率已变质，无法再给顾客。于是，商家果断采取补救行动，主动为受影响的顾客免费重新寄送一箱新鲜核桃，力求保障顾客购物体验不受太大冲击。

与此同时，商家开启了漫长而艰辛的追责之路。在长达半个月的时间里，反复与 A 快递联系，多次拨打电话据理力争、沟通协商。最终 A 快递依照商品原价向商家做出赔偿。虽说问题总算得以解决，但回顾整个处理流程，耗时漫长、沟通烦琐，不仅给商家徒增负担与不便，还将物流服务在应对突发状况时的效率低下、信息透明度不足等问题暴露无遗，亟待后续改进优化。

说一说：您对这样的处理满意吗？

## 一、物流客户投诉处理的流程

物流企业在面对客户投诉时，有一套科学、严谨且高效的处理流程至关重要，其涵盖受理投诉、调理情绪、厘清事实、协商解决、快速落实、跟进处理和记录分析等关键环节。

### 1. 受理投诉

（1）客户投诉途径。为方便客户在遭遇问题时能及时发声，物流企业应全方位拓宽投诉渠道。客户既可以拨打专门的客服热线，以最直接的方式倾诉不满，也可以发送邮件，详细阐述问题的细节，还可借助在线客服平台，实时与企业沟通。同时，企业务必在官方网站、App 等显著位置，清晰明确地公布这些投诉途径，让客户在需要时能迅速找到求助入口。

（2）接待投诉人员。企业需选派经过专业培训、经验丰富的客服人员专职负责接收投诉。他们不仅要有出色的沟通技巧，更要具备高度的责任心，确保精准、完整地记录下每一项投诉信息，不错过任何关键细节，为后续处理筑牢根基。

（3）记录投诉信息。客服人员在接到投诉时，要像严谨的记录员，详细记录客户投诉的具体内容，包括问题描述、涉及的订单号、投诉时间，以及客户选择的投诉方式等信息。记录完成后，客服人员还需要与客户耐心确认，保证信息的准确性，避免因误解导致处理偏差。

### 2. 调理情绪

在投诉场景中，绝大多数客户带着解决问题的真诚而来，但由于个人性格、经历各异，情绪表现也大相径庭。其中不乏性格偏激者，容易激动，稍有不慎就可能引发激烈的情绪冲突。此时，客服人员最忌中途打断客户倾诉，急于辩解，这无异于火上浇油。相反，若能给予客户充分的表达空间，让其尽情宣泄情绪，往往能使其紧绷的神经松弛下来，心情逐渐平复。同时，客服人员还应巧用肢体语言，如在倾听过程中，用专注的眼神凝视客户，适时点头示意，无声地传递出"我在认真聆听"的信号，让客户真切感受到自己的意见备受重视。

### 3. 厘清事实

（1）确定投诉类型。依据客户投诉的核心要点与本质特征，将投诉精准归类。常见的投诉类型包括产品质量瑕疵，如货物破损、变质；服务体验不佳，像配送延迟、服务态度差；售后保障不力等问题。明确投诉类型是有的放矢地解决问题的第一步。

（2）搜集证据。客服人员不能仅凭客户的一面之词，需要迅速联动仓储、运输、配送等相关部门，通力合作，全面搜集与投诉相关的各类证据。可能是仓库出入库记录、运输车辆的行车轨迹、配送员的交接单等，通过这些资料，为准确分析投诉提供有力支撑。

（3）分析原因。在掌握充足证据后，深入剖析投诉根源。是流程漏洞、人员疏忽，还是不可抗力因素？只有找出问题的"病根"，才能为后续制定解决方案找准方向。

### 4．协商解决

协商解决堪称物流客户投诉处理的重中之重，双方需要依据前期的分析结果，共同商讨制定切实可行的解决方案。在此过程中，需重点关注以下几点：

（1）掌握问题的成因，判断客户期望。客服人员要有一双"慧眼"，通过耐心倾听，精准锁定问题的症结，进而判断问题的严重程度。同时，敏锐洞察客户的期望，如客户投诉配送时间严重延误，就要考量是否给客户造成经济损失。若客户寻求赔偿，需要进一步了解赔偿方式、预期金额等细节，为提出契合客户需求的方案提供依据。

（2）划分责任，多部门协调解决。解决投诉问题常常需要多部门协同作战。客服人员要充当高效的"协调员"，与各部门沟通，确保无缝对接。有时问题的根源不在物流部门，如送货产品内发现异物，责任可能在生产环节。此时，客服需要联合生产部门共同处理，全程为客户提供协助，并保持密切联系，传递企业关怀。

（3）按照物流部门既定的办法处理。物流部门通常针对各类常见投诉制定了相应的处理办法，在拟定解决方案时，应优先参考既定办法。对于补货、换货等常规问题，依章办事即可迅速化解；对于特殊问题，则需要灵活应变，寻求双方都满意的创新性解决方案。

（4）处理者权限范围的确定。物流部门内部各层级人员处理投诉的权限不同，对此客服人员要做到心中有数。对于简单投诉，当场处理，高效解决；对于超出权限范围的复杂问题，务必第一时间上报物流经理等具有决定权的领导，绝不能让客户长时间等待无果，以免前功尽弃，重新激化矛盾。

### 5．快速落实

一旦双方就解决方案达成共识，落实必须雷厉风行。若问题处理在客服人员权限内，应迅速、圆满地当场解决；若需要进一步协调或超出权限，务必向客户说明事情缘由、处理流程、预计时间以及经办人员信息，并请客户留下联系方式，以便后续精准追踪。在客户等候期间，客服人员要定时主动反馈进展，让客户全程了解问题解决动态，增强其信任与满意度。

### 6．跟进处理

（1）监控解决效果。问题解决并非终点，客服人员需要持续跟进客户反馈，通过回访、问卷调查等方式，了解客户对解决方案的满意度。若客户仍有不满，及时调整优化，确保问题彻底解决。

（2）提升服务质量。以投诉为镜，企业应深入反思，总结经验教训。企业要分析投诉数据，挖掘潜在问题，有针对性地优化流程、培训人员，持续提升整体服务质量，预防类似问题再次出现。

### 7．记录分析

（1）归档记录。将客户投诉从受理到解决的全过程，包括每一次沟通的记录、采取的措施、最终的结果等，详细归档。这些记录不仅是处理后续投诉的参考，而且是企业成长的见证。

（2）数据分析。企业可借助大数据分析技术，对客户投诉数据进行深度挖掘，了解投诉的季节性、地域性趋势，剖析深层原因，为精准改进产品设计、优化物流服务提供科学依据，推动企业持续进步。

物流客户投诉及处理记录见表8-1。

表8-1 物流客户投诉及处理记录

| 投诉人姓名 | | 联系人/联系方式 | |
|---|---|---|---|
| 投诉时间 | | 接待人姓名（工号） | |

投诉内容：


投诉调查与原因分析：

处理措施：


制定人：

客户投诉的回复：



投诉方： 日期：

审批意见：


审核人： 日期：

客户投诉回复的跟进：

跟进人： 日期：

### 素养提升

## 数字化协同办公

关联客户投诉与在线文档的方式可以有助于更有效地管理和跟踪投诉的处理过程。以下是如何关联客户投诉与在线文档的一些建议：

**1. 创建专门的投诉文档**

在在线文档平台（如腾讯文档、钉钉文档等）中创建一个专门用于记录客户投诉的文档。为每个投诉分配一个唯一的标识符（如编号或日期），以便轻松识别和跟踪。

**2. 记录投诉详情**

在文档中详细记录客户投诉的内容，包括客户姓名、联系方式、投诉日期、问题描述、期望的解决方案等。如果有必要，可以添加图片、视频或其他相关证据。

**3. 分配任务与责任人**

根据投诉的性质，分配处理任务给相应的部门或员工，并明确责任人和处理期限。在文档中设置任务跟踪列表，以便团队成员可以清晰地看到每个任务的当前状态和进度。

**4. 更新处理进展**

责任人应根据处理进展更新文档，包括采取的措施、与客户沟通的结果、解决方案的有效性等，确保所有团队成员都能实时查看更新，以便在需要时提供协助或调整策略。

> 5. 建立反馈机制
>
> 在处理完投诉后，邀请客户提供反馈，以评估解决方案的满意度。将客户的反馈记录在文档中，以便分析常见问题并改进服务质量。
>
> 6. 关联与跟踪
>
> 如果使用客户关系管理（CRM）系统或其他投诉跟踪工具，可以将在线文档与这些系统关联起来，以便在多个平台之间同步数据。利用系统的提醒和通知功能，确保不会错过任何重要的投诉处理步骤。
>
> 7. 保护隐私与安全
>
> 确保在线文档的安全性，仅允许授权人员访问和编辑文档。遵守相关法律法规，保护客户隐私，避免泄露敏感信息。
>
> 8. 定期回顾与改进
>
> 定期对投诉文档进行回顾，分析常见问题和投诉趋势，以便识别服务中的不足并进行改进。与团队成员分享成功案例和经验教训，提升整体服务质量。
>
> 通过以上步骤，可以有效地关联客户投诉与在线文档，提高投诉处理的效率和质量，同时提升客户满意度。

## 二、物流客户投诉处理的技巧

### 1. 保持冷静，耐心倾听

面对客户投诉，客服人员务必时刻保持冷静、理智的头脑，绝不能被客户的负面情绪影响；要拿出十足的耐心，聆听客户的诉求，无论客户情绪如何激动、言辞如何犀利，都要坚守礼貌待人的底线，绝不发脾气、不与客户争吵。因为一旦客服人员自己情绪失控，碰上本就怒火中烧的客户，局面必然会迅速恶化，陷入难以收拾的境地。

处理客户投诉

### 2. 换位思考，诚挚致歉

在处理投诉时，客服人员要善于换位思考，设身处地站在客户的角度去洞察问题的全貌。深入了解客户的实际需求，竭尽全力去满足他们的合理诉求，让客户真切感受到自己备受关注与重视。需注意，一个行之有效的道歉绝非仅仅流于口头的"对不起"，而应涵盖对错误或引发客户不满情绪的坦诚承认，传递出对客户当下感受的深切共情，更要有解决问题的坚定决心以及切实可行的方案。例如，客服人员可以这样表达："实在万分抱歉给您造成了不便与困扰，我完全能够体会您此刻的心情。接下来，我会想尽一切办法妥善解决这件事，请您放心。"

### 3. 用心沟通，解决问题

客服人员在处理客户投诉过程中，用心沟通是化解难题的关键，要全神贯注地倾听客户反馈，不仅要留意客户话语中的字面意思，更要敏锐捕捉其言语背后隐藏的情绪变化，精准洞察客户内心真正的需求与期望。在交流进程中，迅速判断客户投诉的根源所在，依据具体成因探寻与之适配的解决方案。倘若问题在自身职权范围内，应即刻向客户清晰阐释具体的解决办法；一旦超出职权范围，务必第一时间向上级主管如实汇报，争取支援，绝不让客户的问题久拖不决。

#### 4．跟踪服务，持续改进

客服人员要通过持续的跟踪服务，主动向客户核实解决方案是否得以顺利执行，实施效果究竟如何，以此解除客户二次投诉的隐患。事后，还应对类似的投诉事件进行深度剖析、全面总结，从中汲取经验教训，持续优化服务质量与产品品质，从根源上预防同类问题再度发生。

总而言之，正确处理客户投诉绝非简单的按部就班，而是一门需要精研的艺术。只有在妥善应对客户投诉的过程中，不断提升客户的满意度与忠诚度，才能切实增强企业的竞争力，提升企业的品牌形象，为企业的长远发展筑牢根基。

---

**素养提升**

"签收未达"别慌！看电商客服必备素养如何化解难题

"老板，在吗？为什么我的包裹显示签收了，可我没收到"，相信这是不少电商客服都曾遇到过的棘手询问。

那么，当客服接到买家此类询问时，究竟该如何有条不紊地处理呢？

第一步：表示歉意。

让买家感受到客服对其问题的重视关注，缓解买家的不满情绪。可采取以下话术：尊敬的客户，非常抱歉此次收货事宜给您带来了不便与困扰。我们一定会全力协助您解决这个问题。

第二步：引导买家核对收货信息。

为了确保问题处理的方向正确，避免因信息错误导致的后续麻烦，客服应引导买家仔细核对收货信息。可采取以下话术：为了更好地排查问题，麻烦您先仔细核对一下收货信息，包括收件人姓名、联系电话、收货地址等，看看是否存在信息误差。

第三步：提供多种解决建议。

（1）建议联系快递小哥。话术示例：如果收货信息无误，为了尽快排查货物去向，建议您在订单页面点击"查看物流"，拨打上面快递小哥的电话进行沟通联系。快递小哥一般还是会记得把快递放到了某个位置，您和他沟通一下或许能更快解决问题。

（2）表明店铺会同步跟进。话术示例：我们这边同时也会反馈给快递的工作人员，您后续留意一下电话，如果快递人员未接听或者无人联系您，请您及时联系我们为您处理！

（3）提醒询问家人是否签收。话术示例：另外，您也可以问问是否是家里人已经签收，有时候家人代收了您可能还不知道。

通过以上标准化、规范化的处理流程，电商客服能够有条不紊地应对买家"包裹显示签收但未收到"的询问，快速、有效地解决问题，提升买家的满意度与忠诚度。同时，客服人员应不断学习和实践，提高自身的沟通能力和问题解决能力，为店铺的发展贡献力量。

---

## 职业技能训练

### 一、实训目标

本次实训旨在使学生能够分析客户投诉的心理与需求，学会倾听与沟通，掌握处理客户投诉的策略与技巧。在完成实训项目的过程中，培养学生的团队协作与项目管理能力。

### 二、实训背景

事件起因：客户对快递时效不满意，已重复来电多次并且情绪越来越激动，要求全额赔偿，并明确表明1小时后不给结果就要向邮政部门、消协、媒体等投诉。物流客服人员反馈：快递在转运中心一直不动，您再来电我也无能为力。客户一怒之下投诉到邮政部门，邮政部门要求该网点的客服经理迅速处理此事。

客服经理调查后得知激怒客户的原因有两点：①客服人员回复客户时说："您的快件预计明天就可以到了，您不要再催了，好吧。"②整个过程都是客户在催促询问进度，客服没有进展的结果反馈。

### 三、实训任务

1. 以3～5人组建一个团队。
2. 学生分角色扮演客户、物流客服人员、客服经理，演绎处理客户投诉的流程，注意把握客户投诉的心理分析与处理技巧。

### 四、实训考核内容及评分标准

师生互评，教师评分占比70%，小组评分占比30%。

实训考核内容及评分标准

| 序号 | 小组成员 | | 学生姓名 | |
|---|---|---|---|---|
| | 小组成绩 | | 学生成绩 | |
| | 考核内容 | 考核标准 | 满分 | 得分 |
| 1 | 角色——客户 | 1. 情绪表达：客户在投诉过程中是否能够真实、合理地表达不满情绪<br>2. 问题阐述：客户是否能够清晰、具体地描述问题<br>3. 应变能力：面对服务人员的回应或突发情况，客户是否能够灵活应变 | 30 | |
| 2 | 角色——物流客服人员 | 1. 服务态度和沟通技巧：是否礼貌和尊重、有效倾听、清晰表达<br>2. 问题解决能力：能否快速识别问题并提供有效解决方案<br>3. 应变和情绪管理能力：应对压力能否保持冷静，是否能灵活应变以提供最佳解决方案<br>4. 普通话：表达标准 | 40 | |
| 3 | 角色——客服经理 | 1. 领导力与团队管理：是否具有有效的团队领导、团队协调与沟通能力<br>2. 解决问题的能力：能否快速响应，指导团队采取行动；能否制定有效的解决方案，并明确指示团队执行<br>3. 服务质量与监控：服务质量把控、监控与评估是否符合要求<br>4. 普通话：表达标准 | 30 | |

## 模块小结

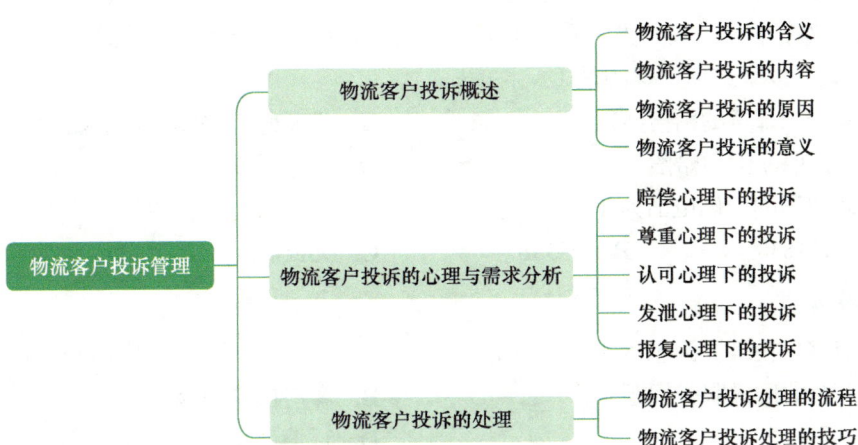

## 同步练习

### 一、单选题

1. 物流业务类投诉中货损类投诉的原因为（　　）。
   A. 外包装破损　　B. 价格虚高　　C. 中转不及时　　D. 时间延后
2. 在客户投诉中，以下（　　）可以平复客户的情绪。
   A. 这是公司规定，确实只能这样
   B. 最终方案就是赔付 500 元，您考虑下吧
   C. 您的心情我可以理解，我马上为您处理
   D. 好了，你不要再催了，我知道了
3. 物流业务类投诉的原因包括（　　）。
   A. 礼仪不满　　B. 内物破损　　C. 态度蛮横　　D. 虚假签收
4. 不可抗力不包括（　　）。
   A. 地震　　　　　　　　　　　B. 台风
   C. 洪水　　　　　　　　　　　D. 一般商业风险
5. 以下（　　）选项最准确地描述了客户沟通时的"用心沟通"。
   A. 仅仅按照既定话术回答问题，不关注客户的实际需求
   B. 在沟通中保持耐心，积极倾听客户的每一个细节，并据此调整沟通策略
   C. 快速回答客户的问题，但不对问题进行深入解释或确认客户是否理解
   D. 强调个人观点，试图说服客户接受自己的意见，而不考虑客户的感受

6. （　　）是客户重复购买同一品牌的产品或者服务，不为其他品牌所动摇。
   A. 客户忠诚　　　B. 客户满意　　　C. 客户投诉　　　D. 客户关怀
7. 一般情况下，客户满意是客户忠诚的（　　）。
   A. 充分条件　　　B. 必要条件　　　C. 唯一条件　　　D. 无关条件
8. 根据《中华人民共和国邮政法》第四十七条规定，关于保价的给据邮件丢失或全部损毁的赔偿原则，以下选项正确的是（　　）。
   A. 按照邮费的两倍赔偿　　　B. 按照邮件的实际价值赔偿
   C. 按照保价额赔偿　　　D. 不予赔偿
9. 邮政快递的投诉电话为（　　）。
   A. 11183　　　B. 95338　　　C. 95554　　　D. 95311

## 二、多选题

1. 物流客户投诉原因包括（　　）。
   A. 企业质量服务问题　　　B. 客户自身原因
   C. 不可抗力　　　D. 环境因素
2. 客户投诉是一把双刃剑，好处是（　　）。
   A. 客户投诉可以帮企业创造新机遇
   B. 客户投诉可以帮企业淘汰不友好的客户
   C. 客户投诉可以帮企业排除隐患
   D. 客户投诉可以帮企业提高客户的忠诚度
3. 物流客户投诉的心理包括（　　）。
   A. 赔偿心理下的投诉　　　B. 尊重心理下的投诉
   C. 认可心理下的投诉　　　D. 发泄心理下的投诉
4. 物流客户投诉的处理流程是（　　）。
   A. 记录分析　　　B. 受理投诉　　　C. 跟进处理　　　D. 调理情绪
   E. 协商解决　　　F. 快速落实　　　G. 厘清事实
5. 物流客户投诉中协商解决需要注意（　　）。
   A. 掌握问题原因，判断客户期望　　　B. 划分责任，多部门协调解决
   C. 按照物流部门既定的办法处理　　　D. 处理者权限范围的确定
6. （　　）情况容易引起客户差评或投诉。
   A. 派件放代收点或快递柜未经客户同意　　　B. 派件沟通语气语调生硬或大声
   C. 派件未穿工服、举止不文明　　　D. 生鲜件未提醒客户
7. 在处理客户投诉时，客服人员应遵循（　　）原则。
   A. 迅速响应　　　B. 真诚沟通
   C. 逃避责任　　　D. 积极解决问题
8. 物流企业自身导致的投诉包括（　　）。
   A. 产品有缺陷　　　B. 产品质量不稳定
   C. 交货不及时　　　D. 客户使用不当

### 三、判断题

1. 处理客户投诉时要尽量让对方坐着谈话，表示对对方的尊重。（  ）
2. 百分之百用心地去做客户服务，就会让客户投诉消失。（  ）
3. 客户投诉产生的根本原因是客户没有得到预期的服务，即实际情况与客户期望的差距。（  ）
4. 根据客户投诉的内容和性质，可以将投诉归类为产品质量问题、服务不满意、售后问题等。（  ）
5. 有些客户投诉是出于表现的心理，既是在投诉和批评，也是在建议和教导。好为人师的客户是不对的。（  ）
6. 对极少数极端的客户，留意收集和保存相关证据，在适当的时候提醒一下客户，这些证据的存在，对客户而言也是一种极好的冷静剂。（  ）
7. 客户只有在极度不满时，才会选择投诉。（  ）
8. 客服人员在处理客户投诉时，只需要按照公司规定的流程操作即可。（  ）
9. 客户投诉是企业改进服务和产品的唯一途径。（  ）

# 参 考 文 献

[1] 陈立新. 物流市场营销 [M]. 北京：人民出版社，2005.
[2] 旷健玲，张小桃，李炫林. 物流市场营销 [M]. 2 版. 北京：电子工业出版社，2020.
[3] 曲建科. 物流市场营销 [M]. 4 版. 北京：电子工业出版社，2022.
[4] 袁炎清，范爱理. 物流营销 [M]. 4 版. 北京：机械工业出版社，2018.
[5] 黄碧蓉. 物流市场营销技术 [M]. 2 版. 北京：人民交通出版社，2012.
[6] 黄灿灿. 物流客户开发与管理 [M]. 北京：中国物资出版社，2012.
[7] 李晓红，马跃月. 物流市场营销实务 [M]. 北京：清华大学出版社，2013.
[8] 张广敬，顾晶晶. 物流营销与客户关系 [M]. 北京：机械工业出版社，2024.
[9] 赵轶. 新编市场营销 [M]. 2 版. 北京：机械工业出版社，2024.
[10] 程晓栋，李明慧. 物流市场开发与客户服务 [M]. 南京：南京大学出版社，2021.
[11] 姜晨光. 政府采购项目招投标书编制方法与范例 [M]. 2 版. 北京：化学工业出版社，2017.
[12] 何红锋. 招标投标法实施条例：条文解读与案例分析 [M]. 北京：中国电力出版社，2015.
[13] 王俊安. 招标投标与合同管理 [M]. 2 版. 北京：中国建材工业出版社，2023.
[14] 赵曾海. 招标投标操作实务 [M]. 北京：首都经济贸易大学出版社，2017.
[15] 成知博. 招标投标法解读与应用 [M]. 北京：中国法治出版社，2023.
[16] 左金凤. 招标投标法实务教程 [M]. 北京：知识产权出版社，2017.
[17] 《招标投标典型案例评析（二）》编委会. 招标投标典型案例评析（二）[M]. 北京：中国电力出版社，2023.
[18] 北京中物联物流采购培训中心. 物流管理职业技能等级认证教材 [M]. 南京：江苏凤凰教育出版社，1999.
[19] 李季. 客户关系管理 [M]. 北京：化学工业出版社，2016.
[20] 李文龙，徐湘江. 客户关系管理 [M]. 北京：清华大学出版社，2016.
[21] 栾港. 客户关系管理理论和与应用 [M]. 2 版. 北京：人民邮电出版社，2019.
[22] 全国现代物流工作部际联席会议办公室. 中国现代物流发展报告2023[M]. 北京：中国社会科学出版社，2023.